四半期成長率

とチャート分析

結喜たろう【著】
YUKI TARO

北山広京【監修】

JN032612

Ⓟ PanRolling

まえがき

あなたの株式投資のトータル収益はプラスですか？

僕は株を始めてから10年間、マイナスでした。

僕が株式投資を始めたのは1999年末です。当時ITバブルの過熱期でいきなり資産２倍になりましたが、すぐにバブル崩壊の洗礼を受けて、利益をすべて吹き飛ばします……。

2003〜05年、小泉政権の上昇相場で再び大きく利益を出して喜ぶも、今度は2006年ライブドアショックで、またしても利益（それもン千万円）を吹き飛ばします……。

しかも、ここから、まったくと言っていいほど「勝てなくなる悪夢」が続きました。まるで呪われているようでした。

あるとき「そもそも、なんで勝てないんだろうか」と考えました。そして、過去の売買記録を何度も何度も見直しました。

ここでようやく、「これじゃ、勝てるわけないか…」と気付いたのです。それからというもの、様々に試行錯誤しました。

ようやくコツがつかめてきたのが、2009年ごろ。この年から劇的に変わりました。トータル収益は毎年プラスを維持するようになります。

そして、2012年末——。

日本株は大きく上昇を開始します。2021年までの８年間で日経平均は３倍以上です。その間、僕の利益も大きく上昇しました。

成功者として、いくつかの雑誌で紹介されたり、ラジオ番組に呼ばれたりもしました。新しいことを学ぶ機会もたくさんあり、僕の投資スタイルはますます洗練されたと思います。

世間では、株式ブームが続いています。日本政府も積極的に金融投資を呼び掛けています。

ところで、この長らく続いた上昇相場でも、トータルで利益を出している個人は、１割ぐらいと言われているようです。これほど日経平均が上げたのに、どうしてでしょうか？

　さらに市場全体が軟調になると、個人投資家はさらに勝てなくなります。

　僕はよく投資関係の集まりなどに顔を出したりするのですが、「勝てない」という人とお話をすると、ほぼ全員が、昔の僕と同じような過ちを犯していることに気が付きました。

　僕が勝てなかった理由は次のようなものでした。

　・上がらない株を買う
　・天井で買う、大底で売る
　・有り金いっぱいで買う

　当たり前ですが、これでは勝てませんよね。

　これらのことを１つでも繰り返していると、たとえ株価指数がどれだけ上昇したとしても、最終的なトータル利益はマイナスになります。

　もし、あなたも同じような原因で悩んでいるとしたら、この本は、それらの失敗に対して、適切な解決方法を示してくれるでしょう。

　さて、一口に株式投資といっても、たくさんのやり方があります。この本の投資スタンスは、基本３か月程度の保有、長くても７、８か月です。年単位の長期投資はしません。

　これには理由があります。

　まず、投資のベースとなる日本経済そのものが1997年以降、ほとんど成長していません。そんな状態で、長期投資もなにもありません。

　さらに現在は、株価の動きは極端に早くなっています。AIやアルゴリズムを使った大口の取引、イナゴと呼ばれる個人の短期投機資金

などの影響でしょうか。以前なら、数年かけてじっくり上げた企業の株価も、あっという間に織り込まれてしまいます。その結果、数か月で天井をつけて下落という相場になることが多いです。

　よく聞く話ですが、「結構な含み益だったのに長期で保有していたら、買値に戻ってしまった」こんな悔しい経験はありませんか？

　これを避けるためにも、１つの売買を数か月以内で完結させるスタイルが最適かな、と思っています。

　例えば、前述したアベノミクス相場において、日経平均は８年で３倍になりました。この期間、日経平均に連動した投資信託を保有していれば８年で３倍に増えたことになります。ただ僕は、８年かけて３倍になる銘柄を探すよりも、１年で３倍になる銘柄を探す方が楽です。少なくとも、年に１回そういう銘柄を当てられればよいわけですから。

　手法については、デイトレのように画面に張り付く必要はありません。昼間仕事をしているサラリーマンでも、充分に対応可能なやり方です

　帰宅後に日足ベースで株価をチェックすることで充分だと思います。僕自身もほとんど日足の「始値」と「終値」で売り買いをしています。

　この本の目的は、**あなたが株式投資で確実に利益を出して、保有資金を何倍にも増やすこと**です。僕は、そうなるまでには10年かかりました。しかし、あなたまで10年かける必要はありません。

　この本の中に、利益を出すのに必要なエッセンスは、ほぼ入れ込んであります。「株でとにかく勝ちたい、利益を出し続けたい」という人は、ページをめくり続けてください。この本は、「あなたの努力に、利益という結果」で報いてくれるはずです。

2023年６月

結喜 たろう

セクション2　実践編

基礎編

なぜ、株式投資は
上手くいかないのか？

本編に入る前に……
なぜ私が買うと下がって、売ると上がる？
投資ルーティンと基本スタンス

本編に入る前に……

　この章は導入編です。最初に、「なぜ、株式投資は上手くいかないのか？」その原因についてお話したいと思います。

　株式投資は10人中9人が失敗すると言われますが、もし、あなたが上手くいっていないのであれば、遠回りに思ってもまずは、ここで書いている内容に自分のこれまでの投資が当てはまるかを考えてみてください。

　特に本章と次章では、この本で伝えたい内容をギュッと濃縮しています。第2章以降を読み進めていく中で、もし迷子になったら、ここに戻ってきてください。そして、そもそも「何を、何のために学んでいるのか？」を再確認してみるとよいでしょう。

　続く第1章では、僕が実際に行っている投資ルーティンを参考としてご紹介します。あなたがまだ、株式投資において決まったやり方を見つけていなければ、また、なんとなくのやり方に自信をもてないでいる場合には、試しに僕の手順を真似してみてください。売買に再現性を持たせるために、売買をテンプレート化したものも載せています。

なぜ私が買うと下がって、売ると上がる？

　株式投資で、こんな経験がありませんか？

───────────

　上がると思って買った株。ところが、買ったとたんにどんどん下がり始めた。「なんで！？」と思いながらも、下げに耐え続けるが、さらに株価は下げていく。「頼むから戻して！」と祈るように願うも、一

向に下げ止まらない。耐えられる含み損も限界に来たとき、「もうダメだ！」と吐き気すら覚えながらようやく損切り。すると、それを待っていたかのように株価は底を打ちし、するすると上がっていく。

　まるで、市場があなたをカモにしているかのように……。

　損切りしたあと株価は反転し、どんどん上昇していく。そこで慌てて買い戻した。当然、損切り価格よりも高値で。ところが株価はまたしても、買い戻したところを天井に下げ始めた……。

　結局、最初に損切りをした価格か、それより下で、もう一度損切りをするハメになる。

　この展開にしばらく呆然としてしるが、それが収まってくると、「こんな株、二度とさわるものか！」と怒りがわいて、パソコンの取引画面を閉じる。

　ようやく怒りや落胆も収まり、その株のことをすっかり忘れた数週間後、「そういえば、あの株はどうなったんだろう？」とチェックしてみると、驚いたことに、最初に買ったときの２倍の価格にまで上昇していた。

　最初にあたふたと慌てふためいた売買をしなければ、投入した資金は２倍になっていたはず。代わりに残ったのは、ものすごい自己嫌悪だけ。

――――――――――――

　この話、トレード経験者であれば「あるある！」と、うなずくのではないでしょうか？　もちろん、僕も何度も経験しました。悔しさのあまり、コーヒーカップをたたき割ったこともあります。

　笑えない話ですが、トレーダーの中には「自分の思考が盗聴されている」と思いこむ人もいるようです。でも、その気持ちはよくわかります。なにしろ自分のポジションと逆をいくタイミングが、絶妙だったりするのですから。

11

買うと下がり、売ると上がる・・・

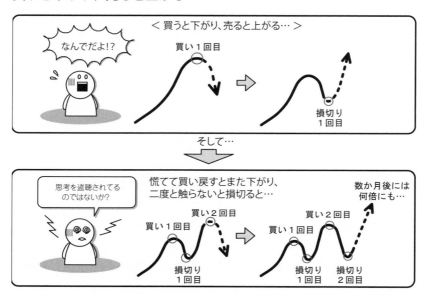

それにしても、なぜこのようなことになるのでしょうか？
それには3つの理由があります。

①銘柄の判断ができていない
②売買タイミングを分かっていない
③ポジションを取りすぎている

　理由が分かれば、その適切な対策を立てることで、先の状況を回避
できます。では、3つの理由をそれぞれ詳しく考えてみましょう。

①銘柄の判断ができていない

　よく分からないけれど買ってしまった、という経験はありません

か？　誰かに勧められたから、雑誌に書いてあったから、株式サイトの上昇ランキングに載っていたから、などいろいろあると思いますが、要するに「なんとなく上がりそうだから買った」というパターンです。よく分からない銘柄だから、上がったり下がったりする理由もよく分からない。よって、自分のポジションに自信が持てずに結局、右往左往してしまうのです。

　株は人気投票です。

　人気のある銘柄は、同業他社よりも割安であったり、割高であっても将来にわたって高い成長性を期待させたりするものです。

　例えば、ここに500円の株があるとします。これが本来1,000円の価値を持つものだったらどうでしょう。あるいは、いずれ大きく値上がりすると分かっていたらどうでしょうか。当然、人気が出ますよね。**つまり「人気がある理由」を、ちゃんと理解してないとダメなわけです**。理解していれば、500円で買った株が仮に400円に下がったとしても、いずれ1,000円になるという確信につながり、保有し続けることができます。

　また人気があるということは、その株に、上昇を期待させる「何らかの優位性がある」ということです。では、どうすれば優位性のある銘柄を探せるのでしょうか？

　ちなみにその優位性、あなたはどうやって探っていますか？

銘柄をどう判断するか？

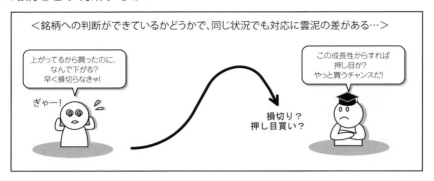

<銘柄への判断ができているかどうかで、同じ状況でも対応に雲泥の差がある…>

上がってるから買ったのに、なんで下がる？早く損切らなきゃ！

ぎゃー！

損切り？
押し目買い？

この成長性からすれば
押し目か？
やっと買うチャンスだ！

　通常は「業績の良さ」や「割安」だと判断したものに注目しますよね。その際によく参考にされるのが、「**投資指標**」と呼ばれるものです。代表的なものにPER（株価収益率）やPBR（株価純資産倍率）、ROE（自己資本利益率）、時価総額などがあります。これらの良し悪しは株価に影響を与え、そういったものを「**ファクター**」と呼びます。業績から計算する前年比や配当利回りなどもファクターです。

　　ファクター　＝　株価に影響を与える指標

　ここまで読まれて、「なんだ、結局、低PERや高ROEのものを探して買えっていう、よく聞く話か！？」と思われたかもしれませんが、全然違うので安心してください。順々に解説していきます。
　よく証券会社のサイトに「スクリーニング機能」ってありますよね。低PERや高ROE、あるいは乖離率といった条件で検索すると、それに合わせた銘柄を上位から表示するものです。しかし、そもそも、なんでそんなことをするのでしょうか？
　それは、「PERの低いものほど、ROEの高いものほど、株価が上がる傾向がある」と思われているからです。要するに、PERやROEといったファクターが有効である、という前提でスクリーニングされて

いるわけです。

　では、そもそもスクリーニングの対象にしている、それらファクターが「本当に有効」なのでしょうか。つまり、本当にPERの低いものを買えば上がるのか？　ROEの高いものを買えば上がるのか？と気になって当然です。それらについては実際に、第2章で細かく調べていますが、気にならないという方は飛ばして結構です。

　さて、スクリーニングで上位に出てきた銘柄ほど、「本当に」株価を上げる可能性が高ければどうでしょうか。その場合、それはとても有効なファクターと言えますよね。つまり銘柄の良し悪しを判断するには、「有効なファクター」を見つけだし、参考にすればよいのです。

　本書では、僕が株式投資で利益を出せるようになったきっかけであり、しかも長年使い続けている中で「有効性が高い」と判断できたファクターをご紹介します。

　実際に僕自身が成果を上げられているので、とても残念に思っているのですが、この「ファクター」は、個人投資家には殆ど知られていないと思います。恐らく、この本でご紹介するのが最初ではないでしょうか。なので、せっかく本書を手にとってくださった皆さんには、その有効性をしっかりお伝えしたいと思っています。後章で具体的に説明しますので、楽しみにしていてください。

　ファクターを知ることで、あなたの投資パフォーマンスは相当に改善されるはずです。僕がそうであったように……。

②売買タイミングを分かっていない

　株価というものは、一本調子では動きませんよね。どれほど成長性の高い銘柄だとしても、株価は上がったり下がったりと波のような動きをします。結果的には大きく上昇した銘柄でも、買うタイミングを誤ったために全然利益が出せなかった…ということもあります。

株価は短期から長期にわたる材料や、刻々と変化する地合いによっ
て、複雑な動きになるからです。

　タイミングを誤ると、いくら上がる銘柄だと確信していても、買っ
た途端に含み損を抱えるといったシンドイ思いをします。上がる株を
上がるタイミングで買うというのが理想ですが、そう容易ではありま
せん。それを探るために、「**市場心理**」というものを理解しておきま
しょう。

　市場心理というと難しい話に聞こえますが、それが見てとれるもの
があります。株価チャートです。チャートが右肩上がりであれば強気
であり、右肩下がりであれば弱気の心理を示します。そこで、巷には
チャート分析の情報や指標があふれているのです。

売買タイミングを誤ると・・・

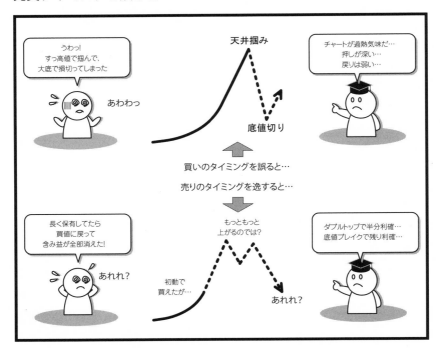

　本書ではチャートの動きを波と見立てて、「**チャートの波動**」という視点でチャートを分析します。チャート分析というと、過去のチャートに様々な線を引いて、「この時は、こうすればよい、ああしなきゃならない」となりがちです。そうなると「そりゃ、あとからなら何とでも言えるでしょ」となってしまいます。これじゃ使えません。

　いくら過去を精密に分析できても、「未来を予測できなければ、なんの意味もない」のです。チャートは「単なる絵」ではありません。チャートは「波」です。常に動いているのです。

　サーフィンをやったことがある人はイメージしやすいかと思いますが、上手い人は今の波の動きを見ながらも、次にその波がどう動くかを常に予測しています。そして波の変化に合わせて、ボードの向きや角度を常に調整しています。

　株式投資もそれと似ています。株価という波を乗りこなすためには、「これまでの波の動き」を見て、「次に来る波の動き」を予測します。**チャートの波動とは、未来を予測する分析**です。波動を理解すれば、底値付近で買うことや、当面の高値付近で利確できる可能性が高くなります。なお、チャートの波動の具体的なものについては、第3章で詳しくお話しいたします。

③ポジションを取りすぎている

　実はこれ、一番重要なポイントだと僕は思っています。

　ポジションとは、保有している株のことですよね。どれだけ適切な銘柄を探し出せても、どれだけ適切な売買タイミングを掴めても、**自分の資金量に見合わない量の株を保有していると、ほぼ間違いなくメンタルをやられて失敗に終わります**。

　例えば、あなたの全財産が100万円だったとします。その全てを投入して株を買った場合、株価が下落したときに、ものすごい恐怖を感

じるのはイメージできますよね。信用取引ならば口座資金の３倍まで株を保有できるため、もし100万円の資金で300万円分の株式を保有して、株価が３分の１にでも下がってしまったら……。もう絶望、破産です。そんな人はいないと思うかもしれませんが、実際に聞く話なんです。

　破産までいかなくても、ちょっとした株価の上下でハラハラと感情の乱れが出てしまい、仕事も手につかなくなります。特に小型株や新興株は、動き出すと短期的に乱高下をします。結果的に株価の動きに振り回されて、「上値買いの底値売り」をしやすくなります。

　逆に、100万円のうち50万円ぐらいを株式トレードに回した場合はどうでしょうか。極端な話、投資分の50万円が半額になっても25万円の含み損、その時点で損切りをしても75万円、つまり全財産の４分の３が残ります。十分やり直しの効く額が手元に残るわけです。

　急がば回れといいますが、短期間で一気に金持ちになろうとするよりも、無理をせずに着実に利益を出そうとする投資家の方が、長い目で見れば成功していることが多いです。

　「どのくらいの資金で、株を保有すればよいのか」ということも銘柄選定やタイミングと同じぐらいに重要です。このことは、「**資金管理（マネーマネジメント）**」などとも呼ばれていますが、根底にあるのは精神（メンタル）の管理だと思ってください。自分の心の具合をしっかり管理するためにも、資金をどう投入してどのように運用するかが大切になります。

ポジションの運用と管理はメンタルに直結する

＜適切なポジションを取っていれば、同じドローダウンの幅でも冷静に対応できます…＞

この程度の下げで、
含み損が
トンデモない額に！

おえぇ～！

半値押しまでは許容
できるポジション

半値押しでも
ドローダウンは
買値の8％以内…

　これらのことも実際の売買例などを用いて、あとの章で実践的に説明したいと思います。たまに信用レバレッジを最大までかけて勝負に出て大成功する人もいますが、そういう人は本当にごく稀だと思ってください。**投資においては、運によって儲けたお金は必然によって失くします。**

　ポジションの効果的な運用と管理法に関しては、第4章でお話します。

投資ルーティンと基本スタンス

　失敗する原因3つについて、それぞれお話しました。**成功するためには、その3つをそれぞれ1つひとつを潰していけばよいわけです。**

　そのための解決方法として本書では、「有効なファクター」「チャートの波動」「ポジション管理」について紹介していきます。ですが、その前にまず、次章で僕自身が普段用いている投資ルーティンを紹介させてください。

　すぐにでも知りたいと思われるかもしれませんが、本書でお伝えす

るやり方や知識が、実際の売買でどのように生かされているのかを先に知っていただくほうが、各章の解説に関して、全体像をより掴みやすくなると思うからです。

　では、次章からより具体的に解説していきます。

私の投資ルーティン

本章で紹介するルーティンは、最初は結果が出ず延々と負け続けていた僕が、10年以上勝ち続けることができるようなるまでに少しずつ試行錯誤で積み上げて作ったものです。ぜひ、皆さんのルーティンと比較しながら、読み進めていただければと思います。

　手順は全部で6つ。①～②は銘柄の探し方、③～④は売買タイミングの決め方、⑤～⑥はポジションの運用と管理です。なお、このルーティンは「日足ベース」です。兼業のサラリーマン投資家には、充分に適したやり方だと思います。

＜投資ルーティン手順＞

①銘柄を探す
②成長性を調べる ｝ **銘柄の探し方**

③チャート波動の分析
④戦略シナリオの作成 ｝ **売買タイミングの決め方**

⑤数回に分けた買付け
⑥数回に分けた利確 ｝ **ポジションの運用と管理**

＜売買のスタンス＞

・保有は数週間から数カ月単位 ⇒ 長期投資ではない

・場中に張り付かない ⇒ デイトレではない

・衝動的な売買はしない ⇒ 勝ち負けは全て戦略的に

　各手順の頭には＜チェック項目＞を載せておきました。それでは、手順にそって解説して行きましょう。

1−1　手順①：銘柄を探す

> **＜チェック項目＞**
>
> - 値上がり率ランキング（順位、出来高、市場）
> - チャートの形
> - 銘柄の基本情報（時価総額、予想PER、材料）

○値上がり率（概要）

　まず、個別株というからには、投資対象となる銘柄がなければなりません。あなたは、どうやって探していますか？

　僕は「いま上がっている銘柄」で、「明日以降も上がるだろう」という銘柄を探すようにしています。地合いによっては、「いずれ近いうちに上がるだろう」という銘柄を探すこともありますが、基本的には、前者だと思ってください。

　じゃあ、どうやって見つけるの？　ということになりますが、「いま上がっている銘柄」を探すのは簡単ですよね。毎日の『**値上がり率ランキング**』（前日比）を見ればいいだけです。メジャーなサイトではyahooファイナンスなどがありますが、どの証券会社の取引サイトでも、毎日の値上がり率ランキングは無料で閲覧できるはずです。それを見れば、その日、最も上昇した銘柄の順位がずらっと出てきます。

　ランキング表では、「**順位**」、「**出来高**」、「**市場**」を見ます。

　「順位」ですが、あまり上位に入っているかどうかを気にする必要はありません。要は銘柄を知る切っ掛けがランキング表なわけです。大体上位50銘柄までを見ればよいかなと思います。

　むしろ、順位以上に気にするのが「出来高」を伴っているかどうかです。出来高が大きいということは活発に売買されている、つまり、

それだけ人気があるということです。

　そして「市場」ですが、大型株が多いプライムよりも、新興や小型株の多いスタンダードやグロースの方がよいでしょう。ただ、プライムが絶対にダメというわけではありません。基本的にグロースやスタンダードの方が、この本のやり方には適しています（市場の特性については、第2章でお話します）。

　ここまで挙げた「順位」と「出来高」と「市場」の3つは、値上がり率ランキングを見ればすぐわかる情報です。例として次ページ図表1.1.1にyahooファイナンスが提供しているものを載せておきました。

○チャートの形（概要）

　次は、『チャートの形』です。僕は、気になる銘柄があると、すぐにチャートを見ます。チャートから得られる情報というのは、特に優先度が高いと思ってください。チャートは日足で直近6カ月の範囲を見ればよいでしょう。6カ月というのは（制度）信用取引の返済期日だからです。

　チャートは、使い慣れているツールがあればそれで構いませんが、yahooファイナンスも含めほとんどのサイトでは、ランキングの銘柄名をクリックすると、簡単なチャートの載っているページに飛べます。そういったチャートはサイズも小さく機能も限定的なので、詳細な分析には不向きですが、この段階では、まだ細かく見る必要はないので、その程度のもので充分です。それらを次々にパッパッと見て、形の良いものであればエントリー候補にしてください。どういうチャートが良い形かは後述します。

○銘柄の基本情報（概要）

　値上がり率ランキングとチャートである程度、候補が絞れてきたら『銘柄の基本情報』を確認しましょう。基本情報で必要なものは、

「時価総額」と「予想PER」、そして「材料」の3つです。

調べるのは簡単です。例えばyahooファイナンスでいえば、ランキング表（図表1.1.1）に載っている銘柄名をクリックしてみてください。

図表1.1.1　例）yahooファイナンス値上がり率ランキング（2022/5/31）

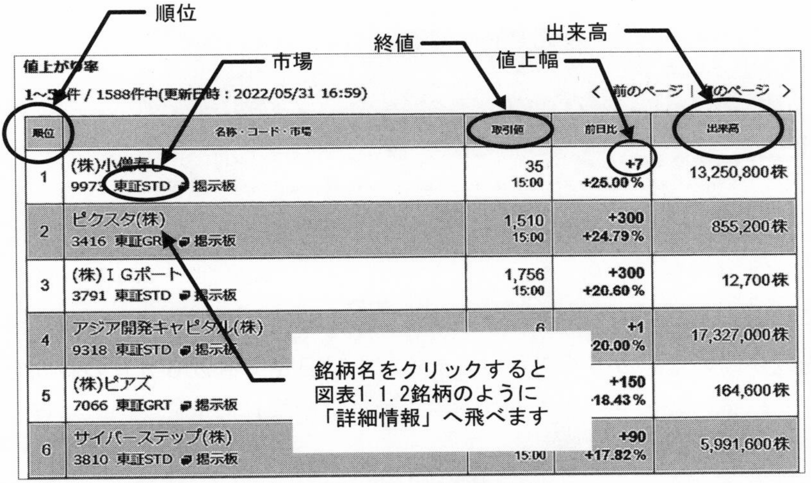

参照：Yahoo!ファイナンス（https://finance.yahoo.co.jp/）

これらの情報がひと通り揃った「詳細情報」のページに飛ぶことができます。前述したチャートも同じページに載ってます。似たような個別株情報のサイトはたくさんあるので、ご自身が使い慣れてるものを見ればよいでしょう。

それぞれの判断基準ですが、「時価総額」は小さい方が良いです。伸び代があるからです。あくまで目安ですが300億円以下ぐらいが良いかなと思います。全体の相場状況によっても変わるので、あくまで目安です。ただ時価総額が小さいと、それだけ乱高下するハイリスク銘柄ではあります。

「予想PER」を確認する理由ですが、これはバリュー投資を目的と

してからではありません。他銘柄と比較した割安感を見るためです。実際、予想PERの低さというのは、上がりやすい要因の1つになります（※予想PER有効性の有無は第2章で詳細に検証しています）。

図表1.1.2　3416 ピクスタ（yahooファイナンスより2022/5/31）

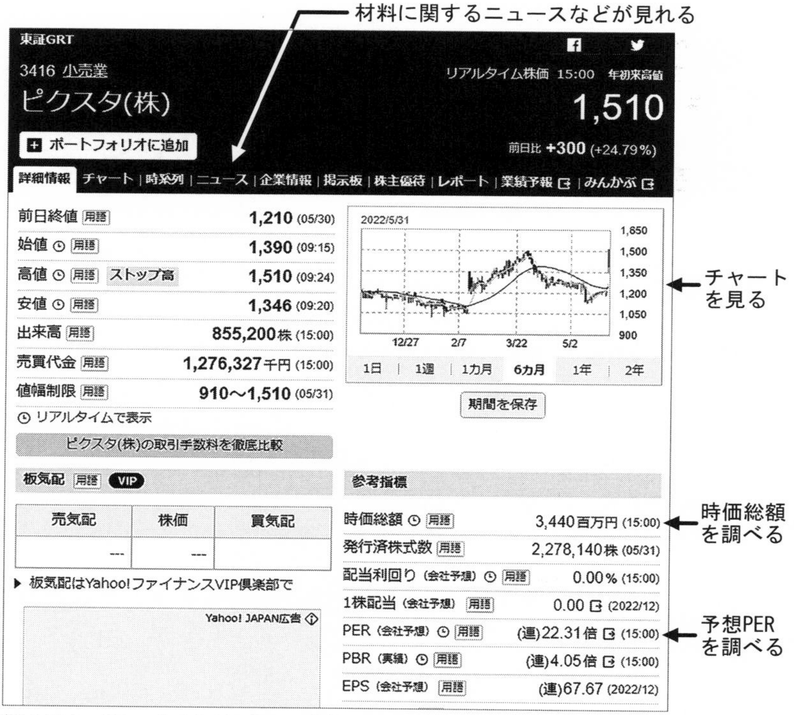

参照：Yahoo!ファイナンス（https://finance.yahoo.co.jp/）

　そして、上昇理由となっている「**材料**」も把握しておきましょう。材料を調べる方法ですが、これもyahooファイナンスであれば、個別銘柄ページにある「ニュース」（図表1.1.2参照）タブをクリックすれば、材料に関連したニュースの一覧が出てきます。それらを見るのが効率的でしょう。

　一次情報として、もっと詳しく内容を知りたい場合は、企業サイトのIRで開示情報やニュースリリースをじっくりと読んでください。

　では、ここまでの流れをまとめます。

図表1.1.3　手順①　銘柄の調べ方　まとめ

チェック項目		調べる内容	判断基準
値上がり率 ランキング	○	順位	50位以内に入っているもの
	◎	**出来高**	**出来高が大きいもの**
		市場	スタンダードやグロース優先
チャート	◎	**直近6か月 のチャート**	形の良いもの
銘柄の 基本情報		時価総額	なるべく小さいもの
		予想PER	なるべく低いもの
	○	材料	出来高を増大、株価を上昇させて いるか

※◎：重要、○：それなりに重要、無印：取りあえず調べておく

　表には重要度にあわせて◎、○、無印を付けました。

　たまに、「材料が最も重要ではないんですか？」と質問されます。確かに重要ですが、まず注目すべきは、「出来高を伴って上げ始めているかどうか」です。そのうえで、「理由となる材料は何か？」をチェックするわけです。要するに、**出来高を伴って株価を上昇させるものが良い材料**なのです。いくら凄そうなネタだからといって、株価が無反応なら意味がありません。

　ところで、わざわざ書くほどのことではないかもしれませんが、何をやっている会社かは、ちゃんと確認しておきましょう。どんな業種で、どんな商品扱っているのか、などです。

　稀にですが、「買ってみたものの、何をやっている会社かよく知らない」という人を見かけるので、念のために書きました。

○値上がり率（作業）

　ではここから先は、イメージしやすいように実際に僕が売買したときの実例をベースにして説明していきますね。僕は毎日、大引け後に100位までのランキングをエクセルに記録して目を通しています。

図表1.1.4　2021/6/22の値上がり率ランキング（前日比）

順位	コード	名称	市場	年月日	終値	値上幅	前日比	出来高
1	7946	光陽社	東2	2021/6/22	1340	300	28.85%	8,900
2	7370	Enjin （上場1年未満）	東マ	2021/6/22	2,695	500	22.78%	8,418,400
3	6993	大黒屋ホールディングス	東2	2021/6/22	85	14	19.72%	40,263,400
4	9115	明治海運	東1	2021/6/22	517	80	18.31%	1,446,400
5	6846	中央製作所	名2	2021/6/22	1,360	201	17.34%	3,400
6	6628	オンキヨーホームエンターテイメント （上場廃止予定）	JQ	2021/6/22	7	1	16.67%	2,079,900
7	4884	クリングルファーマ	東マ	2021/6/22	1,149	150	15.02%	272,000
8	2428	ウェルネット	東1	2021/6/22	564	69	13.94%	2,228,800
9	2370	メディネット	東マ	2021/6/22	115	13	12.75%	87,184,500
10	7187	ジェイリース	東1	2021/6/22	1,358	138	11.31%	902,900
11	9101	日本郵船	東1	2021/6/22	5,670	530	10.31%	6,653,900
12	9104	商船三井	東1	2021/6/22	5,300	490	10.19%	4,630,600
13	9107	川崎汽船	東1	2021/6/22	3850	355	10.16%	3,705,900
14	8769	アドバンテッジリスクマネジメント	東1	2021/6/22	1,197	104	9.52%	264,900
15	4390	アイ・ピー・エス	東1	2021/6/22	2,825	237	9.16%	248,100
16	4425	Ｋｕｄａｎ	東マ	2021/6/22	4,050	330	8.87%	357,000
17	7190	マーキュリアインベストメント （上場廃止予定）	東1	2021/6/22	791	64	8.80%	335,200
18	7058	共栄セキュリティーサービス	JQ	2021/6/22	3315	265	8.69%	17,600
19	4486	ユナイトアンドグロウ	東マ	2021/6/22	1771	141	8.65%	82,000
20	4958	長谷川香料	東1	2021/6/22	2,412	190	8.55%	284,100
21	8256	プロルート丸光	JQ	2021/6/22	229	18	8.53%	2,794,500
22	7157	ライフネット生命保険	東マ	2021/6/22	1,231	96	8.46%	145,000
23	4875	メディシノバ	日ヘラ	2021/6/22	455	35	8.33%	137,700
24	6768	タムラ製作所	東1	2021/6/22	1,032	77	8.06%	57,056,300
25	9303	住友倉庫	東1	2021/6/22	1,592	118	8.01%	402,600

（市場もチェック／出来高の大きいものをチェック）

　図表1.1.4は、そんなデータの１つ、2021/6/22の値上がり率ランキング上位銘柄です。Excelに転記するデータ元は、前述したyahooファイナンスの値上がり率ランキングや、証券会社の情報サイトなど、コピペしやすいものを選んでもらって構いません。

　ここでは25位までを抜粋しました。面白そうな銘柄があるか、この中から探してみましょう。ランキング表でチェックするのは「順位」、「出来高」、「市場」でしたよね。

　「順位」については、100位までのランキングを記録しているのですが、最初は、ここに抜粋したように25位以内でもよいでしょう。慣れてきたら50位ぐらいまで幅を広げてください。

　「**出来高**」の大きさは、細かく数字で決めているわけではありません。他と比較して、相対的に大きければチェックを入れています。

　「**市場**」は新興市場を優先していますが、４位の9115明治海運や11位の9101日本郵船、13位の9107川崎汽船など、東証一部（現プライム）でも気になるものがあればチェックしています。

　チェックする際の注意点も幾つか挙げておきます。

　「上場１年未満のIPO」は、まだデータが揃ってないので（基本的に）外します。２位の7370 Enjinのように上場して日の浅い銘柄です。

　「上場廃止が決まっている銘柄」も外します。６位の6628オンキョーと17位の7190マーキュリアなどです。

　「低位株」は要注意です。１円上がっただけで上位に来るからです。6628オンキョーがそうですね。出来高も多いですが、仮に上場廃止が決まってなくても、こういうものは投資対象になりにくいです。

　「出来高が少ないもの」も注意です。１位の7946光陽社や５位の6846中央製作所などです。閑散銘柄がわずかな出来高で一気に上げた可能性があります。これらは値板が薄いために買付けや利確で苦労します。ただし（6/22には無いのですが）寄らずストップ高のものは別です。大引け後に比例配分で約定が決まるので、わずか数千株で上昇率トップにきたりします。その辺りの違いは注意しておいてください。

〇チャートの形（作業）

　次に、各銘柄の日足「**チャートの形**」が良さそうなものを選びます。

いきなりチャート分析か…と身構えてしまうかもしれませんが、既に述べたように、ここでは気になる銘柄のチャートを、ざっくり流れ作業的に見る感じです。

　その中から、「まだ上げていきそうかなぁ…」というものを選びます。この段階では、あまり細かく複雑には考えなくて構いません。とはいえ、「上がりそうなものを感覚で選べ」と言われても困ってしまうので、選ぶ基準を示しておきます。

図表1.1.5 「上がりそう」と判断する３つの基本パターン

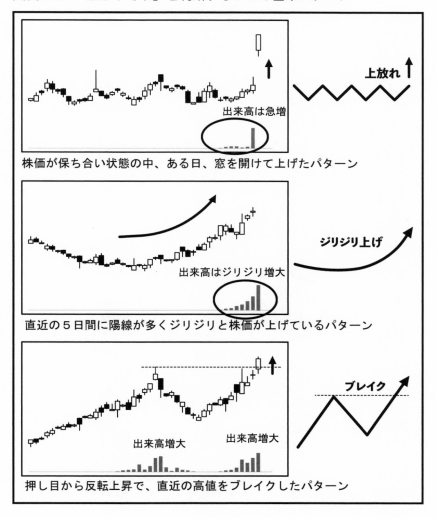

出来高は急増

株価が保ち合い状態の中、ある日、窓を開けて上げたパターン

上放れ

出来高はジリジリ増大

直近の５日間に陽線が多くジリジリと株価が上げているパターン

ジリジリ上げ

出来高増大　　出来高増大

押し目から反転上昇で、直近の高値をブレイクしたパターン

ブレイク

　僕が、初見で「上がりそう」と判断するのは、この３パターンです。出来高を伴って、「上放れ」、「ジリジリ上げ」、「ブレイク」が起きているかどうかです。チャートの見方については第３章で詳しくお話しますが、次のように整理しておきましょう。

・上放れ　…　窓を開けて一気に直近の高値を抜く

・ジリジリ上げ　…　短めの陽線を多く出しながら緩やかに上げる

・ブレイク　…　直近の高値をN字型で抜く

　また、「ジリジリ上げ＋上放れ」など、パターン同士が組み合わさったものなどでも大丈夫です。カップ・ウィズ・ハンドルなどの有名な形は、「ジリジリ上げ＋ブレイク」にあたりますね。

図表1.1.6　複合例　カップ・ウィズ・ハンドル

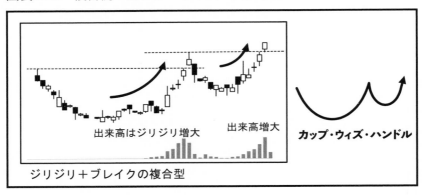

　なお、**近6カ月（制度信用の返済期日）以内で、突破していない高値があるかどうかも確認しておきましょう**。6カ月以内につけた高値は、信用買いで捕まっているホルダーがそれなりにいることから、強い抵抗線になりやすいからです。

　ランキングにチェックを入れた銘柄の中から、特に気になったチャートは図表1.1.7の6つでした。

図表1.1.7①　気になったチャート6選（2021/6/22大引け時点）

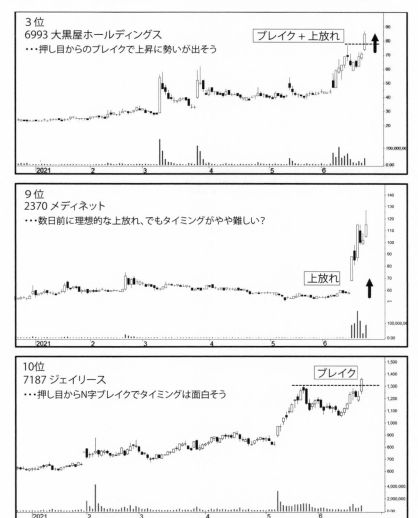

3位
6993 大黒屋ホールディングス
・・・押し目からのブレイクで上昇に勢いが出そう

ブレイク＋上放れ

9位
2370 メディネット
・・・数日前に理想的な上放れ、でもタイミングがやや難しい？

上放れ

10位
7187 ジェイリース
・・・押し目からN字ブレイクでタイミングは面白そう

ブレイク

図表1.1.7② 気になったチャート6選（2021/6/22大引け時点）

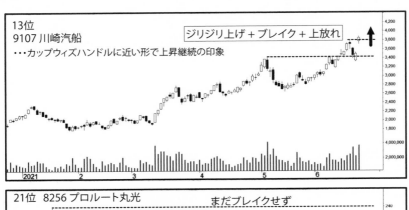

13位
9107 川崎汽船
・・・カップウィズハンドルに近い形で上昇継続の印象

ジリジリ上げ + ブレイク + 上放れ

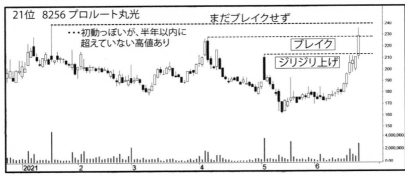

21位 8256 プロルート丸光
・・・初動っぽいが、半年以内に超えていない高値あり

まだブレイクせず

ブレイク

ジリジリ上げ

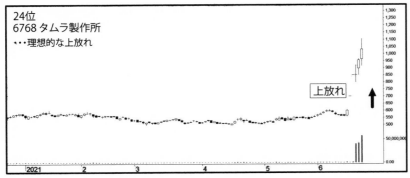

24位
6768 タムラ製作所
・・・理想的な上放れ

上放れ

・大黒屋ホールディングス（6993）→ 押し目からのブレイクで上昇に勢いが出そう

・メディネット（2370）→ 数日前に理想的な上放れ。でも、タイミングやや難しい？

・ジェイリース（7187）→ 押し目からN字ブレイクでタイミングも面白いそう

・川崎汽船（9107）→ カップ・ウィズ・ハンドルに近い形で、上昇継続の印象

・プロルート丸光（8256）→ 初動っぽいが、半年以内に超えてない高値あり

・タムラ製作所（8256）→ 理想的な上放れ

パッと見の印象はこんな感じでした。

このチャート判断には、多少の知識が必要です。詳しくは第3章でお伝えしますが、チャートというのは見れば見るほど投資頭脳が磨かれていきます。買う予定がなくても、値上がり率ランキングから、気になる銘柄のチャートをしばらく追ってみることをおすすめします。1日5分ぐらいでよいです。毎日続けていると、上がるチャートと下がるチャートというのが、自分の頭の中で段々とパターン化されていきますよ。

○銘柄の基本情報（作業）

この6銘柄について『**銘柄の基本情報**』を確認しましょう。具体的には「**時価総額**」、「**予想PER**」、「**材料**」でしたよね。先ほどの銘柄について調べたものを、図表1.1.8にまとめました。

材料に関しては、各企業に関する直近ニュースから株価を上げた原因と思われるものを記載しています。ついでに、各会社それぞれの業種と商品・サービスについても載せておきました。

図表1.1.8　各会社の業種と商品・サービス（2021/6/22大引け時点）

銘柄	業種	商品・サービス	時価総額（億円）	予想PER	材料
6993 大黒屋HD	小売業	中古買取	99.44	20.53	5か年事業・計画の策定
2370 メディネット	サービス業	医療バイオ	203.76	—	他社と細胞療法に関する契約
7187 ジェイリース	その他・金融業	不動産・保証	120.03	17.15	他社と業務提携
9107 川崎汽船	海運業	海運全般	3,616.62	10.26	市況改善で海運セクター上げ
8256 プロルート丸光	卸売業	衣料・ヘルスケア	65.06	65.06	新型コロナ抗体検査キット関連
6768 タムラ製作所	電気機器	半導体など	854.20	38.52	次世代半導体

　さて、「いま上がっている銘柄」が6銘柄に絞られ、それらについての情報もまとまってきました。

　この段階で「チャートが良いから」、「材料が面白そうだから」と買いを入れる投資家もいるでしょう。しかし、それだと、「個人的にそう思う」というだけにすぎません。ギャンブル要素がかなり強いです。

　ここからさらに投資候補として絞っていくには、まだいくつか確認しなければならないことがあります。それが、成長性という視点です。

ワンポイントアドバイス

　ここまでで、「何からやったらよいか分からない！」という方は、27ページ「図表1.1.3　銘柄の調べ方　まとめ」を順番にチェックしてみましょう。どれもYahooファイナンスのようなサイトを流し見する程度で判断できる内容です。1日10分、2週間も続ければすぐに慣れます。慣れてくれば1銘柄1分ぐらいのスピードで、サクサクと調べることができるようになりますよ。

1－2　手順②：成長性を調べる

＜チェック項目＞

- 年成長率
- 四半期成長率
- 情報の最終確認（増資、大量報告、業績修正などの有無）

　ここから先は、単にサイトの情報を見るだけではなく、ある程度、手を動かして数値を求める作業になります。

　さて、株価が上げていく際の理由ってなんでしょうか。いろいろあると思いますが、やはりなんといっても「企業が成長し続けている」という前提が必要ではないでしょうか。既に成熟した企業の中から株価が割安なものを探すよりも、多少割高でも業績がぐんぐん伸びていく企業のほうが、株価は長い目で見ても大きく化けていきます。

　そういう成長の波に乗っている企業の株を「成長株」などと呼んだりしますね。ぜひ、そういう成長株を選んで積極的に投資しましょう！　…と、ここまではよくある話です。

　でも、簡単に成長する株を見つけられたら苦労はしません。新興株＝成長株と決めつけて、ランキング上位に顔を出す新興銘柄をかたっぱしから買ってもいいですが、ちょっとリスクが高すぎます。テンバガー候補の成長株だと思って保有したら、高値つかみで10倍どころか1年で半分以下になってしまったなんてことは、ザラにあります。むしろ、そっちの方が多いのではないでしょうか。

　では、どうやって探しましょう。「成長株」というからには、その業績の成長性を見なければ話になりませんよね。

　一般的に業績の成長性というと、まず年単位で見ることが多いと思います。去年までの成長に比べて、今年はどのくらい成長するかを知

りたいわけです。

というわけで、まずは『**年成長率**』を調べることにしましょう。

〇年成長率

年成長率といって、単純に業績の「額」同士を比べてもよく分かりません。例えば図表1.2.1のように、とあるA社とB社が、それぞれ次のような経常利益だとします。

※経常利益については51ページ「深掘り」を参照。

図表1.2.1　A社とB社の経常利益と成長[額]の比較（単位：百万円）

	A社		B社	
	経常利益	成長[額]	経常利益	成長[額]
前々期実績	110	―	10	―
前期実績	120	10	20	10
今期予想	130	10	30	10

成長額は同じだが…

A社とB社ともに成長額が、毎年10百万円（1000万円）ずつ増えています。ならば両社は同じ成長性を持つと言えるでしょうか？　違いますよね。

110が120に増えるのと10が20に増えるのでは、増えた「額」が10で同じでも「率」が違います。**成長性というのは「成長額」ではなく、「成長率」で比較しなければ分かりません。**

改めてA社とB社を「率」で比較すると次のようになります。

図表1.2.2　A社とB社の経常利益と成長[率]の比較（単位：百万円）

	A社		B社	
	経常利益	成長[率]	経常利益	成長[率]
前々期実績	110	－	10	－
前期実績	120	9.09%	20	100%
今期予想	130	8.33%	30	50%

※成長率＝（今期予想－前期実績）÷前期実績

　前期実績を比較すれば、B社は100％もの成長率ですが、A社は9.09％とB社の10分の１以下です。B社の方が成長性は圧倒的に高いことが分かります。

　なお今期予想で見れば、B社は前期に比べて半分とかなり鈍化しているようです。もし、株価がかなり上昇していた場合、鈍化への失望から大きく下がる可能性が高いです。

　A社も今期の成長率は減っていますが微減で済んでいます。さほど株価が過熱していなければ、株価の下げは限定的かもしれません。

　このように、**成長「率」で比較した場合、成長性に対して得られる情報は各段に増え、かつ正確に分析できます。**

　以上を踏まえて、先ほど選んだ６銘柄の年成長率を図表1.2.3にまとめました。

図表1.2.3　6銘柄の年成長率比較表 （2021/6/22大引け時点）

銘柄	業種	経常利益 （百万円）	年成長率 ローゼンバーグ方式
6993（東2） 大黒屋HD	小売業 中古買取	2021年3月期：実績▲712 2022年3月期：予想1,092	実績▲58.2% 予想200%（黒字化）
2370（マ） メディネット	サービス業 医療バイオ	2020年9月期：実績▲836 2021年9月期：予想▲1,762	実績17.37% 予想▲71.29%
7187（東1） ジェイリース	その他金融業 不動産・保証	2021年3月期：実績911 2022年3月期：予想1,170	実績158.66% 予想24.89%
9107（東1） 川崎汽船	海運業 海運全般	2021年3月期：実績89,498 2022年3月期：予想45,000	実績169.43% 予想▲66.17
8256（JQ） プロルート丸光	卸売業 衣料・ヘルスケア	2021年3月期：実績54 2022年3月期：予想105	実績200%（黒字化） 予想64.15%
6768（東1） タムラ製作所	電気機器 半導体など	2021年3月期：実績2,384 2022年3月期：予想3,400	実績▲5.15% 予想35.13%

　成長率を年単位で求めたものを「**年成長率**」としています。

　予想には会社が開示している業績予想を用いています。もし会社が予想を出してない場合は、『会社四季報』業績欄の予想や、証券会社のアナリストが出しているコンセンサス予想などを用いてもよいでしょう。幸い、今回の6社は全て予想数字を出していました。

　年成長率の計算方法には「**ローゼンバーグ方式**」を使っています。これは聞きなれない言葉かもしれません。一般的に使われている成長率（図表1.2.2下の※式）とは、やや異なる計算で求めたもので、優れた計算方法です。詳しくは第2章で解説しますが、**ローゼンバーグ方式は数値の如何を問わず、対前年で黒字化は+200%、赤字化は－200%になります**（一般的な成長率の計算方法では、黒転、赤転の場合に不具合が生じます）。大黒屋やプロルート丸光のところに200%という数字が出ていますが、これは「200%も成長している！」というので

はなく、単純に前期からの黒字化を表しているだけです。**200という数字は大きさを表しているわけではありません。**

　では、図表1.2.3で、6銘柄の年成長率を見てみましょう。

　株価は未来を織り込みに向かうことから、年成長率は実績とあわせて予想も求めています。

　会社予想を信用するならば、メディネットと川崎汽船以外は、今期の1年間は成長することになりますね。大黒屋とタムラ製作所はマイナス成長からプラス成長に転じています。ジェイリースは成長鈍化の様相でしょうか。プロルート丸光は既に述べたように、前期赤字から今期は黒字化し、さらに64.15%の成長予想です。

　6銘柄の年成長率を見比べてみましたが、会社予想というのは修正が入りやすいので、これらはまだ参考程度です。値が減少やマイナスだからといって、即ダメだとは判断しません。まだ、成長株を見つけるための前提条件を整理している段階です。

　さて、ここまで年成長率を調べました。が、1年間って結構長くないですか？　株価や業績は、日々刻々と変化しています。年単位の業績で大きな流れを見るのは基本中の基本ですが、一方で「1年間という過程の中で、業績にどのような浮き沈みがあったのか」などは見えてきません。

　例えば、今期の業績予想を前期比2倍と発表していた企業があったとします。「去年と比べて利益2倍だ！　よし買おう！」と意気込んで買いました。しかし進捗率は上半期で30%、下半期は70%だとしたら、株価はどうでしょうか。

　上半期では未達懸念から下がり、下半期では達成安心感から戻すかもしれません。「上半期の初めに買ったらずっと下げ続けた…。いい加減あきらめて損切りしたら、下半期で急に戻して、しかも何倍にも

なった！？」。そんな悔しい思いをすることも充分あり得ます。

　そもそも1年間もあれば、業績に浮き沈みは出てきます。季節性から利益が上半期や下半期に偏っている企業はいくらもあります。そうなると成長率にも四半期ごとの偏りが出てきます。

　通期業績で増益予想が出たからと言って、1年後に必ず株価が上がっているかというと、実はそう単純でもありません。

　言葉だけだと分かりにくいので、そのあたりのイメージを、次ページ図表1.2.4にまとめました。

　では考えてみましょう。

　会社が扱う業績の内、もっとも短い期間で発表しているものは何でしょう？　そう、四半期（3カ月）単位の決算ですね。上場企業は、四半期ごとの決算発表が義務付けられています。この3カ月単位で集計した業績を「**決算短信**」という形で発表しています。これをもとに、四半期における成長性を求めればいいことになります。

　つまり年成長率だけではなく、『**四半期成長率**』を調べるわけです。

○四半期成長率

　ここで、序章で触れた「有効なファクター」が登場します。それは**「四半期ごとの成長性」をパーセンテージで示した**ものです。本書では、このファクターを「四半期成長率」と呼ぶことにします。四半期成長率は、数値が大きいほど成長性があることを示します。

　序章で触れた「有効なファクター」

　→　本章で紹介する「四半期成長率」

図表1.2.4　１年間の成長率の浮き沈みイメージ

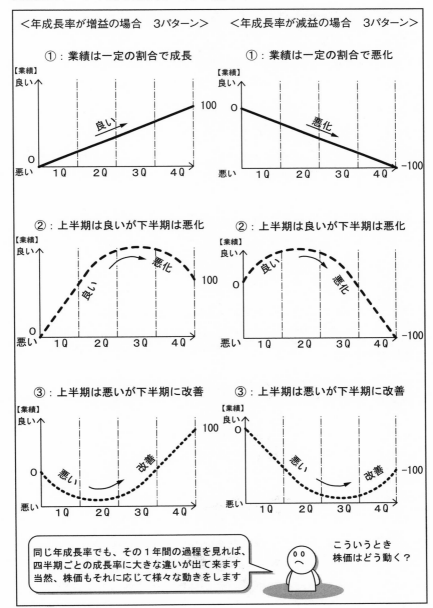

四半期成長率というと、一般的には前年同期比や前四半期比をイメージされる方が多いと思います。本書でこれから紹介する「四半期成長率」も前年同期比をベースにしていますが、計算式に工夫を凝らしたことで、非常に有効性の高いファクターとなっています。具体的にどう有効なのか、その辺りを厳密に検証したデータや証拠も、第2章でちゃんと用意していますので、楽しみにしていてください。

　計算が出てくることで拒否反応を起こされるかもしれませんが、ファクターの計算は、エクセルで業績の数字を入力すれば自動で算出できるシート（※本書特典として無料ダウンロード）を用意しましたので安心してください。

　四半期成長率の具体的な概念や計算方法は、第2章で詳しくするとして、ここでは実際に求めた数字を、ここまでの6銘柄で比較してみましょう。

図表1.2.5　6銘柄の四半期成長率比較表 (2021/6/22大引け時点)

コード（市場）銘柄名	直近発表日 （該当する四半期）	四半期成長率 （経常利益）
6993（東2）大黒屋HD	2021/5/14（4Q）	▲0.14%
2370（マ）メディネット	2021/5/12（2Q）	▲0.40%
7187（東1）ジェイリース	2021/5/11（4Q）	30.74%
9107（東1）川崎汽船	2021/5/10（4Q）	69.63%
8256（JQ）プロルート丸光	2021/5/6（4Q）	448.15%
6768（東1）タムラ製作所	2021/5/11（4Q）	19.50%

　図表1.2.5は2021/6/22大引け時点での、それぞれの四半期成長率を計算・比較したものです。こちらも年成長率同様、計算には経常利益を使っています。

　四半期成長率は、四半期決算の発表日ごとに更新されるので、直近の発表日も記載しています。

　さて、四半期成長率の列を眺めてみると、プロルート丸光の488.15％という値に真っ先に目が行きます。かなり大きな数字です。しかも、上場している市場はジャスダック（現スタンダード）。この日の終値229円での時価総額は65.06億円と小型株で伸び代もありそうです。

　材料を再確認しましたが、新型コロナウイルスワクチン接種後の抗体検査を行う製品に絡んだもので、2021年の5/20、6/3、6/4と連日、IRで発表されていました。この材料は2021年6月時点では非常にタイムリーで話題性のあるものです。もともと四半期の成長性が高いところに、そういう話題性のある材料が出たことで急上昇するというのは、**このファクターを使った投資における黄金パターン**でもあります。

　残りの5銘柄も気になりましたが、488.15％という数字が圧倒的で、材料も良く、チャートの初動っぽさ、ジャスダックという新興市場、65.06億円という時価総額、これらの要素を並べた結果、プロルート丸光を売買の第一候補としました。

　ただ、予想PERは65.06倍とやや高い気もしたので、もし今回の材料がたいして業績に寄与しない場合は、一気に叩き売られる懸念があることは意識しておきます。

　ここで候補を1銘柄に絞りました。

　その1銘柄であるプロルート丸光の四半期成長率が、過去どんな推移をしてきたのかを調べてみたいと思います。今現在は2021/6/22時点なので、大体2年間ぐらいさかのぼって2020年3月期1Qから求めてみました。次ページ図表1.2.6は、それを時系列で示したものです。

　図表1.2.6は、この本の読者特典として用意した「ファクター計算シート」です。詳しい使い方は第2章でお話しますが、このシートは、必要箇所に業績の数字を入れれば、先ほどご紹介したローゼンバーグ方式の「年成長率」や、この本の主要テーマでもある「四半期成長率」が、簡単に出せるようしています。

ここで見て欲しいのは四半期成長率（①部分）です。上から下に向かって時系列で眺めると、2020年3月期の四半期は全てマイナス成長率ですが、次の2021年3月期からはプラス成長率へと転じています。

図表1.2.6　＜8256プロルート丸光＞の成長率（2021/6/22時点）

8256	プロルート丸光		※▲はマイナスを意味する			
年度	四半期	発表日	経常利益（百万円）		四半期成長率	ローゼンバーグ年成長率
			累積	単体		
2019年3月期	1Q	2018/8/1	31	31		
H31/R1	2Q	2018/11/1	▲ 111	▲ 142		
	3Q	2019/2/1	▲ 69	42	①	
	4Q	2019/5/7	▲ 281	▲ 212		
2020年3月期	1Q	2019/8/1	▲ 34	▲ 34	▲ 15.12%	
R2	2Q	2019/11/1	▲ 173	▲ 139	0.70%	
	3Q	2020/1/31	▲ 213	▲ 40	▲ 19.29%	
	4Q	2020/5/1	▲ 437	▲ 224	▲ 2.75%	▲ 43.45%
2021年3月期	1Q	2020/8/4	0	0	8.44%	
R3	2Q	2020/11/2	22	22	56.29%	
	3Q	2021/2/2	36	14	20.77%	
	4Q	2021/5/6	54	18	448.15%	200.00%
2022年3月期	1Q		2021/5/6に出された通期実績			
R4	2Q	②				
	3Q					
予想	4Q	2021/5/6	105			64.15%

2021/5/6に出された通期予想　予想年成長率

※累積＝同じ期におけるそれまでの四半期利益の合計
例）3Q累積＝1Q単体+2Q単体+3Q単体

　その2021年3月期の四半期成長率を具体的な数字で見ると、1Q：8.44％、2Q：56.29％、3Q：20.77％と良い感じで推移、4Qは448.15%とかなり大きな成長性です。

　同時に年成長率も見てみると、2020年度は▲437百万円の赤字で、▲43.45％だったものが、2021年度は54百万円で200％と黒字化を達成しています。

　さらに現在進行中の今期2022年度の予想は105百万円と、前期実績54百万円に対して２倍（②部分）、予想年成長率は64.15%と良好です。

　投資対象としては、悪くなさそうですよね。継続的な成長が望めそうだと判断できます。

　図表1.2.7は、年成長率だけをまとめたものです。これを見ると年単位での成長性は、さらに分かりやすいと思います。

図表1.2.7　プロルート丸光の「年成長率」（単位：百万円）

発表日	期（通期）	経常利益（百万円）	年成長率ローゼンバーグ方式
2020/5/1	2020年3月期	実績▲437	実績▲43.45%
2021/5/6	2021年3月期	実績54	実績200%（黒字化）
	2022年3月期	予想105	予想64.15%

　以上からこの銘柄の成長性をまとめると、「赤字から黒字化を達成、今期の通期予想は前期の２倍、さらに四半期は４連続プラス推移で直近は非常に大きな値」という状況です。

　継続的に成長していることから、投資対象としては悪くなさそうですよね。年成長率と四半期成長率は、このように補完し合う形で使うと、銘柄の成長性が立体的に見えてきます。

　ここで銘柄探しの仕上げ、『情報の最終確認』をしましょう。

○情報の最終確認

　直近６か月の中に情報洩れはないでしょうか。

　例えば、「増資」などが行われていないか、「大量保有報告書の変更」がないか、「上方（下方）修正」がないか、などです。この辺りは、直接企業サイトのIRから開示情報などをチェックしてみましょう。

　特に増資の有無については注意してください。実は膨大な量の未行

使株が控えていた、なんてこともあったりしますので。また、社長が自分の持ち株を定期的に処分している、なんていうのも大きなマイナス材料になります。こういうのは投資家の信頼をなくしてしまい、しばらく上がらない、上がっても利確売りが出やすくなることが多いです。

　図表1.2.8は、情報の最終確認を図に落とし込んだものです。

図表1.2.8　情報の整理と最終確認

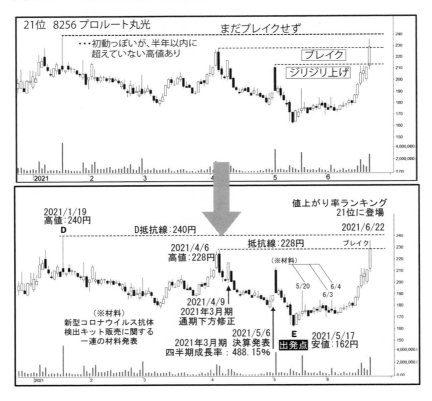

　図表1.2.8の上段は「図表1.1.7　気になったチャート6選」に載せたものと同じものです。下段はそれに直近6カ月間の情報をメモしたも

のです。

　増資などはありませんでしたが、2021/4/9に下方修正が発表されていたようです。ただ、その後5/6に発表された決算発表の数字は良好なものであったので、それは、すでに織り込み済みであり、6/22時点で足をひっぱるような悪材料ではなくなっています。

　ところで、今回は上昇相場が始まると仮定して分析を始めているので、上昇の「出発点」となる場所を決めておきたいと思います。

　チャートを見ると、新たな上昇が始まっているのは、2021/5/17の安値162円からですよね。そこで、ここを「出発点」としてEとしました。

　なお、本書はチャート上に線やコメントを記載した図表を多数紹介しています。紙面のサイズ上、見えづらいと思いますので、図表の一部を見やすく拡大し色分けしたものを、冊子形式のPDFファイル『チャート集』として用意しました。別途ダウンロードできますので、本書だけで見づらければ、ぜひそちらを参考にしてください。

　『チャート集』に掲載している図表は図表番号に、下に記した例）のように下線をつけています。

例）　**図表1.3.2**　長期週足チャートの高さ長さ、支配的サイクル

　ダウンロード方法は、パンローリングの書籍紹介ページでご確認ください。

　・本書紹介ページ

http://www.panrolling.com/books/gr/gr172.html

　この本では銘柄探しを基本的に値上がり率ランキングから探していますが、いろいろな投資雑誌や、有名投資家のブログといった他のメディアから見つけても構いません。

　また、最初に値上がり率上位のチャートだけを次々とチェックして、面白そうな形があれば、そこから個別銘柄の情報を調べてもよいです。

　僕は、雑誌や他の人のブログ、面白そうな形をしたチャートなど、気になる銘柄が出てきたら、取り敢えず四半期成長率を計算します。値が良ければ、直近の成長性が高い銘柄ということになります。そこから銘柄を深掘りして調べていき、もし面白そうであれば、次の「手順③」以降で行うチャート分析や戦略作りを行います。

　人から教えてもらった銘柄でも、自分がその優劣を判断できれば、それは自分で発掘した銘柄と同じです。銘柄探しはいろいろとやっていく内に、自分なりの得意パターンが出てくると思います。

　また、四半期成長率に関してですが、ここでは一番値の大きい銘柄を候補としましたよね。しかし四半期成長率は、値が大きければ無条件に良いというわけでもありません。

　あくまでその他の条件を総合的に吟味した上で、最終的な判断をしていることを覚えておいてください。四半期成長率が10％程度のものでも、他の条件が良ければ、充分に投資候補となります。

深掘り！

計算で使う経常利益

　成長率の計算では「経常利益」を使っていますが、この辺り
を補足しておきますね。

　決算で発表される業績には、「売上」、「営業利益」、「経常利益」、
「純利益」と４つがあります。通常は、この中で「経常利益」
が重視されます。

　「経常利益」とは、読んで字のごとく経常的な利益のことです。
突発的に発生した（特別）損益や税金などを除いたもので、企
業本来の実力で定期的に入ってくる利益を示します。

　例えばA社の決算発表で、最終的な利益である「純利益」が、
すごく良かったとします。前期100だったのに今期は300と３倍
です。しかし、「経常利益」は前期120なのに今期60と半分に減
っていました。はたして株価はどう判断するでしょうか。

　実はこのA社、保有している土地を売却したことで、その期
だけの特別益が発生しただけでした。本業は半分に減益してい
ました。こういう場合、株価は大きく下がります。

　要は一過性の利益ではダメという事ですね。「安定的に収益を
得られているものが成長している」、それが評価されるわけです。

　ちなみに、売却益を収益の柱とした投資部門のようなものが
好業績だった場合も、あまり評価されないことが多いです。何
故なら、今期の成績が良かったからと言って、来期も同様に好
成績を収められるとは限らないからです。そういうビジネスモ
デルは、継続的に安定的な収益とはみなし難いからです。

1−3　手順③：チャート波動の分析

<チェック項目>

- 支配的サイクル
- 「上昇を阻む線」と「下落を防ぐ線」
- 出発点から30日、60日、90日の位置

　ここまでの「手順①、②」を通じて「8256　プロルート丸光」を売買候補としました。これから行う手順③は、波動という視点から、銘柄のチャートを分析する方法です。

　次ページに、注目した6/22時点からの直近6カ月の日足チャートと、直近7年間の週足チャートを載せました。この本ではチャートを波に例えていますが、図表1.3.1を見るとなんとなく同じ価格帯を一定の間隔でヨコヨコ繰り返しているのが分かるかと思います。

　まず上の日足チャートを見てください。このチャートが「これから先、どのように変化していくのか、予想することができますか？」。これだけでは情報が乏しいですよね。

　何事もそうですが、未来を知るには過去を知る必要があります。過去に起きたことは、未来でも再び繰り返されることがあるからです。

　詳しくは第3章でお話しますが、株式チャートでは、だいたい7年ぐらいで1つの大きな波を作ります。従って、過去7年分ぐらいのチャートを確認するとよいでしょう。そして、7年分であれば週足が適しています。

　この週足を使って、手順③<チェック項目>の最初に掲げた『**支配的サイクル**』を求めていきます。

図表1.3.1　直近6か月の日足チャートと過去7年週足チャート

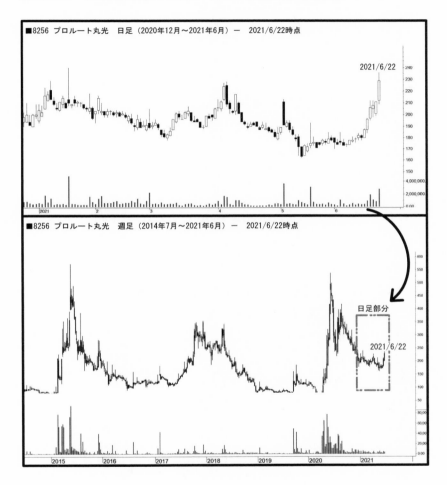

○支配的サイクル

　では、「支配的サイクル」というのは何でしょうか。

　サイクルとは周期のことです。支配的というのは、そのチャートの「根底に存在する」周期性を意味します。要するに、波のリズムを調べようというわけです。

目的は、株価の動きを長期的に見た場合、6/22時点が「上昇期」か、「下降期」か、あるいは「過去とは異なるサイクル」なのかを知るためです。僕はチャートのリズム感を掴むために、支配的サイクルをよく使います（チャートとリズム感については第5章のコラム参照）。具体的には、チャートの形に合うように「正弦波」を当てはめます。

　正弦波というのは、高さと長さが一定の間隔でうねうね繰り返されるシンプルな波の基本形です。

　次ページ図表1.3.2を見てください。チャート内では最高値が540円、最安値が47円です。株価は、その間を行き来しています。

　波の高さは、低いもので265円（2017/12/11高値355円 − 16/6/24安値90円）、高いもので491円（2020/6/9高値538円 − 20/4/7安値47円）ですよね。

　波の長さは、天井と天井、底と底で見れば最長で936日（2015/5/20〜17/12/11）、最短で874日（2018/12/25〜21/5/17）と、大体900日前後のようです。これらから、「支配的サイクル①」を描いてみました（正弦波の描き方は後述します）。

　単純にこの支配的サイクル①の通りに波が繰り返されていると考えれば、2021/6/22はまだ下落途中で、株価の底打ち反転はまだ先ですね。しかし直近2020年辺りからは、これが当てはまらない動きになってる印象を受けませんか？　例えば、A：2020/4/7の47円は最安値なのに、支配的サイクル①で見ると高値付近です。噛み合っていません。

　もしこの時期、サイクルに変化が起きていたとしたらどうでしょうか。2020年の春先には新型コロナウイルスショックによる世界規模の大暴落がありましたが、こういう大きな出来事があると個別株の動きも習性が変わったりします。

　仮に2021/5/17　E「出発点」が、20/6/9のBから続く下落トレンドの反転位置とすれば、18/12/25とAは469日、AとEの底底は405日と、

底同士の長さは近い値となります。こちらに当てはまる正弦波を「支配的サイクル②」とすると、2021/6/22は株価が上昇期に入っていると見ることもできます。

図表1.3.2　長期週足チャートの高さ長さ、支配的サイクル

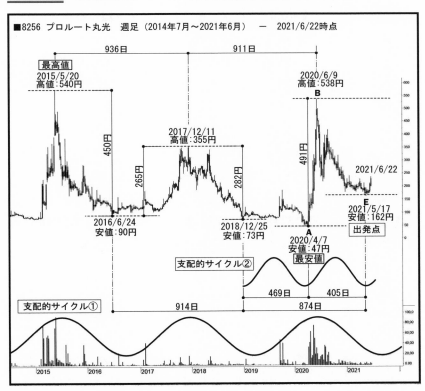

ごちゃごちゃと書きましたが、簡単に言えば、「支配的サイクル①」は週足7年間で見た全体のリズムですが、直近の1年ぐらいで見ると「支配的サイクル②」のリズムに変化してきているという話です。

前者は2021/6/22の株価はまだ下落途中であり、後者では反転上昇期に入っていることになります。つまり印象としては、年単位で長期

的に上げて行く流れというよりは、日、週の単位で短期的に上げて行く感じなのかな…という感じです。

　正弦波を描くコツですが、最初から無理矢理、天底を合わせようとすると上手くいきません。まずはチャートの高値と高値を正弦波の頂点に合わせてください。次の底部分を調整すると、それっぽいものができます。逆に、安値と正弦波の底を併せて高値を調整しても構いません。どちらか合わせやすい方でやってみてください。

　各種ラインや正弦波のようなうねりのある線をどうやってチャート上に描くかですが、以前はチャートをプリントアウトして、そこに手書きで描いていくという、アナログなやり方をしていました。

　今はTradingView（https://jp.tradingview.com/）を使っています。

　TradingViewはブラウザ上で無料で使用できるチャートソフトです。操作性に優れ、多岐にわたる金融商品のチャートが表示できたり、インジケーターも内蔵されていて、世界中のトレーダーに愛用されています。正弦波を簡単に描けるコマンドもあるので、作業が効率化できます。

　このあとに出てくる30、60、90日などの各線も「垂直線」や「日付範囲」などを使えば簡単に引くことができます。デリートも簡単なので、感覚をつかむために何度も試してみるとよいと思います。TradingViewの簡単な操作方法については、第3章にまとめています。

　また、どうしても株価チャートと正弦波が噛み合わないときは、チャートに強いリズムがない状態です（たまにそういうことがあります）。そういう場合は無理に支配的サイクルを求めなくても構いません。

　なお本当に余談ですが、フーリエ解析という手法を使って、サイク

ルを抽出する方法もあります。ただ、それなりに物理や数学の知識が必要になるのと、そうやって手間暇かけて求めた結果も、感覚的に描いたものとそんなに変わらないので、TradingViewなどのツールで作成したもので充分だと思います。

〇「上昇を阻む線」と「下落を防ぐ線」

　支配的サイクルを求めたら、手順③＜チェック項目＞の2つ目、「上昇を阻む線」と「下落を防ぐ線」を引いてみましょう。

　これらは次のような意味を持つ線です。

・上昇を阻む線…ここを越えると、上げていく可能性が高い線
　　→買い増しを検討できる
・下落を防ぐ線…ここを割ると、下げていく可能性が高い線
　　→損切りラインの候補となる

図表1.3.3　「上昇を阻む線」と「下落を防ぐ線」イメージ

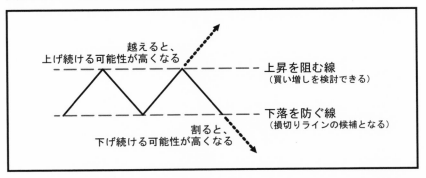

　いきなりこれらの線を決めることはできないので、まずは過去の高値や安値から、6/22以降の動きに影響を与えると思われる抵抗線や支持線といった「線」を洗い出してみましょう。

　「株価は抵抗線や支持線に向かう傾向がある」ので、それらを漏れ

なく調べておく必要があるからです。

　ここで、【問題】を出します。
　すでに、週足7年分で長期的なチャートを確認しましたよね。その
チャートには、いくつもの高値や安値があったと思います。それらの
中で、6/22以降にも影響を与えてきそうなものは、どれでしょうか？
　次ページ図表1.3.4aでは上部に過去7年週足チャートを、その下に
は前回のAB上昇相場以降の日足チャートを載せています。「この辺
りの高値や安値が意識されそうだな」というのがあれば、鉛筆で印を
付けてみて下さい。
　ヒントですが、過去7年間で付けた最高値は2015/5/20の540円です。
しかし、これは6年も昔であり、2019年に増資をして株数を増やして
いること、高値Bの538円と近いことなどから、あまり考慮しなくて
もよいと思います。
　そうなると、6/22以降に影響を与えてきそうなものは、前回のAB
上昇相場以降に付けた高値や安値ということになりそうです。

図表1.3.4a　【問題】2021/6/22以降に影響を与える高値や安値は？

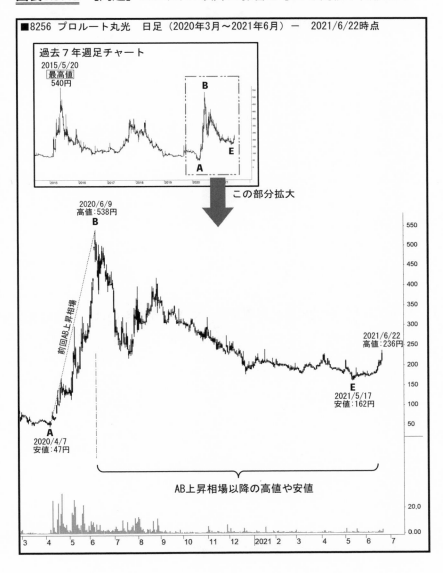

■8256　プロルート丸光　日足（2020年3月〜2021年6月）—　2021/6/22時点

過去7年週足チャート

2015/5/20
最高値
540円

B

E

A

この部分拡大

2020/6/9
高値：538円
B

前回AB上昇相場

2021/6/22
高値：236円

E
2021/5/17
安値：162円

A
2020/4/7
安値：47円

AB上昇相場以降の高値や安値

僕がこのとき考えた解答は、次ページ図表1.3.4bです。

図表1.3.4b 抵抗線と支持線の洗い出し

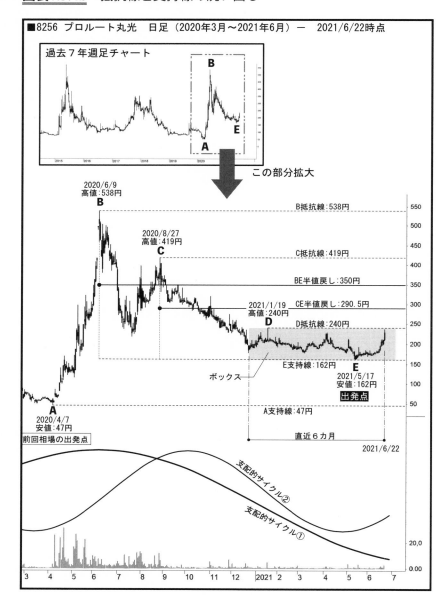

■8256 プロルート丸光　日足（2020年3月〜2021年6月）ー　2021/6/22時点

・前回高値BとCから引いた「B抵抗線」と「C抵抗線」

・戻りとなる「BE半値」、「CE半値」

・直近6か月以内で超えていない高値から「D抵抗線」

・出発点Eからの「E支持線」

・前回相場の出発点Aからの「A支持線」

　僕はこのように洗い出してみました。

　では、これらの線から、どれが「上昇を阻む線」と「下落を防ぐ線」になると思いますか？　線が多くなってきて混乱するかもしれませんが、ゆっくりでかまいませんので、考えてみてください。

　直近6カ月をよく見てください。D抵抗線とE支持線に挟まれたボックス（箱）のような形となっていませんか？

　ボックスとは、箱に閉じ込められたように、株価が一定幅で上下に動いているチャートの型です。箱の蓋を破ると上昇、箱の底を破ると下落と、それぞれの方向へ進む可能性が高くなります。

　これはそのまま箱の蓋が「上昇を阻む線」で、箱の底を「下落を防ぐ線」と見ることができますよね。そこで、次のように決めました。

・ボックス（箱）の蓋…上昇を阻む線＝D抵抗線

・ボックス（箱）の底…下落を防ぐ線＝E支持線

　2021/6/22は、まさにD抵抗線を突破するかどうか、という状況なわけです。もしE支持線を割ってしまうと、A支持線に向かって落ちていきます。その場合、このチャートはいまだ「支配的サイクル①」のリズムで動いてることになりますね。逆に、D抵抗線を越えると「支配的サイクル②」で動いていることになります。

　ここまで決めたことを直近6カ月範囲のチャートとして図表1.3.5にまとめました。

図表1.3.5 チャート分析 上昇を阻む線、下落を防ぐ線

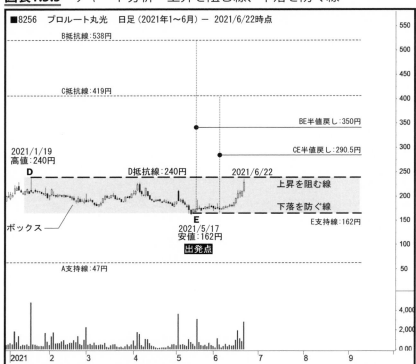

○30、60、90日に線を引く

　続いて、＜チェック項目＞3つ目、『出発点から30日、60日、90日の位置』に線を引くという作業です。この30、60、90という日数ですが、「株価は底（天井）から天井（底）まで、これらの日柄で上昇（下落）する傾向がある」からです。

　6カ月の範囲で表示した日足チャートに、E「出発点」から、30日、60日、90日にあたる位置に縦の線を引いたものが、次ページの図表1.3.6です。

図表1.3.6　チャート分析　横２本、縦３本の線

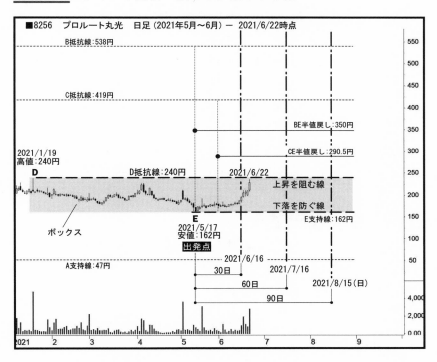

これは図表1.3.5に描き加えたものになるので、既に、先ほど洗い出した抵抗線や支持線、半値、そこから決めた「上昇を阻む線」と「下落を防ぐ線」は描き込んであります。

最初にチェックしたチャート（48ページ図表1.2.8）と見比べてみれば、かなり整理されている感じがしませんか？

今回のプロルート丸光は、出発点から30日目ぐらいから上げ始めたので、次の目標は60日目前後と予想されます。ちなみに前回のAB上昇相場の期間は、2020/4/7から20/6/9までの63日間（約60日）でした。つまり今回の上昇でも、出発点Eから60日間ぐらいは上げていく可能性がありそうです。場合によっては、90日目ぐらいまで上げていくかもしれません。

もちろん、必ずしもそうなるわけではありませんが、株価がどのく
らいの時間をかけて動いていくかを予想するには、30、60、90といっ
た日柄は、とても参考になります。

　これで、縦横あわせて５本の線が引けました。

　この分析図を使って、次の手順④では戦略を作って行きます。前回
の上昇相場ABを見てもらえれば分かるように、この銘柄は動きがか
なりジグザグしています。今回も、似たような動きになるでしょう。

　もっと下げていく可能性だってあります。株価の動きには様々なパ
ターンが想定されるので、それに対応する戦略が必要となります。

ワンポイントアドバイス

　**この５つの線は、この本におけるチャート分析の基本中の基本なの
で、しっかり身につけておいてください。** これも、色々なチャートを
見て、繰り返し線を引く練習をするとよいでしょう。

　僕がよくやるようにチャートをプリントアウトして鉛筆で線を書く
のもお勧めです

　なお、ここで僕が引いて選んだ「上昇を阻む線と下落を防ぐ線」や
「30日、60日、90日」の位置は、「絶対に正しい解」というものでは
ありません。人によっては多少違った位置に来るかもしれません。投
資家の資金や性格によって違ってくるからです。

　それでも、ある一定のルールに沿って考えると、大体、このような
線になるかなと思います。その一定のルールが「**チャートの波動**」と
呼ばれるものです。

　「チャートの波動」については第３章で詳しく解説します。気にな
る方は、そちらから先に読んでもよいでしょう。すでに説明の中で出
て来た、抵抗線、支持線、半値といったものも、波動という視点でま
とめ直しています。

1－4　手順④：戦略シナリオの作成

<チェック項目>

- 「楽観」、「中立」、「悲観」、３つの戦略シナリオ
- 「損切り額」と「保有株数」

　戦略というと難しく聞こえますが、要するに「こうなったら、ああする」、「ああなったら、こうする」というシナリオを、あらかじめ作っておくということです。ただし、シナリオ作りにはコツがあります。

　僕たちはどうしても自分に都合のよいシナリオを考えがちです。そもそも上がると思うから買うわけで、それは仕方ないのですが……。

　しかし、株価は自分の願望通りには動きません。株価の一寸先は闇などとも言われています。かといって、あまり悲観的になる必要もありません。戦略はあくまで客観的に立てればよいだけです。

　そこで僕は毎回必ず、『「楽観」、「中立」、「悲観」の３つの戦略シナリオ』を作るようにしています。

○３つの戦略シナリオ

　そこで僕は毎回必ず、次のような『「楽観」、「中立」、「悲観」の３つの戦略シナリオ』を作るようにしています。

- **楽観シナリオ**──「上昇を阻む線」を上抜けする動きを想定
- **中立シナリオ**──「上昇を阻む線」と「下落を防ぐ線」の間を行き来する動き（ボックス）を想定
- **悲観シナリオ**──「下落を防ぐ線」を下抜けする動きを想定

　ところで、先にも述べましたが、株価には「抵抗線や支持線に向か

って動く」、「30、60、90という日数をかけて天底を取る」という傾向がありましたよね。これらを組み込んで、さらに各戦略を詳細に詰めてみましょう。

まず、過去の高値や半値といった横の線と60日、90日の縦の線が交差するところを全て丸で囲み、それぞれアルファベット小文字で記号を付けます。Bから引いた線が交差するところはⓑという具合です。

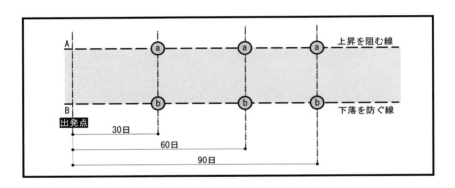

これらの交差ポイントは、株価が当面目指していく位置と仮定できます。**交差ポイントは、利確や買い増し、損切りなどのポジションの処理を行う際に参考**となります。

以上を今回の日足チャートに当てはめると図表1.4.1になります。

2021/6/22時点では、既に出発点から30日を過ぎているので、丸囲みのアルファベット小文字記号は60日と90日で交差するところにのみ付けています。

なお、5本のラインのほかに半値戻しのラインを引いていますが、これは第3章で詳しく解説します。

図表1.4.1　戦略を構成する３つのシナリオ

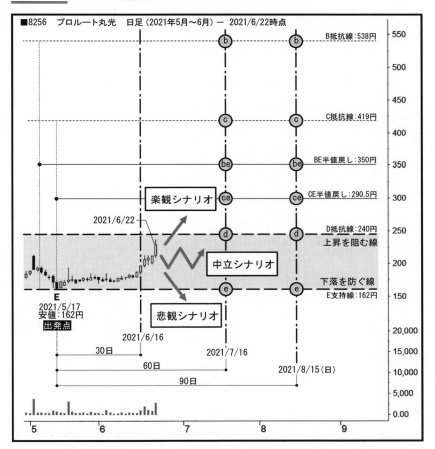

さて、各シナリオは次のようにまとまりました。

・楽観シナリオ…D抵抗線:240円を超えて上昇を想定

　　　　　　　→ⓑ、ⓒ、ⓑⓔ、ⓒⓔ が目標位置

・中立シナリオ…D抵抗線とE支持線の間での保ち合いを想定

　　　　　　　→ⓓとⓔがボックス内での反転位置

・悲観シナリオ…E支持線:162円を割って下落を想定

　　　　　　　→ⓔが下へのブレイク位置

※上記はいずれも出発点から60日または90日のどちらかに、株価がその位置にいる可能性を示したもので、必ずその位置にいると断定したものではありません。

　これらは2021/6/22時点でのチャート波動から推測したもので、**株価の動きに対して自分がどう対応するか準備しておくためのものです。**

　株価の動きに大きな変化が起きた場合は、当然ながら新たなシナリオが必要となります。

　ここまでで、３つシナリオを作りました。

　楽観シナリオを想像して「これだけ儲かる」とイメージを膨らますのは楽しいですよね。でも、**一番大切なのは悲観シナリオです。** なぜなら、「どうなったら撤退するか？」を決める重要なシナリオだからです。

　撤退というのは「もう上がる見込みがない」という状況です。まだ上がる見込みがあれば、買った後に多少の含み損が出ても保有できます。しかし上がる見込みがないのであれば、持っていても意味がありません。

　それを判断するのが、「下落を防ぐ線」を割るかどうかです。そこを割ってしまったら、僕は「損切り」します。

　もちろん、また戻すかもしれません。しかし、ポジティブな材料でも出ない限り、相当な日柄が必要になります。なぜなら「下落を防ぐ線」を割ってしまった時点で、波は上昇どころか下落の流れになってしまうからです。

○損切りライン

　では、損切りラインさえ決めれば万事解決なのでしょうか？

　実は、そう単純な話でもありません。実際に多くの人が損切りに失敗しています。それは、いざそのラインに到達しても「実行できな

い」のです。そこには、大きな理由があります。

　ここからはイメージしやすいように、僕が「100万円の資金」を運用しているという前提でお話していきましょう（売買例には、手数料や税金などは含めません）。証券口座に100万円入っている状態です。

　図1.4.1を見ると、下落を防ぐ線のE支持線をそのまま損切りラインとしてよさそうです。そこを割ったら、さらに下落が予想されるからです。なお、下落を防ぐ線以外を損切りラインとする場合もありますが、そのような例は、第5章の実践編に含めています。

　さぁ、リスク管理は万全です。さっそく翌日に、前日6/22の終値229円に指値を入れることにしました。損切りラインもしっかりと決めたので、手持ち資金100万円を投入します。

　上手く指値にひっかかって買値229円、保有株数は4,300株（≒100万円÷229円）です。たくさん買ったので、どのくらい儲かるか楽しみですね……。

　でも、ちょっと待ってください。損切ラインは分かりましたが、実際に損切りした場合の損失額は、いくらでしょうか？

　悲観シナリオから決めた損切りラインはE支持線：162円なので、買値から損切りまでの下げ幅は229円－162円＝67円です。もし損切りになった場合は、67円×4,300株＝28.81万円以上の損失……。

**　たった1回の損切りで運用資金に対して、30％近いドローダウン⁉**

　この金額、耐えられますか？　僕は無理です。こんなやり方をしていたら、戦略なんてなんの意味もありませんね。

　では、どうすればよいでしょうか。図表1.4.2に保有株数に応じた損切り額を並べてみました。

図表1.4.2 保有株数に応じた損切り額…

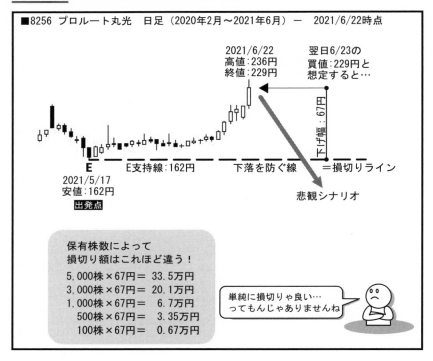

当たり前ですが、株数が増えるほどに損切り額が大きくなります。これを見ると、単純に損切りすればよいってもんじゃありませんよね。損失のリスクを正しく管理するには、「悲観シナリオ」から **「損切り額」** と **「保有株数」** を決める ことが必要になります。

○「損切り額」と「保有株数」

まずは、１回当たりの損切りに耐えられる金額を決めます。

僕は、だいたい**10回連続で損切りしても、運用資金が３分の２は残る額**と決めています。運用資金が100万円で仮に3.3万円の損失だとすると、10連続で負けると最大33万円のドローダウンです。それでも手元に67万円は残るので、充分に復活は可能です。そもそも10回も連続

で損切りとなるのは、自分の投資スタイルに有効性が失われている状態です（その場合には必ず、一度投資を止めて手法を見直すようにしています）。

　そこで、損切り額を3.3万円とします。では、保有株数はどうなるでしょうか。算出した株数は、3.3万円÷下げ幅67円＝492.5株です。売買は100株単位なので、調整して500株にします。そうなると損切り額は、500株×下げ幅67円＝3.35万円、まぁ妥当な額かなと思います。買付けに投入する運用資金は、500株×229円＝11.45万円と決まりました。

　このように、まず「幾らまでなら損しても平気か」を決めて、買値からチャートで求めた損切りラインまでの値幅で割って、保有株数を決めます。
　計算で求めると言うと拒否反応をおこす人もいるのですが、小学生の算数レベルなので、ポジションを持つときには面倒臭さがらず、常にこうやって損切り額を決める癖をつけてみてください。

ワンポイントアドバイス

　損切り額を決める際に想定する買値ですが、通常、その日の終値をベースにしています。今回は、6/22の終値229円でした。
　ただし、大きな材料が出た後や、上昇に勢いがあるときなどは、その日に付けた高値、あるいは夜間PTSで付けた最高値を買値として計算しています。必ずしも好条件（安く）で買えるとは限らないので、なるべく悪い条件（高く）で約定したと考える方がよいかと思うからです。
　実際の買付けも、特に勢いがあるようでなければ、前日の終値に指値を入れたりもしますが、基本的には寄付き前に成買注文を入れて、

その日の始値で必ず約定することを心掛けています。デイトレのように場中、画面に張り付いて分足でタイミングを見ることはあまりしません。

※PTS（Proprietary Trading System）とは、証券取引所を通さずに取引ができる私設取引システムのことです。PTSであれば、15：00の大引け後も23：59まで取引ができます。ただし、取引は現物のみで、一部の証券会社しか取引はできません。取引に対応した証券会社の口座を開いておくと、リアルタイムで取引が見れるので便利です。

　PTSはあまり参考にならないという意見もありますが、材料が出た後や、相場に勢いのあるタイミングでは、出来高も増えることからに、それなりに翌日寄付値の目安にはなります。

1-5 手順⑤：数回に分けた買付け

<要約ポイント>

- 1回目の買付け
  →含み損：損切りラインで撤退
  →含み益：上昇が見込めない場合は利確
  →含み益：上昇が見込める場合は買い増し戦略
- 2回目以降の買付け（買い増し）

先ほどの戦略にそって『1回目の買付け』で、6/23の寄り前に成行注文を入れておきました。約定は始値232円。想定した229円の買値よりも3円高くなりましたが、それほど気にする額ではなさそうです。

500株なのでポジション額は11.6万円になりましたが、運用資金100万円に対して11.6万円。この程度なら保有にほとんど恐怖はないでしょう。

しかし、もう少しリスクを取ってもよいのでは、と思いませんでしたか？ 楽観シナリオ通りに上昇すれば、ポジションが少ないと利益も少なくなるため、あまり面白味はないですよね。かといってこれ以上、買い株数を増やせば損切り額が増えていきます。何か良い方法はないでしょうか。

そこで僕は数回に分けて買っています。

1回目の買付①が楽観シナリオに移行して、充分な含み益を持ち、まだ上がりそうであれば、2回目の買付②（買い増し）を行います。

それによって平均買値は上がってしまいますが、買付①が既に含み益が出ている状態なので、それが担保となって、ある程度の損失リスクを軽減してくれます。いきなり大量の株数を買うよりも安全です。

図表1.5.1　数回に分けた買付けのメリット

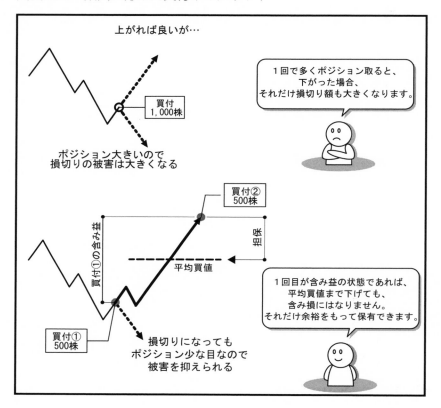

　しかも株価の上昇は途中から加速していくパターンも多く、買い増しによって資金効率は上がり、より多くの利益を手にすることができます。

　この数回に分けて買うというのは、非常にメリットの多いやり方です。とは言え、1回目の買付①を成功させないと、2回目も何もありません。買い増しにもタイミングや戦略は必要です。含み益になっているからといって変なところで追加したら、せっかくの含み益を吹き飛ばしてしまうからです。

○1回目の買付け

　まずは次ページ図表1.5.2で、買付①後の動きを見てみましょう。

図表1.5.2　1回目の買付①後の動き

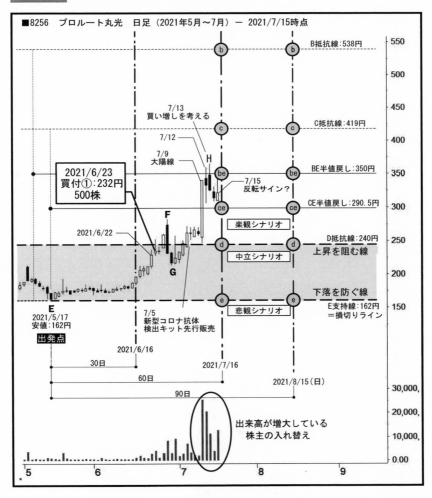

　1回目の買付①の後に、もし ⓔ に向かい要約ポイント「→含み損：損切りラインで撤退」となったら、そこでこの投資は終了です。しか

し株価はFまで上がり、Gで押し目を作ります。このまま@と@の間をウロウロすれば「中立シナリオ」となります。

その後、7/5に新型コロナウイルス抗体検出キット先行販売という材料が発表されたことで、「上昇を阻む線」のD抵抗線を完全に越えました。さらに、2021/7/9に大陽線を付けます。この大陽線は出来高も伴って、CE半値戻しを一気に超えてきたため大変強い足です。完全に「楽観シナリオ」入りしたと言えます。

7/12、13には、二日連続でBE半値戻しをザラ場に高値で越えてきました。7/13高値をHとしましたが、Hは出発点から60日目（7/16）に近い日柄です。しかも、最初に想定した目標位置@付近でもあります。

ここで一旦、上昇が終わったと思えば利確して売買を終了させてもよいでしょう。その場合は「→含み益：上昇が見込めない場合は利確」となります。

ここで出来高に注目です。このH付近では、出来高がかなり増えていますよね。**抵抗線や半値付近で数日保ち合いながら出来高が増大しているときは、利確売りと新規買いによる攻防が続いている状態**です。株主の入れ替えが起きている可能性が高いです。

「まだ行けるかな？」と思い@を下に割るかどうか注視していましたが、7/15に陽線が出ます。利確したい人はひと通り売ったのかなと思いました。こういったことから、60日目にあたる7/16前後は天井ではなく、むしろ上昇へ弾みがつくと考えたのです。

そこで「→含み益：上昇が見込める場合は買い増し検討」に入ることにしました。

○2回目以降の買付け（買い増し）

もしBE半値戻しを終値で突破していけば、上昇は90日後の8/15あ

たりまで続くと予想できますね。

　買い増しも買付①と同様に、３つの戦略シナリオを立てます。

　7/15に立てた、買い増し用の新たな戦略シナリオは図表1.5.3です。１回目の買付①のときと同じように、「上昇を阻む線②」と「下落を防ぐ線②」を決めました（※１回目と区別して②をつけています）。

図表1.5.3　買い増し用の新たな戦略シナリオ

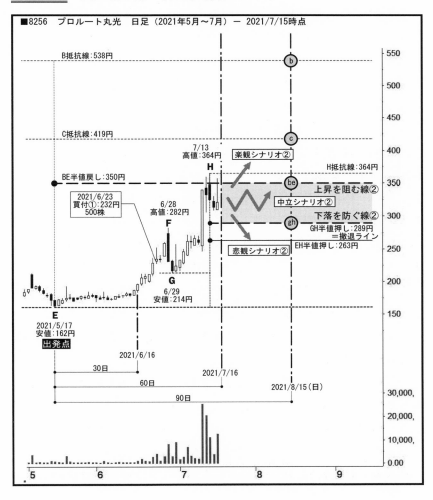

・上昇を阻む線②…BE半値戻し
・下落を防ぐ線②…GH半値押し

　買い増しのための、3つの戦略シナリオは次の通りです。
なお、30、60、90日の線に変更はありません。

・楽観シナリオ②…BE半値戻し:350円を超えて上昇を想定
　→ ⓒ、ⓑが目標位置
・中立シナリオ②…BE半値戻しとGH半値押し間での保ち合いを想定
　→ ⓑⓔとⓖⓗがボックス内での反転位置
・悲観シナリオ②…GH半値押し:289円を割って下落を想定
　→ ⓖⓗが下へのブレイク位置

　「上昇を阻む線②」ですが、BE半値戻しは、前回の上昇相場からの
戻りを意識する線なので、かなり強い抵抗線です。「半値戻しは全戻
し」という格言がありますが、これを越えてくれば、ⓑを目指す可能
性がかなり高くなるからです。
　「下落を防ぐ線②」が損切りラインの候補になるのは、買付①と同
じです。ただし買い増しの場合は、損切りラインではなく「撤退ライ
ン」となります。「撤退ライン」というのは、買い増しが失敗した場
合でも、損を出さずにポジションを外せるラインということです。せ
っかく含み益になっているのに、下手な買い増しで損失となった、と
いうことは避けたいですよね。
　そのためには、買い増しによる「平均買値」を慎重に決める必要が
あります。買い増し株数は買付①と同数か、それ以下が望ましいでし
ょう。買付②の株数を多くしてしまうと、それだけ平均買値が上がっ
てしまうからです。
　今回は買付①と同数の500株としました。買い増しが同数の場合、

平均買値は次の式で求めることができます。

　平均買値＝（買値①＋買値②）÷2

「撤退ライン＝下落を防ぐ線②＝EH半値」なので、「平均買値＜撤退ライン」を満たすように、「下落を防ぐ線②」と「買い増し値」を決めればよいことになります。

　実は、当初「下落を防ぐ線②」は2つ候補を考えました。図表1.5.4を見てください。

図表1.5.4　下落を防ぐ線②　2つの候補

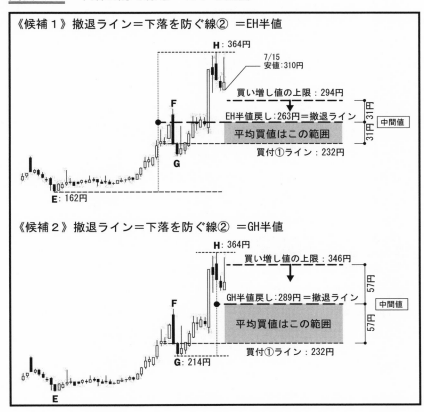

《候補１》は今回採用しなかった別案です。Ｅ「出発点」からＨまでの「ＥＨ半値押し：263円」に注目して、「ＥＨ半値＝下落を防ぐ線②」としました。この別案だと「平均買値＜撤退ライン」を満たすためには、買い増し値の上限は294円※となります。

※（232円＋買い増し値）÷２ ＞ 263円　∴買い増し値＞294円

　これは7/15終値310円よりも下なので、翌日以降に株価が下がったところを狙う「押し目買い」が前提になります。ただし、そこまで下げなかったら買えません。「押し目買いに押し目なし」です。もちろん「294円未満で押し目を狙う」というのも１つの立派な戦略です。しかし、今は、明日以降も上げて行くと思うから、買い増し検討をしているわけですよね。

　《候補２》は今回採用したものですが、「ＧＨ半値＝下落を防ぐ線②」は、買い増し値の上限が346円になるので、よほど上に窓を開けて寄付でもしない限り、買い増しはできそうです。従って、こちらを採用しました。

　これらを想定した上で出発点から60日目に当たる7/16に、寄付：328円で買付②を行いました。株数は買付①と同じ500株で、保有株数は合計1,000株です。平均買値は280円となりました。

ワンポイントアドバイス

　買い増しで特に気を付けることは、「せっかくの勝ち戦を負け戦にしない」ということです。

　１回目の買付けは、「損失を許容できる額にする」ことを原則としましたが、２回目以降の買付け（買い増し）では「撤退時には損失を出さない」を原則とします。そのため平均買値と撤退ラインについては、しっかり計算で決めることができるようにしましょう。

1－6　手順⑥：数回に分けた利確

<チェック項目>

- 段階的に利確
- 迷ったら一部利確
- 青天井で倍返し

「株は買うよりも、売る（利確する）方が難しい」とよく言われます。実際、利確は本当に難しいです。

人間にはどうしても欲があって、それが利確を邪魔します。既に充分すぎる含み益があるのに、もっと欲しいと思ってしまうんですね。そうなると「売った後、さらに上昇したら…」という恐れが出てしまいます。

僕もそうでした。僕は、どういうわけか損切りよりも、利確後に株価が上がっていく方が何倍も苦痛を感じるんです。その恐怖から、利確できなくなることが多かったように思います。

それらを解決したのが、この手順⑥の数回に分けた利確です。

そもそも、ど天井で売り抜けるなんて芸当を、毎回繰り返すのは不可能ですよね？　そんな真似ができたら超能力者です。

だからこそ、数回に分けて売るのです。一発で全て売り切るのではなく、段階的に売るようにします。つまり、利確を平均値で考えるのです。

買いもそうでしたよね。一度に全部買うのではなく、まずは損切りに耐えられる額だけ買って、上昇するようなら買い増しをする。一発勝負ではなく、買付けを平均値で考えました。

図表1.6.1　一発勝負ではなく平均買値と平均売値で考える

　この辺りの考え方をルール化したのが、手順⑥の「数回に分けた利確」です。基本的には、すでに楽観シナリオから決めた、目標位置で少しずつ利確していきます。
　ただ実際の売買では、そういう目標位置に株価がぴったり到達するわけでもないので、臨機応変な判断が求められます。

○段階的に利確
　実際の売買で具体的に見てみましょう。

　図表1.6.2は、2021/7/16買い増し（買付②）後の動きと利確を表しています。

図表1.6.2　買付②その後の動き

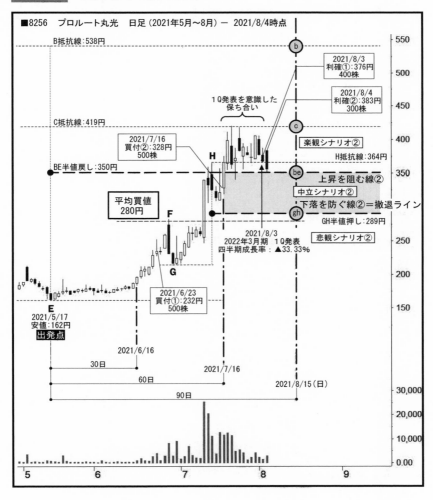

■8256　プロルート丸光　日足（2021年5月〜8月）－ 2021/8/4時点

B抵抗線：538円

2021/8/3
利確①：376円
400株

2021/8/4
利確②：383円
300株

1Q発表を意識した
保ち合い

C抵抗線：419円

楽観シナリオ②

2021/7/16
買付②：328円
500株

H抵抗線：364円

BE半値戻し：350円

上昇を阻む線②

中立シナリオ②

下落を防ぐ線②＝撤退ライン

平均買値
280円

GH半値押し：289円

2021/8/3
2022年3月期　1Q発表
四半期成長率：▲33.33%

悲観シナリオ②

E
2021/5/17
安値：162円
出発点

2021/6/23
買付①：232円
500株

2021/6/16

30日

2021/7/16

60日

2021/8/15（日）

90日

30,000

20,000

10,000

0.00

　買付②の当日、株価はまさに出発点から60日という日柄で終値でBE半値戻しとHを突破し、年初来高値を更新します。

その後は、楽観シナリオ②の領域ではあるのですが、ⓒとⓑⓔの間で、しばらく保ち合いが続きました。

　買付②から18日後の2021/8/3には、2021年3月期第1四半期決算（以下1Q）の結果発表が予定されていたことから、株価はそれを意識した保ち合いだったのだと思います。

　決算発表前というのは投資家が一番悩む時期です。インサイダーでもなければ事前に発表内容は分かりません。それに決算後の株価は、事前の期待感が影響します。期待を上回れば買われ、下回れば売られます。

　こういうときには『段階的に利確』という考え方を適用します。

　僕は基本的に、決算発表の前には、ポジションを一部（3分の1から半分ぐらい）利確するようにしています。そして内容次第で、残りをどうするかを決めています。

　今回は1,000株の内400株を利確することにしました。

　決算発表はほとんどの場合、大引け後です。従って、発表当日8/3の15：00までは利確する時間的な猶予があります。ただし、あまりザラ場中に長く張り付くことはできないので、1Q発表予定の当日は、寄り付き前に成売注文を出しておきました。

　その結果、400株は8/3始値376円で約定（利確①）していました。

　取得単価280円なので、3.84万円の利益確保です。残り600株は持ち越しです。

　そして迎えた大引け後の1Q決算発表ですが、結果はイマイチでした。決算短信を見ると、経常利益が▲27百万円と赤字です。

　そもそも今期の経常予想は105百万円と、前期実績54百万円の2倍を掲げていたのだから、当然初っ端の1Qは良いと思っていたのですが期待外れでした。

　図表1.6.3は今回発表された業績を、先の図表1.2.6でご紹介した「ファクター計算シート」に追加したものです。

図表1.6.3　＜8256プロルート丸光　直近５つの四半期成長率＞

8256	プロルート丸光		※▲はマイナスを意味する			
年度	四半期	発表日	経常利益（百万円）		四半期成長率	ローゼンバーグ年成長率
			累積	単体		
	4Q	2020/5/1	▲ 437	▲ 224	▲ 2.75%	▲ 43.45%
2021年3月期	1Q	2020/8/4	0	0	8.44%	
R3	2Q	2020/11/2	22	22	56.29%	
	3Q	2021/2/2	36	14	20.77%	
	4Q	2021/5/6	54	18	448.15%	200.00%
2022年3月期	1Q					
R4	2Q					
	3Q					
予想	4Q	2021/5/6	105			64.15%
2021/5/6に出された通期予想						
	4Q	2021/5/6	54	18	448.15%	200.00%
2022年3月期	1Q	2021/8/3	▲ 27	▲ 27	▲ 33.33%	
R4	2Q					
	3Q					
予想	4Q	2021/8/3	190			111.48%
2021/8/3に上方修正された通期予想						

　四半期成長率は▲33.33％と、前四半期の448.15％からはひどく悪化していますよね。「下手したらストップ安になるんじゃないか？」ぐらいに思ったのですが、同時に、通期予想の上方修正が発表されていました。

　前回2021/5/6発表105百万円から190百万円へと、1.8倍の大幅な修正です。その結果、予想年成長率も64.15％→111.48％と倍近くの修正になりました。

　会社発表によれば、１Qが悪化したのは新型コロナウイルス蔓延による３度目の緊急事態宣言と、それに伴う外出自粛が影響したとのことでした。

図表1.6.4　プロルート丸光　年成長率

発表日	期 （通期）	経常利益 （百万円）	年成長率 ローゼンバーグ方式
2021/5/6 4Q	2021年3月期 2022年3月期	実績54 予想105	実績200%（黒字化） 予想64.15%
2022/8/3 1Q	2022年3月期	予想190 （上方修正）	予想111.48% （上方修正）

　しかし2Q以降は業績が順調に大幅に回復し、現在準備している事業も収益化してくることから、大幅な業績の向上を見越しているとのことでした。この上方修正は株関連ニュースではサプライズ扱いされ、夜間PTSも上がっていたことから、投資家には好感されたようです。

　四半期成長率が悪いと、通常は翌日の寄付きで利確して終了させますが、今回は通期の予想が非常に良いという、相反する情報で判断に迷いますよね。どうしたらよいでしょうか。
　そういう場合は『迷ったら一部利確』を心掛けています。
　人間の欲が利確の邪魔をするというお話をしましたよね。それは「利確したい、しかし儲かるチャンスは残したい」と矛盾した迷いなのですが、そういうときは無理に白黒ハッキリさせなくて構いません。欲の半分は残して、半分は捨てればよいのです。そもそも一発で全部売ろうとするから利確できなくなるのです。

○迷ったら一部利確
　今回は残り保有株600株のうち半分の300株を、翌日8/4の始値383円で売却（利確②）し、3.09万円を利益確保しました。残り半分の300株は、通期の上方修正がどこまで株価に影響を与えるかを期待しての保有です。
　利確②後の動きは、図表1.6.5です。

　1Q発表の翌日8/4は高く寄り付いたものの、株価は下げ前日の安値を更新して陰線引け。「やっぱり四半期成長率の通りの評価か……」と思いましたが、最悪「下落を防ぐ線②＝撤退ライン」に達して、撤退となっても、トータル損にはならないと開き直っていました。

図表1.6.5　利確②後の動き

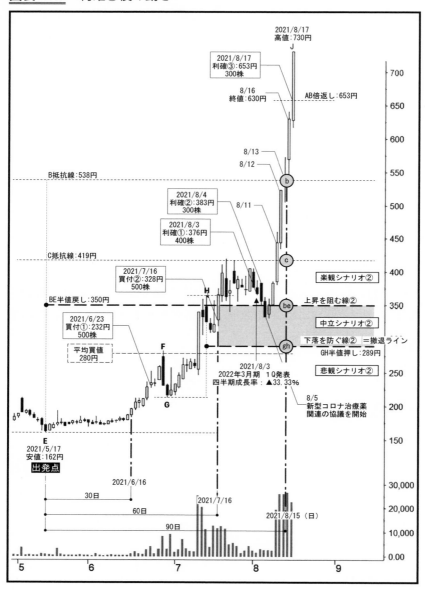

2021/8/17
高値：730円

2021/8/17
利確③：653円
300株

8/16
終値：630円

AB倍返し：653円

B抵抗線：538円

2021/8/4
利確②：383円
300株

8/13
8/12

8/11

2021/8/3
利確①：376円
400株

C抵抗線：419円

2021/7/16
買付②：328円
500株

楽観シナリオ②

BE半値戻し：350円

上昇を阻む線②

2021/6/23
買付①：232円
500株

中立シナリオ②

下落を防ぐ線②　＝撤退ライン

平均買値
280円

GH半値押し：289円

F

悲観シナリオ②

2021/8/3
2022年3月期　1Q発表
四半期成長率：▲33.33%

G

8/5
新型コロナ治療薬
関連の協議を開始

E
2021/5/17
安値：162円

出発点

2021/6/16

30日

2021/7/16

60日

2021/8/15（日）

90日

30,000

20,000

10,000

0.00

　8/5には、「新型コロナウイルス治療薬に関連した協議を注射器メーカーと開始」という材料が出ます。この材料は業績予想を裏付けるものと、かなり好感されました。翌日から、出来高も伴いながら勢いよく上げ始めます。

　ただ、四半期成長率が▲33.33％と良くないことは忘れないようにしていました。材料が出たからと言って、調子に乗って買い増しは厳禁です。この上昇は思惑による一過性の上げだろうと、むしろ覚めた目でいました。

　ここで今一度、「楽観シナリオ②」の目標位置を確認したのですが、8/5時点ではまだ残っているのは2か所、1つは©419円、2つめは⑥538円です。

　©を越えることができなかったら、即ポジションを外す予定でしたが、8/11には©をあっという間に勢いよく越えます。8/13には終値で⑥も超えて、8/16には終値630円とさらに続伸します。この日の高値は1997年8月以来です。ほぼ青天井相場と見てよいでしょう。

　ただし、この時点での予想PERは141.26倍（2022年3月期予想の1株益4.46円）、チャートもほぼ垂直状態と過熱感も強く、日柄的にも8/16は出発点Eから90日（ピッタリ90日の8/15は日曜）に当たることから日柄的に天井を付ける頃合いでしょう。

　利確のタイミングかなと思いました。

　しかし、既に⑥も越えていて、目標価格が過去の高値からは見えてきません。1997年以前のものから高値を引っ張ってきてもよいですが、少々データとしては古すぎますよね。

　こういう場合『青天井で倍返し』を使います。

〇青天井で倍返し

　倍返しについての詳しい解説は第3章で行いますが、簡単に言うと、

過去の上げ幅を今の上昇に当てはめて、天井価格を予想するというものです。今回の例では、図表1.6.6のように過去のABの上昇幅を当てはめたものになります。

図表1.6.6　倍返しのターゲット

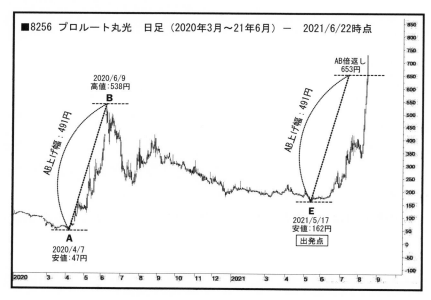

AB上昇幅は491円です。これに出発点Eに当てはめると、AB倍返しは653円になります。

「この辺りが潮時かな…」とも思いました。そこで、653円に利確の売り指値をしていたところ、8/17に同価格で約定（利確③）しました。11.19万円の利益確保です。

この日の株価はJの高値730円まで到達しましたが、そこが天井となって翌日から急落し始めました。予想よりは多少上げたものの、利確位置としては悪くなかったと思います。

　今回の結果は以下となりました（手数料と税金は除く）。

・平均買値：280円（投入資金：28万円）
・平均利確：461.2円（取得利益：18.12万円）
・保有期間：55日（休日含む）

　この投資によって28万円が46.12万円と、約1.65倍に増えたことになります。悪くありません。

　今回の一連の売買における全体像を、次ページ図表1.6.7にまとめました。紙面の都合上どうしても小さくなってしまいますが、あなた自身の手でチャートを追いながら、なぜ、このような売買判断をしたのかを、もう一度確認みてください。一度目に読み流したときよりもさらにイメージがつかめると思います。
　どの線が何に当たるのかが分からなければ、もう一度、該当する部分に戻って読み返してみることをおすすめします。

ワンポイントアドバイス

　どうしても利確ができないという人は、売買最小単位である100株でもよいので、まずは適所で利確するとよいでしょう。100株でも利確すると不思議と気が楽になって、残りも執着なく利確できるようになりますよ。
　また、戦略シナリオで決めた利確ポイントに指値を入れておくのも手です。株価がそこに達したら、そのまま発注してくれますので、感情抜きで売買ができます。

図表1.6.7 8256プロルート丸光売買の全体像

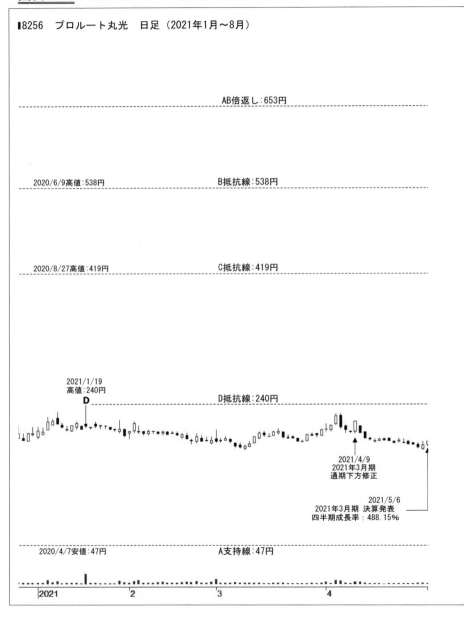

▌8256　プロルート丸光　日足（2021年1月〜8月）

AB倍返し：653円

2020/6/9高値：538円　　　　　　　B抵抗線：538円

2020/8/27高値：419円　　　　　　C抵抗線：419円

2021/1/19
高値：240円
D　　　　　　　　　　　　D抵抗線：240円

2021/4/9
2021年3月期
通期下方修正

2021/5/6
2021年3月期　決算発表
四半期成長率：488.15%

2020/4/7安値：47円　　　　　　　A支持線：47円

2021　　　　2　　　3　　　4

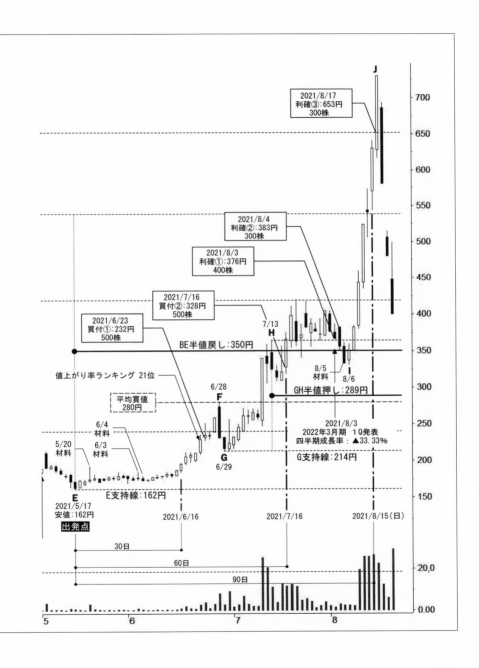

J

2021/8/17
利確③：653円
300株

2021/8/4
利確②：383円
300株

2021/8/3
利確①：376円
400株

2021/7/16
買付②：328円
500株

7/13

2021/6/23
買付①：232円
500株

BE半値戻し：350円

H

値上がり率ランキング 21位

8/5
材料

8/6

平均買値
280円

6/28

F

GH半値押し：289円

6/4
材料

5/20
材料

6/3
材料

2021/8/3
2022年3月期 1Q発表
四半期成長率：▲33.33%

G
6/29

G支持線：214円

E支持線：162円

E

2021/5/17
安値：162円

出発点

2021/6/16

2021/7/16

2021/8/15（日）

30日

60日

90日

20.0

0.00

5   6   7   8

93

1-7　ルーティン補足と売買テンプレート

　手順は以上です。ところで、「1.65倍って、ちょっと利益がショボくない？」と思われた方もいるかもしれません。「個別株の夢はテンバガーでしょ！」と。

　僕も、本書で最初に紹介する売買例なので、短期間で5〜6倍取れた銘柄を例にしようかとも思いました。でも、最初にそういうものを紹介してしまうと、「何が何でもン倍取るまで売らないぞ」という刷り込みが起きる可能性があったので、あえて避けました。

　大化け株狙いでよく起きるのですが、買値から2倍まで上げたのに、5倍、6倍を狙ってガッチリホールド。すると結局、買値に戻ってしまったというパターンがあります。僕も昔そういうのを何回も経験しました。一番やる気を無くすパターンですよね。

　今回のプロルート丸光も、売買完了から3カ月たって改めてチャートを見てみると、次ページ図表1.7.1に示したような、こんな感じになります。

　初動で買えたとしても、戦略を持たずに10倍までガッチリホールドなどと言っていたら、結局、行って来いの結末です。こんなのは時間を無駄にして、精神状態を悪化させるだけです。

　こういうチャートを見て、後からなら「ここで買って、ここで売ればいい」などと幾らでも言えるのですが、実際、上昇の途中かは誰にも分かりません。そこで、これまで紹介したような戦略を立てて、買いや利確のポイントを探っていくわけです。

　買値の何倍取れたというのは結果であって、目的にしない方がいいと思っています。大切なのは「堅実に買って、堅実に利益を確保していく」ということ。

図表1.7.1　売買その後のプロルート丸光

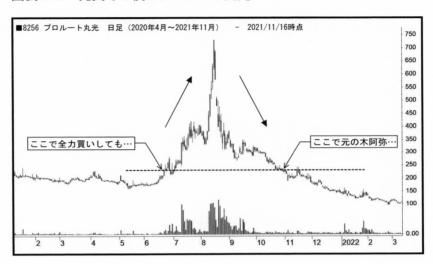

■8256 プロルート丸光　日足（2020年4月〜2021年11月）　－　2021/11/16時点

ここで全力買いしても…

ここで元の木阿弥…

　あまり最初からテンバガー銘柄を狙うぞ！と意気込むよりも、堅実に利確していく方が、長い目で見れば多くの利益を積んでいきます。

　本章で紹介した僕の投資ルーティンは、「どんな投資環境でも、この基本通りにやれば、堅実に利益は狙えますよ」というものです。多くの成功している投資家は、単調なまでに自分が作ったルーティンを繰り返し、その結果としてトータルで利益を積み上げています。
　ただ、大成功した事例も第5章に載せていますので、うまくいった事例として後ほど解説しますね。

　ところで、「どんな投資環境でも…」と言いましたが、8256 プロルート丸光を売買していた2021/6/23から2021/8/17までの地合いは、まさに「悪地合い」でした。
　次のページ図表1.7.2に、同時期の日本市場における各指数を載せたので、確認してみてください。

図表1.7.2　売買していた時期の地合い

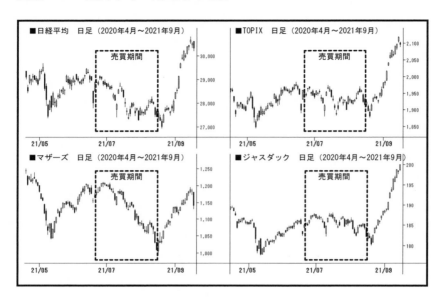

　点線の四角で囲った部分が、該当する期間です。どの指数も右肩下がりですよね。しかもタチの悪いことにジグザグと乱高下していて、タイミングが読めない地合いでした。こういう時期は下手にポジションを持つと、逆逆に動いて損失を膨らまします。おそらく多くの投資家がこの時期、個別銘柄では利益を出せなかったのではないかと思います。

　ただ、こういう悪地合いの中ですら、上昇を狙って利益を取れるやり方を身につけているというのは、大きな強みになります。好地合いであれば、普通に2倍、3倍と取れる銘柄が多数出てくるからです。

　そもそも、ここで紹介した売買は、運任せではありません。すべて事前に考察して先手先手で動き、堅実に利益を狙いに行く方法です。上がりそうなタイミングで1回目の買いを入れる。さらに上がると思

えばリスク管理をした上で買い増しをする。迷いの出る場面では、一部利確しておく。最終的には、最初に決めたシナリオ通りの位置で利確していく。

　しかも、最悪の事態は1回目の買いが損切りになった場合ですが、それでも3.35万円の損失程度です。

　今回の売買は野球でいえばヒットを打ったぐらいの感じです。個別株投資というのは、三振やフライといった損切りもあります。そして時々はホームランとして4〜5倍もの利益を取ることもあります。満塁ホームランで10倍もあるでしょう。

　しかし100％勝ち続け、何倍もの利益を毎回取り続けることが不可能なのは周知の事実です。ならば僕たち投資家がやるべきことは、自分のルーティンを繰り返して、安定した打率を維持していくことです。

　一発逆転の大量得点ではなく、着々とヒットを稼ぐスタイルを築いてください。

手書き分析のすすめ

　せっかくなので、1つ投資学習で効果的な方法をお伝えしておきます。僕は売買の度に分析し、それを記録しています。

　この本ではチャート分析を綺麗に清書していますが、実際の売買では、チャートを印刷して、そこに手書きで考えながら、いろいろな線や計算をしたものを書き込んでいます。

　図表1.7.3は、実際の手書き資料です。他人に見せるためではないので、自分さえ読めればそれでよいのです。実際、僕の手書きも結構ぐちゃぐちゃですよね。

図表1.7.3　プロルート丸光手書きチャート

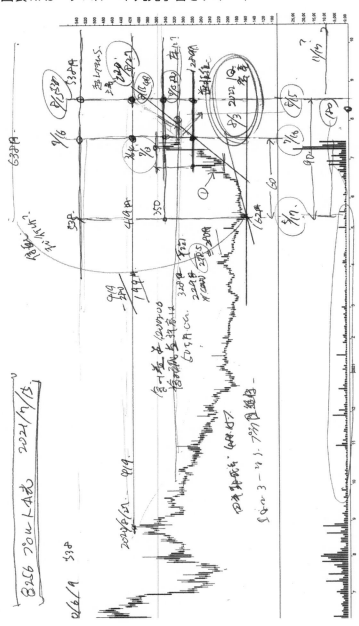

　できれば（ときどきでよいので）、本書を読んでくださっている皆さんも、投資ルーティンで紹介した分析を、このように手書きで行ってみてください。

　なぜ、そういう作業をすすめるかというと、パソコン画面上のチャートを見て頭の中だけで判断するよりも、実際に鉛筆を握って紙の上で手を動かしたほうが、脳に投資系の回路ができやすいのです。

　これは脳科学でもよく言われていることですが、なるべく体の五感をフルに活用したほうが学習効果は上がります。手書き分析を地道に続けていると、不思議なことに、チャートの続きが紙の白紙部分に浮かび上がって来ることもあります。

1-8 ルーティンまとめ

　最後に、本章で紹介した9つの手順とそのポイントを「売買テンプレート」としてまとめました。

　本書を読み進めるなかで、途中で混乱したり、迷子になったり、実際の投資の再現性で悩んだりしたら、ここに戻って、いま自分が悩んでいる場所を確認してみてください。

図表1.8.1　＜手順①・②＞銘柄の探し方

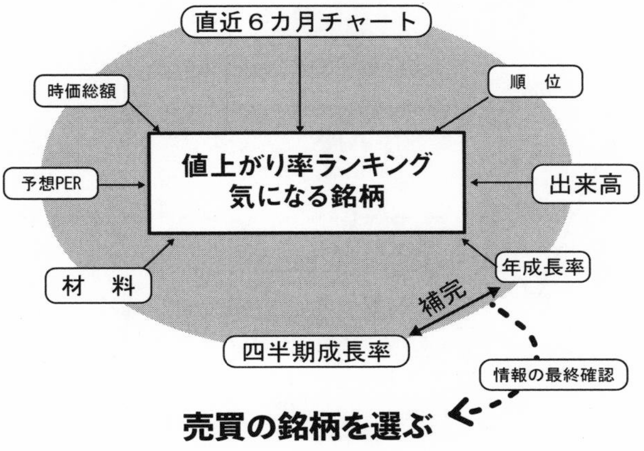

売買候補となる銘柄を探し出すやり方です。

手順を分けていますが、基本的にどこから調べても構いません。重要なのは、チャートと四半期成長率です。それが、年成長率にどう絡んでいるかは必ず確認してください。

他の要素は、これから上昇し続けていくかどうかの判断として用いています。

図表1.8.2 ＜手順③・④＞売買タイミングの決め方

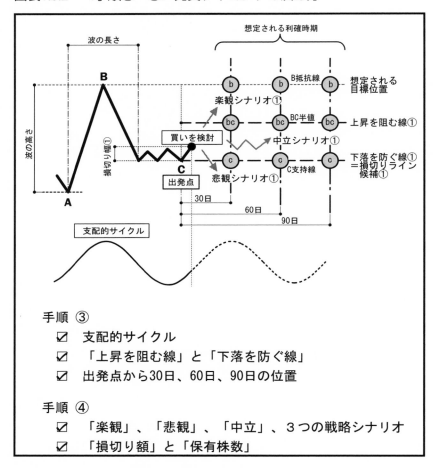

手順 ③
- ☑ 支配的サイクル
- ☑ 「上昇を阻む線」と「下落を防ぐ線」
- ☑ 出発点から30日、60日、90日の位置

手順 ④
- ☑ 「楽観」、「悲観」、「中立」、３つの戦略シナリオ
- ☑ 「損切り額」と「保有株数」

　探し出した銘柄を売買するための戦略作りです。

　売買は、その場の雰囲気で判断するのではなく、あらかじめ３つの戦略シナリオを立てて、そのシナリオに沿って淡々と進めていくのが原則です。負けた場合はどこで撤退するか、勝てそうな場合はどこまで利益を求めて行くのか、それらを事前に決めておくのです。

　戦略はこのように図式化すると実行しやすくなります。

図表1.8.3　＜手順⑤・⑥＞ポジションの運用と管理

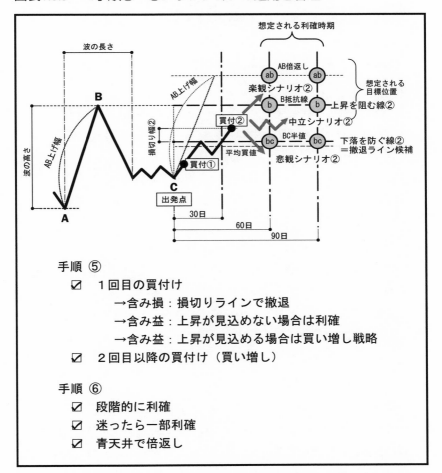

手順 ⑤
- ☑　１回目の買付け
  - →含み損：損切りラインで撤退
  - →含み益：上昇が見込めない場合は利確
  - →含み益：上昇が見込める場合は買い増し戦略
- ☑　２回目以降の買付け（買い増し）

手順 ⑥
- ☑　段階的に利確
- ☑　迷ったら一部利確
- ☑　青天井で倍返し

　ポジションを持った後の運用と管理の手順です。

　基本は「数回に分けて買って、数回に分けて売る」です。最初の買付けが失敗したら損切り。順調なら買い増しです。買い増しなど新たなポジションを検討する場合は、その都度、新たな戦略を立てて、そのシナリオ通りに実行していきます。また、運用中に迷いは付きものです。迷ったら一部利確を心掛けましょう。

株式投資で必要な３つのこと

　株式投資で利益を出せるようになるために、３つ大切なことをお話します。

　まず１つは、**「練習しましょう」**ということです。当たり前ですよね。例えば本で泳ぎ方を知ったとしても、練習をしなければ泳げるようにはなりません。投資も同じです。

　人間が技術を身につけ、習慣化できるようになるには２か月ぐらいの時間が必要らしいので、最低限そのくらいは練習してください。

　あくまで練習が目的ですから儲けを優先するのではなく、少ない金額で始めて、経験値を高めてください。そのためにも良さそうな銘柄がないかを毎日チェックしてほしいのです。

　そして保有したあとは、その銘柄の動きを毎日追ってください。もちろん四六時中チャートとにらめっこする必要はありません。帰宅したあとの日課のひとつに加えることで、２か月もすればチャートを確認することが当たり前になります。

　そして売りどきが来たと思ったら、実行します。練習で慣れてきたら、少しずつ投入額を増やしていくとよいでしょう。なお、保有した理由、手仕舞いの理由なども、メモしておくと自分の性分を知ることができるようになりますよ。

　２つ目に大切なことは、**「必ず自分の頭で考える」**ということです。たまに含み損抱えて「どうしたらいいですか？」と相談に来る人がいます。その際は「判断する方法」をアドバイスします。すると「なるほど、よく分かりました」と返事をくれます。役に立てて嬉しく思っていると、「で、上がるんですか、下がるんですか？」と聞き返されて、ずっこけることが何度もありました。

投資家なら常識ですが、未来のことなど誰も正確には分かりません。だからこそさまざまな展開を予想することが大切になります。その力を養うことが重要になるので、答えだけが必要な人には「そこから先は自分で判断してください」としか伝えられません。

　最後、3つ目は「**自分の投資スタイルを決める**」ということです。自分の投資スタイルが確立していない人は、売買を何百回繰り返しても運頼みの結果でしかありません。短期売買が含み損になって長期投資に切り替えたり、業績の良い銘柄を買うつもりが、仕手株に手を出したりと一貫性がなくなり、常に場当たり的で、技術が蓄積せず上達しません。毎回、何故上手く行ったのか、失敗したのかが分からずに続けるからです。

　そうならないために、自分の投資スタイルを決めておきましょう。そしてこれは、生活スタイルともかかわってきます。いつでも株価をチェックできる環境なのか、夜間の一定時間だけなの、週に数回程度なのかによって、全く違って来るからです。

　最初は人真似で構いません。それを少しずつ、ご自分の生活環境に合わせて調整していくとよいと思います。そのうちに自分の投資スタイルが確立されていきますよ。

　逆に、自分の投資スタイルをちゃんと持っている人は、成功した理由も失敗した原因も把握できているため、そこから学べるのです。

　投資家はそうやって、少しずつ成長していくものだと思います。

　「投資家」と言いましたが、僕は自分の立場を投資家としています。ときどきは投機的なポジションを取ることもあります。ただ、四半期成長率をベースに、数か月という期間でも業績の成長性を買っているので、投資という位置付けで良いかなと思っています。

　そういうわけで、あまり投機、投資、あるいはトレードと言葉を使い分けると混乱するので、この本では株式を保有することを、投資という言葉で統一しました。

成長率のファクター

本章のはじめに

　ここでは第1章の投資ルーティンで登場した「四半期成長率」について、「一体どんなファクターなのか」、「それがいかに優秀で使えるファクターなのか」を説明します。

　「ファクター＝株価に影響を与える指標」というのは既に説明しました。ですが、投資の世界には様々なファクターがあります。PER、PBR、ROE、増益率などのメジャーなものから、EBITDAといった、僕たちが普段、聞きなれないものまでとにかくたくさんです。

　でも、「このファクターは有効だ！」と叫んだところで、それを証明する客観的な証拠がないと「ふ～ん」で終わってしまいます。

　さらに、時期の問題もあります。ある時期には有効だったファクターが、別の時期には全く有効性をなくすこともあります。こういう傾向はどうやって調べればよいのでしょうか。このような疑問をこの第2章では全て解消していきます。

　なお本書の解説で、ファクターやその分析方法に関する説明などにおいて、機関投資家や業界の専門家からすると「その説明は厳密には正しくない」と思われるような部分もあるかと思います。本書は個人投資家への実践即本を目指しています。正確な定義をもって説明しようとすると、非常に読みにくい内容となってしまうため、その辺りは、分かりやすさを優先させた結果とご理解ください。

　ただ、分かりやすさを優先するとはいえ、内容は正しいものです。そのため、考え方を説明するためには、どうしても多少は（中学校1年生で習う数学程度の）計算式は出てきます。ですが、四半期成長率に関しては自動で計算できるエクセルを特典として付けているので、計算式が分からなくても問題ありません。そのときは、話の流れだけ追うようにしてみてください。

2-1　一般的な前年同期比

第1章の投資ルーティンで銘柄を選ぶ段階で大きな判断材料となるのが、「四半期成長率」でした。**四半期成長率とは、四半期の当期と前年同期を比べたものになります。**

「あれ？　前年同期比？」と思うかもしれませんが、この章で説明するのは、一般的に呼ばれている前年同期比とは少し違います。そこで、本書で使う四半期成長率の計算式をいきなり挙げる前にまず、一般的に使われている「前年同期比とは何か？」から考えてみます。

前年同期というのは一年前の、同じ四半期のことです。当期が2022年度の第3四半期だとすると、前年同期は前期2021年度の第3四半期になります（図表2.1.1）。

図表2.1.1　前年同期とは？

決算速報などで「経常利益は前年同期比で20％の成長であった」というような言葉を見たことはありませんか？　これは、「今回発表の四半期業績は1年前の同じ四半期と比べて、20％の成長となりました」という意味です。

なぜ、こういう比較をするのかというと、企業の業績が特定の四半期に偏ることがよくあるからです。生活に密接しているもので考えるとイメージしやすいのではないでしょうか。例えば、ビールは夏によく売れますし、家電などは夏冬のボーナス時期に買われたりします。

また不動産では、転居など人の移動が最も多いのは春ですよね。

　このような偏りを考えれば、夏に突出する利益を春の利益と比較するよりは、同じ夏の動きを前年と比較する方が理にかなっています。季節にあまり影響を受けない業種もありますが、業績を過去と比較する場合には、**前年の同期で比較すること**は非常に重要です。

　それは基調的な（大きな流れでの）成長性を判断するのに役立つからです。

　一般的な前年同期比は、次の式で求めることができます。

$$前年同期比（\%）= \frac{四半期(t)-四半期(t\text{-}4)}{四半期(t\text{-}4)} \times 100$$

「うっ…」と苦手意識をもたなくても大丈夫です。数学っぽい表現をしていますが、四半期(t)と四半期(t-4)は、特定の四半期とその前年同期を表現しているだけです。

　もし四半期(t)が、2022年度の第3四半期であれば、四半期(t-4)は前期2021年度の第3四半期の数字を入れればいいのです。図表2.1.2を見てみましょう。

図表2.1.2　対象となる四半期

			四半期(t-4)	四半期(t-3)
前期:2021年度	第1四半期	第2四半期	第3四半期	第4四半期
			前年同期　← — — — — — —	

	四半期(t-2)	四半期(t-1)	四半期(t)	
当期:2022年度	第1四半期	第2四半期	第3四半期	第4四半期
← — — — — — — — — — — — — — — 当期				

では、先ほどの計算式に具体的な数字を入れてみましょう。

　ある会社の2022年度の第３四半期が50百万円で、2021年度の第３四半期が40百万円だったとします。その場合の前年同期比を出してみます。

図表2.1.3　ある会社の第３四半期業績

	第３四半期（単位：百万円）
2021年度	40
2022年度	50

⇩

$$\frac{50-40}{40} \times 100 = 25\%$$

　それほど難しくはありませんよね。

　気になる銘柄の決算速報で「前年同期比はナンチャラ％…」と書いてあったら、この式で計算してみると決算関係のレポートなどへの理解が深まると思いますよ。

　ただし、この計算式、よく使われる割には問題点もあります。それを事項で説明していきます。

2－2　四半期成長率とは？

　先にご紹介した一般的な前年同期比ですが、次のような場合ではどうでしょうか？　図表2.2.1は３つ企業の第３四半期を、2022年度と2021年度で表にしたものです。

図表2.2.1　ＡＢＣ各社の第３四半期業績（単位：百万円）

	A社	B社	C社
2021年度	40	-40	0.1
2022年度	-50	50	10
業績	赤字化	黒字化	黒字拡大

　今回は、A社は赤字化、B社は黒字化、C社は黒字拡大と、３つのパターンで考えてみます。それぞれを先ほど示した前年同期比の計算式で求めてみます。

・A社（黒字→赤字）の前年同期比

(-50－40) / 40×100 ＝ －225％

・B社（赤字→黒字）の前年同期比

(50－(-40)) / (-40)×100 ＝ －225％

　あれ？　B社も「マイナス」225％？？

　B社は赤字から黒字になっているのに、前年比でマイナスなんて変じゃないですか？　2022年度の第３四半期は2021年度の同期に対して増益なので、前年同期比はプラスのはずですよね。それなのに、計算上の値はマイナスです。

　実は先の一般的な式では赤字から黒字に転じた場合、増益なのにマ

イナス、つまり減益の表示となってしまうのです。

　詳しく見ていく前に、C社についても計算してみましょう。C社は前期が非常に小さい利益だったようですが計算すると…

・C社（黒字拡大）の前年同期比

$(10-(0.1)) / 0.1 \times 100 = 9900\%$

なんか、凄い大きな数字が出てきましたね。

　前期が黒字ギリギリ0.1百万円だったので、確かに翌年で10百万円の利益を出せれば、前年同期比としては大きい数字にはなるのですが、それでも9900％なんて、ちょっと極端ですよね……。

　これは一般的な前年同期比の計算において、使用する四半期業績がブツ切りになっていることで生じる問題です。

　どういうことかというと、そもそも業績とは１年を通した連続性の中で成長しているものです。それを便宜上集計しやすくするために、３カ月という一定の間隔で区切ったものが四半期といった時間枠です。

　ところが一般的な式で扱う前年同期比は、四半期とその前年同期の「２つだけ」です。その間にある３つの四半期は除外されてしまうのです。

図表2.2.2　一般的な前年同期比の計算で使う四半期

「前年同期比というのは、そういうものだ」と言ってしまえば、そ

れまでですが、赤字寸前だった業績が急伸したりした場合、極端な数字が出てくることが起きてしまうのです。特に、新興株のような成長株では、そういうことがよく起こります。

　では、一般的な前年同期比の計算式の問題点を整理します。
① 業績が黒字化したのに、成長率がマイナスとなる
② 前期の業績が少ない場合、値が極端に大きくなる

　ちなみに決算速報などでは、ここで取り上げたような問題が出た場合、前年同期比については、単純に「黒字化」とか「大幅増益で着地」などという言葉で書かれます。せっかく客観的に数字で計算したのに、それが抽象的な言葉でしか表現できなくなるのは、どうかな…と、僕は思うのですけどね。

○問題点の解決

　この問題を解決するために一般的な前年同期比の計算式に改良を加えたものが、「**四半期成長率**」になります。

　四半期成長率は次の式で表せます。

四半期成長率（％）

$$= \frac{\text{四半期(t)} - \text{四半期(t-4)}}{|\text{四半期(t)}| + |\text{四半期(t-1)}| + |\text{四半期(t-2)}| + |\text{四半期(t-3)}|} \times 100$$

※　｜四半期(t)｜、｜四半期(t-1)｜、…は絶対値（常に正の数）

　難しそうに見えるかもしれませんが、先の図表2.1.2を思い出していただければ、何が入るか分かりますよね。実際に使う場合には、自動で値が計算できるエクセルシートを特典として付けていますので、暗記する必要はありません。ただ、この計算式がどんな考えで作られているのかは理解しておくとよいと思います。

　計算式を再度確認すると、「分子」は前年同期比と同じです。一方、「分母」に工夫が加えられています。その違いによって、一般的な前年同期比で起きる問題を解決しているのです。

　まず１つ目の「業績が黒字化したのに、成長率がマイナスとなる」問題ですが、これは分母に入れる業績を絶対値としています。絶対値とは、平たく言うと、ある点からの距離です。この場合、離れる方向性は関係ないため、±（プラスマイナス）は生じません。つまり絶対値にすると、負（マイナス）の数は、正（プラス）の数字になります。

　例えば−10の絶対値は、10です。数学的に書く場合、｜−10｜＝10となります。これが｜四半期(t)｜と書かれている部分の意味です。利益が−50百万円だったら、｜−50｜＝50にして計算するわけです。このようにすれば、前年同期がマイナスであったとしても、黒字化の際に成長率はマイナスになりません。

　次に、２つ目の「前期の業績が少ない場合、値は極端に大きくなる」についてです。これは、そもそも当期と前年同期の四半期がブツ切りになっていることが問題なので、分母を「直近１年間で連続する４つの四半期の合計」とします。それによって連続性を損なわずに済みます。

　連続する直近４つの四半期の中で、どれか１つが極端な数字になったとしても、分母は全体を合計した値としているので、四半期成長率には、変な数字が出てこなくなります。

　四半期成長率は、「１年間の利益の大きさ」に対する「前年同期との利益差」の比率と考えるとイメージしやすいかもしれません。

$$四半期成長率 = \frac{前年同期との利益差}{1年間の利益の大きさ}$$

　しつこいようですが、計算式について分からなければ、分からなく

ても構いません（もちろん分かるに越したことはありませんが…）。

図表2.2.3　四半期成長率の計算式が意味する連続性

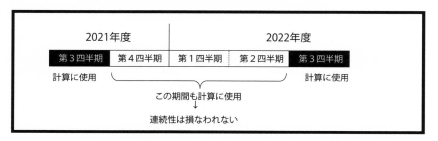

　特典のエクセルシートを使えばラクに計算できますので、「どういうロジックで計算しているのか？」よりも、出てきた数字を「どう解釈するか？」を意識してください。この本では、四半期成長率を使いこなすことを身につけてほしいと思います。

　この章の最後にはチュートリアルも用意しましたので、そこで四半期成長率を、自力で求めることができるようになっていただければOKです。

2-3　ファクターの有効性をどう判断するか？

　四半期成長率の概要は分かった。でも、皆さん疑問がわきますよね？

Q. 本当に有効なファクターなのか？
Q. こんな面倒な計算をしてまで使う価値あるのか？

　やたら小難しい計算で求めることは分かったが、「ほどほどに使える程度」のファクターなら、ただ面倒くさいだけで意味がありません。成長性を調べるなら、多少の問題はあっても一般的な計算式で求めた前年同期比でもできますし、割安割高を調べるならPERやPBRがあります。また、ROEの高い銘柄を選んで買ってもよいのです。
　少なくとも、これらよりも「圧倒的に有効」ということが証明されなければ、わざわざ四半期成長率を使う意味がありません。
　ということで、この四半期成長率が本当に有効なファクターかどうかを調べてみましょう。

○5分位分析の形
　ファクターを調べる場合、「5分位分析（ごぶんい）」というものを使います。5分位分析についての詳しい説明は後にしますが、まずは、その分析結果がどんなものかを先にお見せしましょう。
　図表2.3.1は、ある2つのファクターを5分位分析した結果を表したものです。
　それぞれ5つの折れ線グラフで構成されています。まずは、上と下のグラフの形を見比べてみてください。皆さんの印象はどうですか？

図表2.3.1　5分位分析の結果イメージ

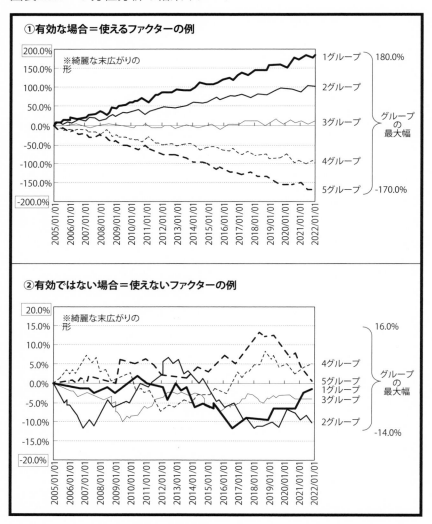

分析のやり方やグラフが何を表しているのかは分からなくても、両方の形を見ると、なんとなく①の方が秩序的で、有効そうだという印象持ちませんか？

　①のグラフは整っていて、②のグラフは崩れていますよね。このように、その形を見れば調べたいファクターが有効（使える）かどうか、一目で分かるのです。

　つまり、5分位分析の結果を判断する基準は1つです。

有効なファクター　＝　グラフの形が綺麗であること！

　綺麗な形とは、5つのグループを表すラインが、三角を横に倒して右に末広がりになっているものです。

　その際、各グループが1、2、3、4、5と順番通りになっていることが必要ですが、そもそも形が綺麗であれば、グループは順番通りになります。そして、**グラフ全体の広がり具合が大きいほど、つまり最大幅が大きいほど、大きく儲ける可能性が高いファクター**となります。

　そうです。皆さんが思われたとおり、図表2.3.1では「上のグラフの方が有効なファクター」となります。

○5分位分析のやり方

　では、「このグラフは何を表しているのか」、「5分位分析とはどういうものなのか」などについて説明していきます。もしかしたら証券会社のレポートなどで、似たようなものを目にしたことがあるかもしれません。

　株式投資の入門本では、バリュー投資として「低PERのものを探せ」などとよく言われていますよね。「低PERのものほど割安なので買われやすい」、「高PERのものほど割高で売られやすい」。これが本当かどうかを調べるのが「5分位分析」です。

　分かりやすく言うと「5分位分析」は、システムトレードでいうバックテストみたいなものです。システムトレードとは、ある一定のル

ールで売買を繰り返すやり方で、バックテストとはそのルールが有効かどうかを調べるために過去から一定期間にわたって売買をシミュレーションするものです。

有効であれば、バックテストで表される長期的な資産推移は、綺麗な右肩上がりの線となります（図表2.3.1の①有効な場合１グループの形のように）。逆に、有効でなければ、資産推移はグチャグチャと崩れた形になります（同図の②有効ではない場合１グループのように）。

つまりPERを例にすると、低PERの銘柄を買い続けるというルールが有効であるならば、その条件で行ったバックテストの結果は、綺麗な右肩上がりの資産推移になるはずです。

ただし、５分位分析で調べるのは売買ルールではなく、ファクターの有効性です。そのためにPERが「とても低い」、「やや低い」、「どちらともいえない」、「やや高い」、「とても高い」という５つの銘柄グループを用意して、それぞれのグループに対してバックテストを行います。

その成果を図表2.3.1のように表せば「５分位分析」となるのです。

では実際に、TOPIX（東証株価指数）におけるPER（株価収益率）の有効性を調べてみましょう（予想PERを対象）。もし本当にPERの倍率が株価に影響を与えるのであれば、最もPERの低い銘柄群は最も良い成績になるはずです。

予想PERの５分位分析の作業内容は、以下の通りです。

＜作業内容＞

- 手順①　条件の整理
- 手順②　条件に沿って、５つのグループ分け
- 手順③　条件期間で５グループの運用

今回行った作業で見てみます。

〇手順①　条件の整理

・ファクター：予想PER

・対象期間：18年間（2005～22年まで、筆者の所有データより）

・対象銘柄：TOPIXに上場している全銘柄

〇手順②　条件に沿って、5つのグループ分け

・予想PERの低いものから順に並べ変える

→「PERの低いものほど優位性が高い」を確かめるため

・PERが（1:とても低い、2:やや低い、3:どちらともいえない、

　4:やや高い、5:とても高い）という、5つのグループに分ける

※ここではPERがマイナス（1株益が赤字）のも含めてグループ分けしています。
　本来マイナスPERに意味はありませんが、それらはもっとも優位性のない5グ
　ループに含めました。

〇手順③　条件期間で5グループの運用

・②の5つのグループを毎月リバランス（※）しながら、①の期間で

　運用し続けた結果をグラフ化する

※PERは株価や業績の変化によって値が変わるので、常に各グループがPERの順
　位ごとになるよう、毎月リバランスをする。

　さて、最もPERの低い第1グループは、最も良い成績になってい
るのか。そして続く2、3、4、5のグループは、その順番通りに成
績が続くのか。ファクターが有効であれば、分析結果は図表2.3.1のよ
うに、三角形を横倒しにした末広がりの綺麗な形に近くなるはずです。
　実際にTOPIXに上場している全銘柄で行った予想PERの分析結果
は、図表2.3.2のようになりました。

図表2.3.2　予想PER ── TOPIX対象の５分位分析（2005〜21年）

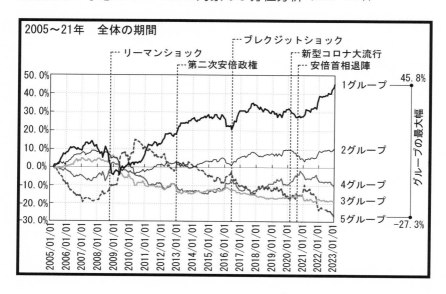

　パッと見て、テルテル坊主みたいな形になっていますね。このテル
テル坊主は、綺麗に見えますか？　それとも崩れて見えますか？　と
いうよりも、先で示した「①有効な場合」の形でしょうか。それとも
「②有効ではない場合」の形でしょうか。

　グラフというものは細かく見れば、本当に色々な情報が読み取れる
ものですが、ここでは単純に「綺麗な形」「崩れた形」という印象で
構いません。

　第一印象では、そんな綺麗には見ませんよね。

　でも、グラフの図を「ジィ〜」と見つめていると、何か気がつきま
せんか？　僕は、「崩れた時期と綺麗に整った時期があるな…」と思
いました。これだけだと、ピンとこない方も多いと思いますので、今
度は18年間という期間を2005〜11年（６年間）、12〜16年（６年間）、
17〜22年（６年間）と３分割し、時期がずれるように分析してみまし
た。それが図表2.3.3です。

図表2.3.3　予想PER —— TOPIX対象の５分位分析（３つの期間）

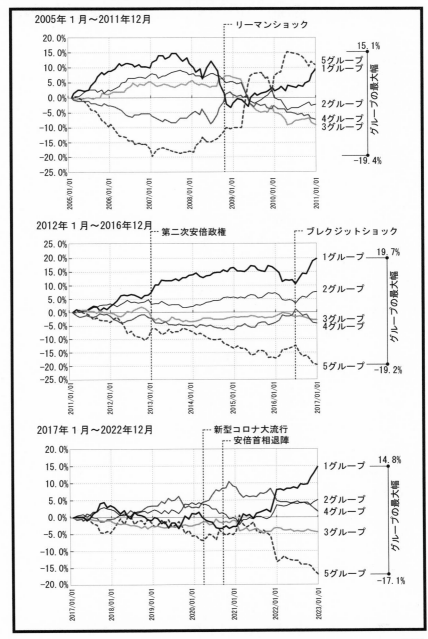

一番上のグラフ（2005〜11年）は、2007年半ばから形が崩れています。サブプライム問題からのリーマンショックがかなり影響したようです。

　真ん中（12〜16年）のグラフは多少いびつですが、まとまっている感じはします。ただ、2016年のブレクジット国民投票の前あたりで若干、崩れていますね。

　そして一番下のグラフ（17〜22年）だけを見ると、2020年半ばごろから形が急に整い始めています。これは2020年の初めに起きた新型コロナウイルスショックによって、ほとんどの個別株が大暴落してしまい、その後、世界規模で行われた追加の金融緩和などで、割安なものから買戻しが起きたためです。

　こうして見ると、同じPERでも対象とする分析時期・期間が変わるだけで印象がガラっと変わります。つまり、この分析からハッキリ分かるのは、**TOPIXにおいて予想PERは有効な時期とそうでない時期がある**、ということです。

　これが、「PERは有効だ」「いや、使えない」という論争を招いているのです。ですが、単純に「使える時期と使えない時期がある」というだけの話です。

　なお、常に例外はあります。「有効でない時期でも、××の銘柄は低PERを理由に買われた」ということはあります。

　注意いただきたいのは、この分析は全ての銘柄が絶対にそうだと言っているのではなく、あくまで全体の傾向を調べているものだとご理解ください。

2−4　PER、PBR、ROE は使えるのか？

　では、他のファクターはどうでしょうか。そこで、PBR（株価純資産倍率）やROE（自己資本利益率）など、他のよく使われるファクターを調べてみましょう。はたして、有効な時期と有効でない時期が混ざった形になるのかどうか……。

　ファクターで言えば、使える時期は長く、使えない時期は短いものほど優秀なことは明白でしょう。もし、すべての期間で綺麗な形となるファクターがあったらすごいですよね。それは、どんな地合いでも有効に機能することを意味するのですから。

　ところで、先程の予想PERの分析、実は大きな問題があることにお気づきでしょうか。そう。あれだけでは「PERが有効かどうか、その時期がいつか」は正確には判断できていないのです。

　なぜなら、銘柄の時価総額や性質を考慮していないからです。

　対象としたTOPIXには、時価総額が何十兆円という超大型株から、時価総額が数十億円という小型株までがあります。それらを一括して分析するのは、少々無理があると思いませんか？

　また時価総額が同じでも、上場して日の浅い新興株と、昭和から上昇しているような古い銘柄では、その性質はまるで違いますよね。

　そこで、それらを考慮するために、5分位分析を「中・大型株」、「小型株」、「新興株」という、3つの対象に分類して行うことにしました。

　中・大型株で対象としたのは、「TOPIX　500」に組み入れられた500銘柄です。TOPIX500の構成銘柄はTOPIX全体の2割程度ですが、時価総額は全体の約9割を占めています。

　小型株として対象にしたのは、「TOPIX Small」（TOPIXから

TOPIX 500を除いたもの）です。TOPIX全体における銘柄数の約8割を占めていますが、時価総額の占める割合はTOPIX全体の約1割です。

「新興株」は、ジャスダックとマザーズに上場している銘柄を合わせたものにしました。

分析対象とするファクターは、先ほどの予想PERに加えて、PBR、予想ROEにしました。いずれも個人投資家がよく参照する投資指標ですよね。

○2022年4月からの市場区分の見直しについて

分析対象とした期間は、2005年頭から2022年末（この本を執筆してる時点での最新データ）までの18年間ですが、東証は2022年4月から市場区分を見直しました。

東証一部、東証二部、JASDAQ（スタンダード、グロース）、マザーズという4つの市場（以下、旧区分）が、次の3つの新しい市場（以下、新区分）に再編成されたのです。

・プライム（東証一部）
・スタンダード（東証二部、JASDAQスタンダード）
・グロース（マザーズ、JASDAQグロース）

ここで気になるのは、「市場区分が再編されたことで、分析になにか影響が出ないのか？」という点です。

TOPIX（東証株価指数）は、市場区分とは切り離された指数として継続採用されることから、「中・大型株のTOPIX500」、「小型株のTOPIX Small」の分類をそのまま使って問題なさそうです。時価総額の大きさが、分析結果にどんな影響を与えるかは調べておきたいですよね。

　「新興株」の方は少し調整が必要となりました。新区分となった2022年4月以降に関しては「スタンダードとグロースを合わせ、かつ旧区分で東証二部を除く調整」を行った分類データを用いました。ただ、これも新区分になったからといって、新興株という存在が消えるわけではないので、そんなに気にするような話でもないのかな…と思います。

〇注意点──各分析に関して

　これから分析に入りますが、まずは下記のことにご留意ください。

● 各グループが取るファクター値の範囲（図表2.4.1、図表2.4.3、図表2.4.5、図表2.4.1）は、あくまで2022年3月末時点でのデータです。基本的に、日経平均2万円後半〜3万円前半ぐらいのときに、大体この辺りの範囲を取っています。その範囲は市場全体の価格と時期によって微妙に変化しています。
● 2023年4月以降の分析結果に関しては、筆者ブログやTwitterなどで、適宜、発信して行く予定です。

・筆者ブログ：https://ameblo.jp/yuukitarou0322/
・筆者Twitter：@tarouyuuki0322

　では改めて、分析作業を確認しましょう。

<作業内容（予想PER、PBR、予想ROE共通）>

- 手順①　条件の整理
- 手順②　条件に沿って、５つのグループ分け
- 手順③　条件期間で５グループの運用

○手順①　条件の整理
- ファクター：予想PER、PBR、予想ROE
- 対象期間：18年間（2005〜22年）
- 対象銘柄：中・大型株（TOPIX500）、
　　　　　　小型株（TOPIX Small）、
　　　　　　新興株（マザーズ+ジャスダック）

○手順②　条件に沿って、５つのグループ分け
- 各ファクターを条件順に並べ変える
- ５つのポートフォリオに分ける

○手順③　条件期間で５グループの運用
- ②の５つのグループを毎月リバランスしながら、①の期間で運用し
  続けた結果をグラフ化

■2－4－1　予想PERの5分位分析

図表2.4.1　各グループが取る予想PER値の範囲

予想PER	ファクター値の範囲（2021年末時点でのデータを使用）単位：倍		
	TOPIX500	TOPIX Small	ジャスダック＋マザーズ
1グループ	0＜PER≦10	0＜PER≦9	0＜PER≦10
2グループ	10≦PER≦14	9≦PER≦12	10≦PER≦15
3グループ	14≦PER≦20	12≦PER≦17	15≦PER≦31
4グループ	20≦PER≦31	17≦PER≦33	31≦PER, -35≦PER＜0
5グループ	31≦PER, PER＜0	33≦PER, PER＜0	-35≧PER

- PER＝現在の株価÷1株当たり純利益（純利益は予想値を使用）
- グループ分けは予想PERの低い順（1に近いほど低い）から並べている（マイナス値は除く）
- 予想PERは低い倍率のものほど優位性(買われる傾向)があると仮定
- マイナス値となっているものは低い倍率ほど優位性がないと仮定

注）予想PERに関してですが、本来マイナスPERに意味はありません。しかし、ここでは便宜上、PERがマイナスのものもグループに入れて分析しています。

図表2.4.2　予想PERの５分位分析

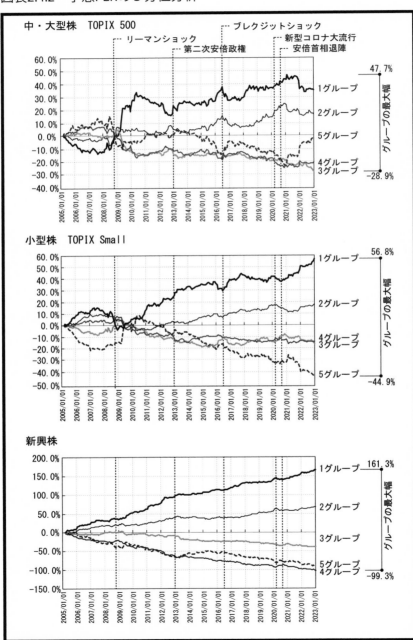

・中・大型株　TOPIX 500

全体の形や個々のグラフも崩れています。外部環境の影響が強く出ていますが、地合いが安定している時期において、PERはそれなりに有効そうです。

・小型株　TOPIX Small

全体はテルテル坊主の横倒しです。2009年以降は末広がりに近い形ではあります。こちらも地合いが安定していれば、有効そうです。ただ、これだけでは判断できない時期もあります。

・新興株

グラフ全体は上の2つより整った形をしています。新興株で相対的に低PERを狙うのは有効そうですね。実際使えるのかどうか、後でより詳しく見ていきます。

■2－4－2　PBRの5分位分析

図表2.4.3　各グループが取るPBR値の範囲

PBR	ファクター値の範囲（2021年末時点でのデータを使用）単位：倍		
	TOPIX500	TOPIX Small	ジャスダック ＋マザーズ
1グループ	0＜PBR≦0.7	0＜PBR≦0.5	0＜PBR≦0.6
2グループ	0.7≦PBR≦1.0	0.5≦PBR≦0.8	0.6≦PBR≦1.0
3グループ	1.0≦PBR≦1.6	0.8≦PBR≦1.0	1.0≦PBR≦1.9
4グループ	1.6≦PBR≦3.0	1.0≦PBR≦2.0	1.9≦PBR≦4.0
5グループ	3.0≦PBR, PBR＜0	2.0≦PBR, PBR＜0	4.0≦PBR, PBR＜0
・PBR＝株価÷1株当たり純資産 ・グループ分けはPBRの低い順（1に近いほど低い）から並べている ・PBRは低い倍率のものほど優位性（買われる傾向）があると仮定			

図表2.4.4　PBRの５分位分析

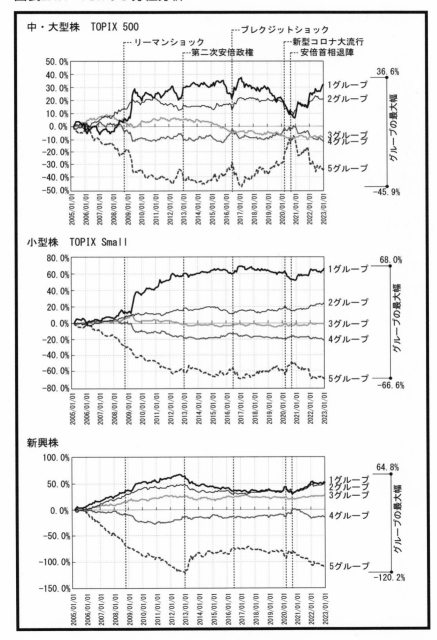

・中・大型株　TOPIX500

　全体の形は、徳利（とっくり）のようです。リーマンショック新型コロナショックなどには、かなりの影響をうけるようです。地合いが安定している時期は横ばいですね。

・小型株　TOPIX Small

　こちらも全体は徳利のような形です。リーマンショックから第二次安倍政権発足あたりまでは、PBRの順番通りの結果となっていますが、2013年以降を見れば、全ての運用推移は横ばいに近いです。

・新興株

　大型、小型、新興になるにつれ、徳利の形が末広がりに近くなってきているのが面白いです。2013年以降は横ばいですね。形が整っているように見えますが、新興株でも微妙なところです。

■２－４－３　予想 ROE の５分位分析

図表2.4.5　各グループが取る予想ROE値の範囲

予想ROE	ファクター値の範囲（2021年末時点でのデータを使用）単位：倍		
	TOPIX500	**TOPIX Small**	**ジャスダック＋マザーズ**
1 グループ	ROE≧13	ROE≧13	ROE≧14
2 グループ	13≧ROE≧10	13≧ROE≧8	14≧ROE≧8
3 グループ	10≧ROE≧7	8≧ROE≧6	8≧ROE≧4
4 グループ	7≧ROE≧4	6≧ROE≧3	4≧ROE≧-5
5 グループ	ROE≦4	ROE≦3	ROE≦-5

・ROE(%) ＝純利益÷自己資本×100（純利益は予想値を使用）
・グループ分けはROEの高い順（１に近いほど高い）から並べている
・ROEは高い数値のものほど優位性（買われる傾向）があると仮定

図表2.4.6　予想POEの５分位分析

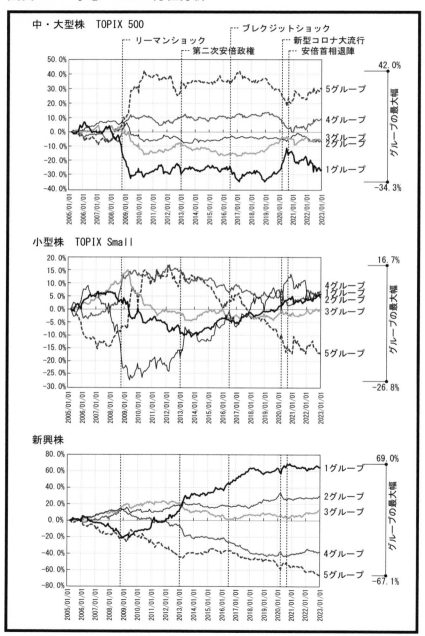

136

・中・大型株　TOPIX500

　全体、単体のそれぞれの形、グループの順番はどれも有効なものを示していません。リーマンショック後の回復期も、高ROEが売られて低ROEが買われるという、よく分からない結果になっています。

・小型株　TOPIX Small

　リーマンショック後の回復期の辺りから、優位性に沿った動きになっているようです。ただし、市場におきるショックなどには影響されているので、地合いが荒れている時期には使いにくいと思います。

・新興株

　2008年リーマンショックの前後で様相が変わります。回復期辺りから有効性が出ているようです。以降、有効な期間は2021年でも続いているようには見えます。

○ファクター分析まとめ

　以上、全部で9の分析結果がグラフで表されていましたが、いかがでしょうか？

　「使えるファクターは形が綺麗である」という点で見ると、「新興株の予想PER」は比較的、使えるファクターという印象を受けますよね。形は三角形の横倒し、末広がりで一番整っています。また、TOPIX500、TOPIX Smallの結果でも、ジグザグはありますが有効に機能している時期は多いように見えます。

　「使える時期であること」を考慮する必要はありますが、予想PERは優秀なファクターの部類だと言えます。PERに精通しているのであれば、投資ルーティンに組み合わせて使うのはアリでしょう。

　ただ、僕はPERを単体で見る、ということはしていません。PBRとROEと絡めてチェックすることが多いです。

折角なので、僕が知る限りにおいて、あまり一般の投資本に書かれていない話をします。PERとPBR、ROEに関しては、次のような関係ですよね。

PBR（株価純資産倍率）＝PER（株価収益率）×ROE（自己資本利益率）

　PBRが1未満は割安だとよく言われますが、この関係式で見ると単純にそうは言いきれません。例を用いて説明します。同じ業種の、a社とb社があったとします。両社のPBR、PER、ROEは下記の通りです。

a社：PBR（0.6倍）＝PER（40倍）×ROE（1.5%）
b社：PBR（20倍）＝PER（40倍）×ROE（50%）

　PERは同じ40倍です。どちらを買うか迷ったとき、PBRの0.6倍と20倍を見比べて、a社が割安だと判断すると見誤ります。a社のROEは1.5%と非常に低い値です。つまり投資家から集めたお金を活用できていないが故にPBRが低いとも言えるのです。
　逆に、b社はPBRが20倍もありますが、ROEが50%と高い数字です。つまり投資家から集めたお金を効率良く活用してる点が、評価されているわけです。僕がどちらかを選べと言われたらb社ですね。
　この辺りの話を5分位分析と絡めて展開していくと、ものすごく面白いです。本書のテーマは講義ではなく、実践に即した使い方なのでこれ以上は触れませんが、投資指標をチェックする際には、このような各ファクターの関係性に注目しておくと、より深い考察ができます。
　なお、2023年3月に東京証券取引所は、PBRが1倍を下回る企業などに対し、改善策を開示・実行するよう求めました。これによって「該当企業は改善策を講じるのでは？」との思惑から、PBR1倍割れ

の企業に資金が向かいましたが、このときも単にPBRが低いものが買われるのではなく、ROEが高い値を持つ銘柄から買われる傾向がありました。

　さて、ここまで、個人投資家が比較的よく参照する３つのファクターを分析しました。それ以外にも、ファクターは本当にたくさんあります。その種類も、バリュー、流動性、配当、財務、収益性など、多岐にわたります。

　僕は、これまでに様々なファクターの有効性を５分位分析で調べてみました。それらの結果を一言でいうと、どのファクターも「有効な時期と、そうでない時期がある」でした。ですが欲しいのは、有効性が長く続き、その普遍的な理由がちゃんと存在しているファクターですよね。

　そこでやっとの登場、「四半期成長率」を分析してみましょう。

　論より証拠ということで、他のファクターたちと比べてどのような結果になったかを次のページで見ていきます。なお、計算に用いた四半期データは実績の経常利益を使っています。

２－５　四半期成長率の有効性を確認する

図表2.5.1　各グループが取る四半期成長率の範囲

四半期成長率	ファクター値の範囲（2021年末時点でのデータを使用）単位：倍		
	TOPIX500	**TOPIX Small**	**ジャスダック＋マザーズ**
1 グループ	QGR≧4	QGR≧9	QGR≧16
2 グループ	4≧QGR≧-2	9≧QGR≧0	16≧QGR≧1.5
3 グループ	-2≧QGR≧-8	0≧QGR≧-8	1.5≧QGR≧-11
4 グループ	-8≧QGR≧-22	-8≧QGR≧-24	-11≧QGR≧-30
5 グループ	QGR≦-22	QGR≦-24	QGR≦-30

・QGR：Quarterly Growth Rate（四半期成長率）の略
・グループ分けは四半期成長率の大きい順（1に近いほど大きい）から並べている
・四半期成長率は大きい数値のものほど優位性（買われる傾向）があると仮定

図表2.5.2　四半期成長率の５分位分析

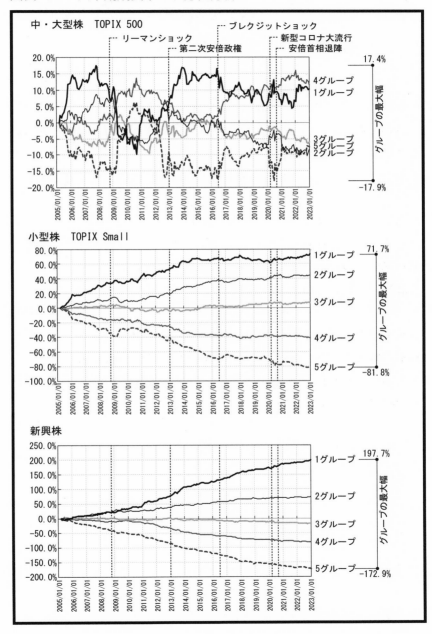

・TOPIX 500（東証一部大型株）

　全体の形は崩れていて使えそうもないですね。他のファクター全般に言えるのですが、大型株の場合、際立って有効なファクターはというのは見当たりません。

・TOPIX Small（東証一部中小型株）

　全体の形は末広がりに近く、2015年から１グループの横ばいが気になりますが、外部環境による大きな下落はほとんど起きていません。ファクターとしての有効性はそれなりにある、という感じはします。

・新興株（ジャスダックとマザーズ）

　今までで、一番綺麗な形になっています。どのような地合いでも有効に機能しているように見えます。そこで新興株については、もう少し詳しく見てみたいと思います。

　四半期成長率は、全ての市場で有効というわけではありませんでしたが、新興株での有効性は際立っています。この分析結果を細かく見るために、TOPIXの予想PER（123ページ図表2.3.3）のときと同様に、３つの期間ごとに分析してみましょう。

図表2.5.3　四半期成長率──TOPIX対象の５分位分析（３つの期間）

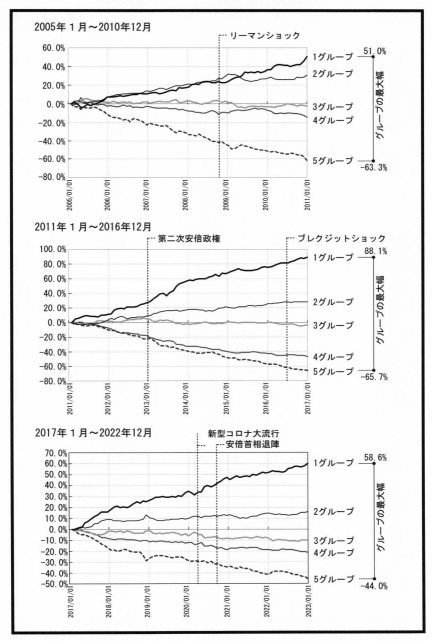

パッと見で、どうでしょう。どこの部分を取り出しても、形は綺麗に整っていますよね。驚くのは、100年に１度の大暴落と言われたリーマンショック、そして2020年はじめに起きた新型コロナウイルスショック時の大暴落でも殆ど崩れていません。もちろん、全く影響がないわけではありませんが、月単位で見れば、被害は非常に少なかったことがうかがえます。

　新興株における四半期成長率は、他のファクター・市場と比べても優れていることがお分かりいただけたでしょうか。

　ところで先のページで掲載したTOPIX500の中・大型株の分析では、形が完全に崩れていましたよね。見るからに使えない形ですが、TOPIX Small小型株を見ると、新興株ほどではありませんが、そこそこ整った形をしています。

　他のファクターにも似たような傾向があります。**大型株ほどファクターの有効性がなく、小型や新興株になるほど、有効性が増すようです。**

　しかし、なぜこのような傾向が表れるのでしょうか？

　ファクターを使いこなす上で、この傾向はかなり重要になってくるので、次は市場や銘柄の大きさの及ぼす影響について、考えてみましょう。

２－６　中・大型株、小型株、新興株の違い

　株価に影響を与えるものが、大きく２つあるのはお分かりでしょう
か？　１つは、その企業がもつ財務や業績といった固有の情報です。
「ファクター」とかは、まさにそれですよね。そしてもう１つは、国
内外の政治、経済といった企業のコントロールが及ばない「外部環
境」です[1]。

　例えば、トランプさんの米大統領時代、彼がツイートするたびに株
価が乱高下しました。これなんかは企業経営者にとっては、どうしよ
うもない話ですよね。

　株価は企業努力とは無縁の要因でも、結構上下したりします。５分
位分析の形を崩しているのは、その外部環境なのです。では、これま
で分析したファクター全般について、市場ごとの傾向を整理してみま
しょう。

○各市場の傾向

　中・大型株（TOPIX500）は、明らかに外部環境の影響が強いです
よね。2008年リーマンショック、2016年ブレクジット、2020年新型コ
ロナウイルス感染の世界的な大流行といった、外部環境の大きな変化
が起きたときには必ず形が崩れています。

　正反対なのが新興株です。有効なファクターであれば、外部環境に
変化が起きたときでも、あまり形が崩れていません。これは外部環境
よりも、ファクターの影響の方が強いからです。

　そして小型株（TOPIX Small）では、中・大型株と新興株を混ぜた
ような形のものが多いようです。これはTOPIX Smallが東証一部（現
プライム）でありながらも、新興株の性質を残しているものも混ざっ

[1]　専門的には、固有要因をスタイルファクター、外部要因をマクロファクターと言っ
たりもしますが、この本では、前者を単純に「ファクター」、後者を「外部環境」とさせ
ていただきます。

145

ているからです。

　TOPIX Smallに区分される銘柄に関しては、新興株っぽさがあれば
ファクターの影響が強く、中・大型株に近いものは外部環境の影響が
強くなってきます。

図表2.6.1　ファクターと外部環境の影響

	中・大型株	小型株	新興株
ファクター	影響が弱い	←性質による→	影響が強い
外部環境	影響が強い	←性質による→	影響が弱い

　では何故、このような結果が表れるのでしょうか？　そこには、い
わゆる機関投資家の存在があります。保険会社、銀行、年金、共済、
農協、政府系機関、ヘッジファンドといった、大きな資金を動かす彼
らは、出来高が少なく流動性の乏しい銘柄を売買できません。どうし
ても時価総額が大きく流動性の高い、中・大型を中心に売買せざるを
得ないのです。

　もちろん、新興株でも時価総額や流動性のあるものや、小型株でも
テーマ性のあるものは、投資信託に組み入れられることもあります。
しかし全体で見れば、彼らの売買は大型株が中心となります。

　では、機関投資家が参入するような大型株では、何が起きているの
でしょうか？

　彼らの売買では、アルゴリズムやAIを駆使した高度で高速な手法
がぶつかり合います。そういう状況下では、企業固有の材料などまた
たく間に株価に折り込まれてしまいます。さらに為替や、日経平均と
いったものに対しても、強い裁定が働きます。

　大型株には世界規模の企業も多いため、海外の経済指標なども強く
関係してきます。したがって、いくら企業業績が良好でも、その時点
で外部環境が悪化していれば、株価は下落してしまうのです。

　一方で、新興株や小型株を売買するのは、個人を中心とした小口の投資家や小型ファンドです。そうなると株価には、外部環境よりも企業がもつ固有の影響の方が強く出てきます。

　地合いの悪い時期でも、強い上昇を続ける新興株や小型株が出てくるのは、そのような背景からです。日経平均が大暴落している最中に、ソフトバンクがストップ高になることは、まずあり得ませんが、聞いたこともない小型株が、ストップ高になっていることはよくありますよね。

　どのファクターを扱った分析でも、実際にそれぞれの市場の運用推移の形を比較してみれば、中・大型よりも小型や新興株の方が、ファクターの優位性に応じた結果となっています。

　ただし、いくら新興や小型株だからといってもファクターが良くなければ、外部環境が悪化したときに、全体の下落に巻き込まれることは言うまでもありません。

　もう１つ忘れてはならないのが、情報の速度です。

　個人投資家は機関投資家に比べて、情報の量と速さでは圧倒的に不利です。しかし、彼らが参入しにくい新興や小型株では、材料が株価に織り込まれるにはタイムラグがあります。情報戦で圧倒的に不利な個人投資家でも、有効なファクターを知っていれば、充分に勝機が見えてくるのです。

2-7 東証新区分による5分位分析

　追加で、プライム、スタンダード、グロースという新区分でも、四半期成長率の分析を行ってみました。

　東証が2022年4月から採用したこの新区分ですが、これはこれで銘柄の性質がハッキリ分かれているので、分析結果から何か新しい発見があるかもしれません。

図表2.7.1　各グループが取る新区分での四半期成長率の範囲

四半期成長率（新区分）	ファクター値の範囲（2021年末時点でのデータを使用）単位：倍		
	プライム	スタンダード	グロース
1グループ	QGR≧13	QGR≧18	QGR≧19
2グループ	13≧QGR≧6	18≧QGR≧7	19≧QGR≧6
3グループ	6≧QGR≧0	7≧QGR≧-2	6≧QGR≧-7
4グループ	0≧QGR≧-5	-2≧QGR≧-14	-7≧QGR≧-55
5グループ	QGR≦-5	QGR≦-14	QGR≦-55

・QGR：Quarterly Growth Rate（四半期成長率）の略
・グループ分けは四半期成長率の大きい順に1から並べている
・四半期成長率は大きい数値のものほど優位性（買われる傾向）があると仮定

図表2.7.2　四半期成長率 ― ５分位分析の結果（東証新区分）

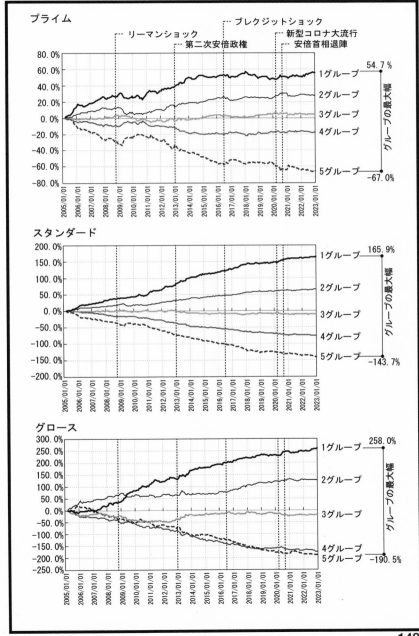

プライムはTOPIX Smallと似ています。時価総額が大きいもの以外は、組み入れ銘柄が被っているからでしょう。

　スタンダードは綺麗な形ですよね。ジャスダック（スタンダード）と東証二部が合わさったものなので、旧区分における新興株（ジャスダック＋マザーズ）の結果と似たものになったと思われます。

　グロースは末広がりの形ですが、若干崩れてる部分もあるようです。マザーズとジャスダック（グロース）が合わさったものですが、新興株には時価総額の大きいものもあったりするので、その辺りが影響しているようです。

　そこで今度は時価総額に着目して、スタンダードとグロースをまとめ、それらを時価総額の「上位1/2」と「下位1/2」の2種類に分類したものを分析してみました。

図表2.7.3 四半期成長率——5分位分析の結果（S+G上位下位1/2）

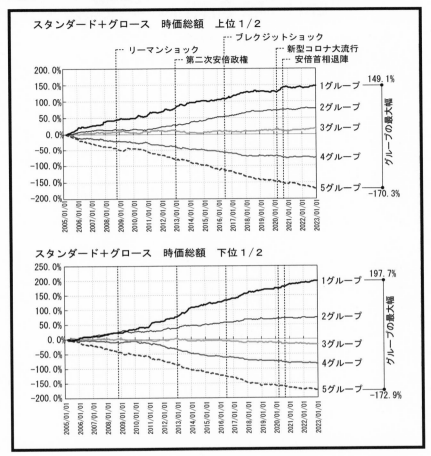

基本的には、両方とも綺麗な末広がりの形となっているようです。ただ、下位1/2の方が、グループの最大値も大きく、より有効そうな感じがしますよね。

このことから、スタンダードとグロースという市場区分で見た場合も、時価総額が比較的小さめの方が、四半期成長率は有効に機能すると言えそうです。

新区分で行った分析に関してまとめると次のような感じです。

　「スタンダート」と「グロース」では、四半期成長率の有効性は高そうです。なかでも時価総額が低めのものは、特に有効性が高いと言えるでしょう。

　「プライム」に関しては、新興市場や小型株に近いものは有効で、大型のものほど有効性は薄れてくるのかな、と思います。

　これらの分析結果から言えることは、銘柄の時価総額や新興株（要するに成長株）に近い性質を持っているかどうか、が重要そうです。

　新興株に近い性質というのは「新しいビジネスモデルを掲げている」、「上場してからの期間もそんなに長くない」といったものですが、上場期間ン十年と長くても「時価総額が小さい（数百億円以下）」、「変化（新規事業）の兆しがある」といったものにも言えるでしょう。

　銘柄を探す際には、「四半期成長率が高い中でも、そういう性質をもった銘柄に注目すると良い」というのが改めて分かりました。

2-8　ローゼンバーグ方式の年成長率

　第1章で少しお伝えした、年成長率を求める際の「**ローゼンバーグ方式**」について、簡単に解説しましょう。

　これも自動で計算できるエクセルシートを用意していますので、計算式は覚えなくても大丈夫です。ただ、なぜそれを使うかを知っておくことも必要かと思いますので、単純にどんなものかを知るために軽く読み流してください。

　この本で使っている「成長率」という言葉ですが、他のメディアでは、「増益率」や「伸び率」とも呼ばれます。年成長率というのは、1年間でどのくらい成長したか、利益が増えた（伸びた）かを示すものだからなのはお分かりですよね。

　一般的に使われる年成長率は、次の式です。

$$年成長率（\%）= \frac{当期利益－前期利益}{前期利益} \times 100$$

　この式は110ページで示した、前年同期比の計算と同じ仕組みです。そう。同じ仕組みなので、同じ不具合が出てきます。

　つまり前期赤字から当期黒字になる際に、マイナスの符号がついてしまうのと、前期利益が小さいと成長率が極端に大きくなってしまうというものです。

　機関投資家などはそういう不具合を解消するため、年成長率を計算する際には、ローゼンバーグ方式を使います。

　ローゼンバーグ方式で求めた年成長率を、ここでは「**ローゼンバーグ成長率**」と呼ぶことにします。求める式は次のように表します。

$$\text{ローゼンバーグ成長率（\%）} = \frac{当期利益 － 前期利益}{\dfrac{|当期利益| ＋ |前期利益|}{2}} \times 100$$

※　|当期利益|、|前期利益|は絶対値（常に正の数）

　これは分子はそのままにして、分母は当期と前期の利益を絶対値にして、平均化（2で割った）しています。次のように整理して紹介している場合もあります。

$$\text{ローゼンバーグ成長率（\%）} = \frac{当期利益 － 前期利益}{|当期利益| ＋ |前期利益|} \times 200$$

　この計算式で注意すべきことは、**赤字から黒字化するときの成長率は必ず200％になる**ということです。同様に、**黒字から赤字に転落する場合も必ず－200％になります**。
　つまり、200％は黒転、－200％は赤転を意味しています。
　「えっ？　赤転、黒転の成長率が一律±200％になるなら比較できないでしょ」と思われるかもしれません。
　確かにそうなのですが、「黒字化なのにマイナス成長率」、「前期利益が小さい場合に極端な値になる」といった問題はなくなります。
　機関投資家が成長率を分析する際には、このローゼンバーグ方式がよく使われます。つまり、個人がプロと同じ数値で、成長率をチェックできるわけです。これは大きなメリットになります。

2−9　四半期成長率のチュートリアル

　ここからはチュートリアルになります。これまで説明してきた年や四半期の成長率を、あなた自身の手で実際に算出してみましょう。

　ここでは、＜3765ガンホー・オンライン・エンターテイメント（以下ガンホー）＞を教材にしてみます。

●ファクター計算シートの活用

　特典としてご用意した「ファクター計算シート」を活用してください。成長率を求めるには次のような手順を踏みます。

> **＜成長率の算出方法＞**
>
> ・手順①　企業HPで「決算短信」を確認
> ・手順②　決算短信で経常利益を確認
> ・手順③　計算シートに数字を転記
> ・手順④　「年」と「四半期」の成長率を確認

①企業HPで「決算短信」を確認

　まずは情報元にアクセスしましょう。上場企業ではホームページに、決算短信という四半期ごとの決算書をアップしています。

例）3765 ガンホーの場合（2023年4月時点）
　　「ホームページ」→「投資家情報」→「IRライブラリー」→
　　「決算短信」

　「2012年12月期」から第1四半期決算短信を開いてみましょう。図表2.9.1がそれにあたります。

図表2.9.1　3765 ガンホー「平成24年12月期 第 1 四半期決算短信」

FASF JASDAQ

平成24年12月期　第 1 四半期決算短信〔日本基準〕（連結）

平成24年 5 月10日

上 場 会 社 名　ガンホー・オンライン・エンターテイメント株式会社　　上場取引所　大

コ ー ド 番 号　3765　　　　　　　　　　　　　　URL http://www.gungho.co.jp

代　表　者　（役職名）代表取締役社長CEO　　　　　（氏名）森下　一喜

問合せ先責任者　（役職名）取締役CFO財務経理本部長　（氏名）坂井　一也　　　TEL（03）6893-8500

四半期報告書提出予定日　平成24年 5 月11日　配当支払開始予定日　　―

四半期決算補足説明資料作成の有無　：　有

四半期決算説明会開催の有無　　　　：　有（機関投資家・アナリスト向け）

業績欄

（百万円未満切捨て）

注意

1．平成24年12月期第 1 四半期の連結業績（平成24年 1 月 1 日～平成24年 3 月31日）

（1）連結経営成績（累計）

（％表示は、対前年同四半期増減率）

	売上高		営業利益		経常利益		四半期純利益	
	百万円	％	百万円	％	百万円	％	百万円	％
24年12月期第 1 四半期	3,291	53.0	248	△10.	254	△45.7	227	△56.9
23年12月期第 1 四半期	2,151	5.4	276	15.2	469	29.1	529	84.9

（注）　包括利益　24年12月期第 1 四半期　726百万円（△8.9％）　　23年12月期第 1 四半期　797百万円（　― ％）

基本的に経常利益をみる

	1 株当たり四半期純利益	潜在株式調整後 1 株当たり四半期純利益
	円　銭	円　銭
24年12月期第 1 四半期	1,983 08	1,980 00
23年12月期第 1 四半期	4,603 35	4,595 31

（2）連結財政状態

	総資産	純資産	自己資本比率
	百万円	百万円	％
24年12月期第 1 四半期	15,229	11,565	52.6
23年12月期	14,200	10,794	52.6

（参考）　自己資本　24年12月期第 1 四半期　8,014百万円　　23年12月期　7,473百万円

2．配当の状況

	年間配当金				
	第 1 四半期末	第 2 四半期末	第 3 四半期末	期末	合計
	円　銭	円　銭	円　銭	円　銭	円　銭
23年12月期	―	0 00	―	0 00	0 00
24年12月期					
24年12月期（予想）	―	―	―	―	―

（注）　直近に公表されている配当予想からの修正の有無　：　無

※24年12月期の配当額は未定であります。

業績予想を出している場合は、この欄に記載される

3．平成24年12月期の連結業績予想（平成24年 1 月 1 日～平成24年12

（注）　直近に公表されている業績予想からの修正の有無　：　無

　　　　当社グループは、コンテンツ関連の新規性の強い事業を展開しており、環境の変化が激しいこと、また連結子会社で米国NASDAQ市場に上場しているGRAVITY CO., LTD.が業績予想を開示しない方針としているため、当社グループが業績予想を発表することにより、各々のステークホルダーに対して公正な情報提供が困難であることなどから、四半期毎に実施する決算業績および事業の概況のタイムリーな開示に努め、通期の業績見通しについては、開示しない方針です。

②経常利益を確認

　まず、決算短信で最初に注目するのは、PDFの1ページ目の業績欄です。そこには「売上高」、「営業利益」、「経常利益」、「純利益」と4つが記載されています。

　基本的に、成長率の計算には「経常利益」を使います。理由については第1章51ページ「深堀り！」で書きましたよね。

　業績のところをよく見ると（累計）と記されているのが分かりますか。累計というのは、第1四半期からの単体を合計した値です。例えば、第2四半期（累計）とは、第1四半期（単体）と第2四半期（単体）が合計されたものです。

　各四半期の単体は次の式で求まります。

第1四半期（単体）＝第1四半期（累計）
第2四半期（単体）＝第2四半期（累計）－第1四半期（累計）
第3四半期（単体）＝第3四半期（累計）－第2四半期（累計）
第4四半期（単体）＝第4四半期（累計）－第3四半期（累計）

　四半期成長率は「累積」ではなく、四半期「単体」の業績で計算するので、累積を単体に直さなければなりませんが、計算シートでは、累積が単体に自動変換されるように作ってあるので心配ありません。ただ、累計と単体の違いについては、頭に入れておいてください。

　次に決算短信で注目するのは業績予想です。

　これは企業が開示しているもので、一番下に枠を設けてそこに記載されます。ただし、業績予想を開示していない会社もあります。ガンホーも業績予想を出していませんので、文末に「開示しない方針です」との断り書きがありますよね。

手順③　計算シートのD列に数字を転記

　情報元が分かったところで、ファクター計算シートに転記していきます。本書特典のエクセル「ファクター計算シート」を開いてください。

図表2.9.2　ファクター計算シート

	A	B	C	D	E	F	G	H
1	3765	ガンホー		※▲はマイナスを意味する				
2	期	四半期	発表日	経常利益（百万円）		四半期成長率	ローゼンバーグ年成長率	一般的な前年同期比
3				累積	単体			
4	2011年12月期	1Q						
5	H23	2Q						
6		3Q						
7		4Q						

※QというのはQuarter（四半期）の略です

　このエクセルシートは、緑色のセルの部分だけ触ることができるようになっています。A1セルは「銘柄コード」、B1は「銘柄名」の欄になり、A列の年度、C列の発表日、D列の経常利益（累積）のセルだけ 入力することができます。

　DLデータは練習としてすぐに試せるように、ガンホーの期と発表日はあらかじめ記載しました。

　今回練習として確認するのは、2011（平成23）年12月期から2013年12月期までの３年間です。そのため、情報元として過去３年分のもの決算短信を見る必要があります。少々面倒ですが、ここは練習と思ってIRライブラリーから、該当する決算短信を開いて経常利益を１つずつ転記してみてください。

　このエクセルシートでは、各四半期の累計をそのままD列に入力すれば、自動的にE列に単体に変換されるように作ってありますので、いちいち手計算で単体に直す必要はありません。

手順④　「年」と「四半期」の成長率を確認

　入力が終わると、図表2.9.3のようにG列に「ローゼンバーグ年成長率」が、F列に「四半期成長率」が自動表示されます。

図表2.9.3　3765 ガンホーのファクター計算シート（2011〜13年度）

	A	B	C	D	E	F	G	H
1	3765		ガンホー		※▲はマイナスを意味する			
2	期	四半期	発表日	経常利益（百万円）		四半期成長率	ﾛｰｾﾞﾝﾊﾞｰｸﾞ 年成長率	一般的な 前年同期比
3				累積	単体			
4	2011年12月期	1Q	2011/5/12	469	469			
5	H23	2Q	2011/8/11	923	454			
6		3Q	2011/11/10	1,446	523			
7		4Q	2012/2/13	1,545	99			
8	2012年12月期	1Q	2012/5/10	254	254	▲ 16.17%		▲ 45.84%
9	H24	2Q	2012/8/9	1,091	837	22.36%		84.36%
10		3Q	2012/11/8	2,475	1,384	33.45%		164.63%
11		4Q	2013/2/14	9,355	6,880	72.49%	143.30%	6,849.49%
12	2013年12月期	1Q	2013/5/9	18,662	18,662	66.30%		7,247.24%
13	H25	2Q	2013/7/29	45,313	26,651	48.18%		3,084.11%
14		3Q	2013/10/29	68,671	23,358	29.08%		1,587.72%
15		4Q	2014/2/3	90,104	21,433	16.15%	162.38%	211.53%
16	2014年12月期	1Q						
17	H26	2Q						
18		3Q						
19		4Q						

　成長率を確認してみましょう。

　ローゼンバーグ年成長率は2012年度が143.30%で、2013年度は162.38%と伸びていますね。

　四半期成長率の方は、2012年12月期の2Qからぐんぐん伸びていますが、2013年1Qの66.30%をピークに少しずつ落ちています。
これらが株価にどう影響したのかは後述いたします。

　ついでなので、この計算シートの応用的な使い方もお伝えします。
それは予想成長率を出す方法です。

　上場企業の多くは年単位の業績予想を発表しています。未発表のと

ころもありますが、そういう企業でも『会社四季報』や各証券会社の
アナリストなどが独自の予想を出していたりします。それらを使えば、
予想される年成長率を出すことができます。

図表2.9.4　予想ローゼンバーグ年成長率を調べる

	A	B	C	D	E	F	G	H
1	3765	ガンホー		※▲はマイナスを意味する				
2	期	四半期	発表日	経常利益（百万円）		四半期成長率	ローゼンバーグ年成長率	一般的な前年同期比
3				累積	単体			
4	2011年12月期 H23	1Q	2011/5/12	469	469			
5		2Q	2011/8/11	923	454			
6		3Q	2011/11/10	1,446	523			
7		4Q	2012/2/13	1,545	99			
8	2012年12月期 H24	1Q	2012/5/10	254	254	▲ 16.17%		▲ 45.84%
9		2Q	2012/8/9	1,091	837	22.36%		84.36%
10		3Q	2012/11/8	2,475	1,384	33.45%		164.63%
11		4Q	2013/2/14	9,355	6,880	72.49%	143.30%	6,849.49%
12	2013年12月期 H25	1Q	2013/5/9	18,662	18,662	66.30%		7,247.24%
13		2Q	2013/7/29	45,313	26,651	48.18%		3,084.11%
14		3Q	2013/10/29	68,671	23,358	29.08%		1,587.72%
15		4Q	2014/2/3	90,104	21,433	16.15%	162.38%	211.53%
16	2014年12月期 H26	1Q						
17		2Q						
18		3Q						
19	予想	4Q		95,000			5.29%	

2013年度の予想年成長率を求めるには
ここに通期予想の値を入力

2013年度予想
年成長率が求まる

　例えば、2014年度の期中の段階で、2014年度で予想されるローゼン
バーグ成長率を知りたい場合は、図表2.9.4のように、「2014年度の4
Q」と累積が交差する部分（D19セル）に業績予想を入力すれば求め
ることができます。
　決算短信に業績予想が記載されていれば、その数字を入れるのです
が、ガンホーは未開示なので、該当セルには『会社四季報』2014年2
集春号に記載されていた経常予想95,000百万円を入れてみました。
　その結果、年成長率は5.29%だったようです。2014年度の予想は年
単位での成長は止まってしまうようですね。

　このように、まずはあなた自身の手でエクセルに数字を入力して、「年」や「四半期」の成長率を求める作業に慣れてください。数字を決算短信から転記するだけなので、特に難しいことはないと思います。

　僕は、自分のPCのデスクトップにこの計算シートを置いていて、気になる銘柄があれば、すぐに四半期成長率を求めています。

ワンポイントアドバイス

　計算シートに数字を転記する効率的なやり方を書いておきます。

　もう一度、図表2.9.1の決算短信の「（1）連結経営成績（累計）」の部分を見てください。「24年12月期」と「23年12月期」が載ってますよね。決算短信の業績欄には必ず前年同期の業績も記載されているので、1つの決算短信から四半期の数値が2つ拾えます。従って、4つの決算短信で、8四半期分の入力が行えることになります。慣れてくれば、ほんの数分で四半期成長率を求めることができますよ。

○四半期成長率と株価

　ファクター計算シートで、四半期成長率が算出できました。では、ここからは四半期成長率と株価にどのような関係があるのかを見ていきます。

　図表2.9.5は「株価」（2021年12月時点での株数に合わせている）と「四半期成長率」「一般的な前年同期比」の3つの情報を並べたものです。それぞれの特徴を見てみましょう。

図表2.9.5　3765 ガンホーの株価とファクター比較（2012〜15年）

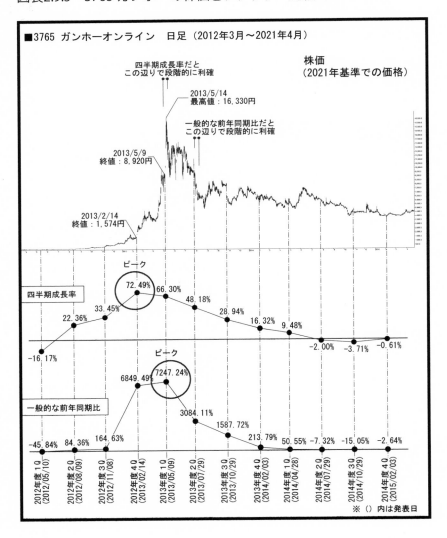

　ガンホーの株価が大きく化けた2012年5月から2013年5月までの1年間では、四半期成長率も大きく向上していることが分かります。この上昇は典型的な「業績相場の動き」です。

　ここで一般的な前年同期比を見ていましょう。こちらも株価とリンクしています。ここで注目してほしいのが、2013年2月から5月にかけてです。前年同期比の方は、6849.5％から7247.2％と上昇しています。数値が巨大化しているので判断がつきにくいですが、2013年度1Qまでは成長していますよね。

　一方で、四半期成長率は72.5％から66.3％と逆に成長が止まっています。つまり、四半期成長率の方は、いち早く成長性に陰りを示しています。

　この時期の株価はどうでしょうか。

　2012年度4Qの後に、株価は急加速します。次の2013年度1Qまでに発表日の終値で1,574円から8,920円と約5.7倍の上昇です。そして、2013年度1Qの発表では1：10の株式分割も発表されたことからさらに加速します。

　僕も、実際にこの時期ガンホーを保有していたのですが、四半期成長率が落ちていたことから、すでに段階的に利確に入っていました。ちょうど2013年度1Q発表日の翌営業日から2013/5/14の最高値を付けるまで、数回に分けて売れたので良いタイミングだったと思います。実際、株価は2013/5/14に上場来の最高値を付けて下落していきます。

　従来の前年同期比では、ガンホーの成長性の陰りに気がつくのは2013/7/29の第2四半期決算からです。そして、その翌日から株価は大きく下落していきます。この時点で手じまいに入ったのでは、かなり含み益を棄損していたことになったでしょう。

　その後、ガンホーの四半期成長率は右肩下がりになっていますよね。同時に株価もダラダラと下げていきます。とても長い下落トレンドが続き、2021年末時点もパッとしない状態です。

　その原因は、やはり成長性の鈍化でしょうか。パズドラは安定した売上を生み続け、業績そのものはけっして悪くはないのですが、成長

率のファクターは右肩下がりが続きました。そうなると成長株として
の魅力は失われ、将来を期待されての買いは入らなくなります。

　また、2013年以降に1：10株式分割を2回、1：100を1回と繰り返
したことから、発行済株式数は10×10×100の1万倍と膨大に膨れ上
がり、いわゆる「株ジャブジャブ」状態となってしまいました。市場
に出回る株数があまりに多くなると、値動きは重くなり、なかなか上
昇しにくくなるのです。

　そして2015年9月には、市場をジャスダックから東証一部に変更し
ました。新興株ではなくなり、この辺りでは、もはや成長株というよ
りはバリュー株投資の対象となっていたように思います。そうなると、
一時的に四半期成長率で多少良い数字が出てもなかなか株価は上げな
くなります。

　PERが改善された分が修正される程度、ようするにバリュー感で
買われる上昇となります。当然、外部環境にも強く影響されます。地
合いへの連動が強くなります。

　ガンホーの業績相場は、2013/5/14で終わりました。ガンホーが再
び、2012〜13年のときのような大相場を演じるには、パズドラを越え
るようなヒットを生み出す新作アプリをリリースするか、新たに違う
業種に進出して、大きな収益を上げられるようになるかの、いずれか
でしょう。

　第1章の投資ルーティンでは、手順1、2、3で銘柄選定していま
すが、その際、注目した銘柄が過去に大相場を演じていたら注意して
ください。いくら四半期成長率が良くても、既存事業の延長でしかな
い場合は、上昇は短命で終わることが多いです。逆に、新しい何らか
の「高成長を感じさせるような材料」が出れば、思惑や業績によって
上昇相場が始まる可能性があります。

図表2.9.6　大相場を演じた成長株が再び大相場となるためには…

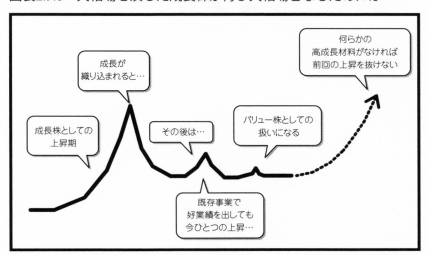

第１章の実例でご紹介したプロルート丸光も、新型コロナの検査キット発売という新たなビジネスモデルの発表によって、新たな成長性期待が起きたことが大きかったと言えます。

ところで、「第２章のはじめに」でも書きましたが、機関投資家が扱うファクターには膨大な種類があります。個人投資家に馴染みのないものから、中には「こんなものまでファクターとして検証しているのか！」と驚くようなものまであります。

本書でご紹介した四半期成長率のように、どんな地合いでも高い有効性を持つファクターは少ないですが、逆に、「ある特定の地合いでは有効性が認められる」というファクターは多いです。機関投資家などは、常に大量のファクターを分析し、「今の地合いで有効に機能しているファクターとは何か？」を検証しながら運用を行っています。

通常、個人レベルではそこまでの検証システムを用意できませんが、この後のコラムでご紹介する北山さんは、そういったものを自作して

しまう様な方ですので、コラムの方も、ぜひ読んでみてください。

コラム

四半期成長率はどこから生まれたのか？

　僕の古くからの友人に、北山さんという方がいます。彼は、大手機関投資家に所属するクオンツです。クオンツというのは、高度な数学的手法で市場を分析や予測し、金融商品や投資戦略の開発に関わる専門家のことを指します。

　彼は、数百億円規模のファンドの開発や運用に何件もかかわっており、某有名大学の大学院でもファンド専門家への講師を務めるなど、「いわゆる凄い人」です。前著『FXで究極の海外投資』とこの本で監修をやっていただいたりもして、投資における僕のメンターの1人です。

　ずいぶんと昔ですが、まだ株式投資でなかなか勝てなかった僕は、ある日、北山さんのところに相談に行きました。一通り、僕の愚痴を聞いたあと、彼は、「あくまで個人的にまとめたものだが…」と前置きした上で、面白い資料を見せてくれました。

　それは、ファクター5分位分析の結果が大量に載ったレポートです。そこで分析されていたファクターは、PERやROEといった個人投資家に馴染みのあるものから、EBITDAやリビジョン減衰といった、見たことのないものまで多数ありました。

　分析量も膨大で、無数のファクターが、売上、営業、経常、純益のそれぞれで計算されて、その有効性が検証されているのです。これを見れば、どのファクターが、どの時期、どの市場、どの利益で有効に使えるかが分かります。

　「これは凄い資料だな…」とビックリしながら、僕はとにかく目を通しました。ほとんどのグラフは、崩れた形をしていましたが、新興株で分析したものの中には、綺麗な末広がり型のものが幾つかありました。

「グラフ形の綺麗なものほど有効性が高い」というのは、なんとなく想像つきました。

　気になった僕は、「これらは、なんというファクターですか？」と質問しました。「四半期単位での成長を扱ったものだが、一般的な計算式を改良している」と、北山さんは教えてくれました。

　どうやら有効そうに見えるファクターたちは、北山さんが考案したもののようです。その中の1つが、今回、この本で取り上げた「四半期成長率」です。

　北山さんは、クオンツとして常に膨大な分析を行い、独自に有効なファクター作成なども行っています。それらを数百億規模のファンド運用にも生かしているということでした。実際、彼の作成した売買システムは、いくつもの大手機関投資家に採用されています。

　機関投資家といった大口は、日々、このレベルの分析を大量に行いながら株式運用をしているのです。このような相手に、個人投資家が敵うわけがありません。個人がなかなか勝てないというのには、このような背景もあるようです。

　しかし、この本は「機関投資家が有効に機能する」と判断して、実際に使っているファクターをご紹介しています。特に「四半期成長率」は、個人投資家にとって、かなり強力な武器になるでしょう。

　ところで、「四半期成長率」以外にも、5分位分析の結果が綺麗な形となるような、有効なファクターはまだ幾つもあります。そういうものを組み合わせることで、より投資の精度は上がりますが、やや上級編的な内容でもあり、読者が混乱すると思われたので、今回は割愛しました。そういったものも、今後、機会があればご紹介して行きたいと思います。

チャートの波動

3

本章のはじめに

　ここでは第1章の投資ルーティンで登場した「手順③　チャート波動の分析」について、詳しく説明します。本書では、チャートを「波」と見立てていますが、それは比喩やこじつけで言っているわけではありません。

　例えば、水面に石を投げ込めば波が起きますよね。株価チャートも同じです。銘柄に材料が出ると株価が動きますが、その際チャートは、まるで波のような動きをします。波には出発となる発生源があり、上下の振幅を繰り返しながら進んでいきます。そして、何かに衝突すれば動きに変化が生じ、やがて徐々にエネルギーを失って最後は穏やかな動きになります。

　株価が動く仕組みもよく似ているのです。

　そういったメカニズムを把握した上でチャートを見ると、今までとは違った見え方ができますし、チャートの基本形を知るだけで、その応用は無限に広がっていきます。この本を読んでくださっているあなたには、そういう感覚を身につけていただきたいと思っています。

3−1　まず押さえておくべきこと

　チャートの分析法については、解説本やサイトが多数ありますよね。いろいろな分析方法があり、情報を取り入れるほど、どれが正解か分からなくなる。もうそうなると、チャートを見るのが嫌だとなってしまいます。でも考えてみると、チャートの動きには３つしかないことに気づきませんか。

　その３つとは「上昇、下落、保ち合い」です。どんなに複雑に見えるチャートでも、この３つの動きが組み合わさっているにすぎません。

図表3.1.1　チャートの波動を構成する３つの要素

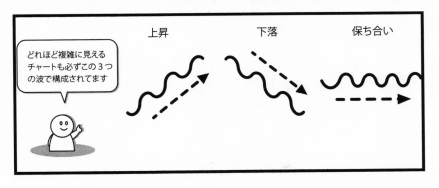

　チャートの表示には月足、週足、日足、分足といった具合に、その人の投資スタイルや好みで表示される時間軸もさまざまです。僕はあるとき、時間軸の異なるチャートを見ていて、ふと「あ〜、面白いなぁ‥」と思いました。

　部分と全体が同じ形（カタチ）をしているのです。価格（縦軸）と時間（横軸）を消したものを見せられると、表示している時間軸は判断つかないと思います。構成する一部が、その全体と似た構造を持つ図形のこと「**フラクタル**」といいます。

図表3.1.2　チャートの特徴——フラクタル

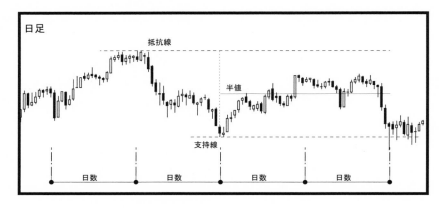

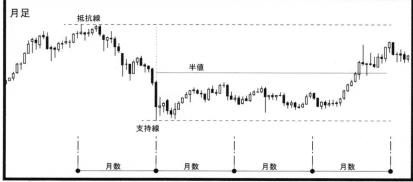

　実際のチャートで確認してみましょう。図表3.1.2を見てください。

　これらは、日経225先物チャートの日足、週足、月足を縦に並べたものです。パッと見では、どれがどの時間軸の足か分かりません。まさにフラクタルですよね。

　チャートはフラクタル故に、日足、週足、月足、どれも同じ特徴を持っています。

　チャート上には抵抗線や支持線、半値といった線が引いていますが、これらを求める際に、時間軸によってやり方が異なるということはありません。基本的にはチャートは、どの時間軸の足でも、一定の値幅で動いたり、一定の時間で上げ下げを繰り返したりしたりと、規則性や周期性といったものに共通のパターンがあるからです。

　こういったチャート独特のパターンを、「**チャートの波動**」と呼ぶことにします。

　この本では、チャートを波動という視点で、売買のタイミングの計り方、未来予測への役立て方といった、実践に役立つ具体的な技術を次項から細かく紹介していきます。

　波動というと、何かマンガっぽいイメージがあるかもしれません。僕も昔は、あまりピンとは来ませんでした。チャートには何らかの規則性があると言われても、「そう思い込んでいるだけなのでは？」と結構、軽視しているようなところがありました。

　しかしチャートを観察していると、まるで意志を持って、しかも一定のルールで動くようなことが頻繁におきるのです。そしてマーケットには、何からの習性や規則性のようなものがあると確信するようになりました。では、チャートの波に習性や規則性をもたらすものは、なんでしょうか。それが「**集団心理**」です。

○集団心理と株価変動

　集団というものは、何らかの刺激やきっかけによって一斉に同じ行動に出たりします。道で何人かが急に立ち止まって空を見上げると、歩いていた人たちも同じ方向を見たりします。心理の連鎖ですね。マーケットの世界でも同じようなことが起きます。

　大暴落時のパニック売りや、大暴騰している株をさらに高値で買うなどです。また、そこまで極端な動きではなくても、毎回、株価がある場所に来ると下げ止まったり、上げ渋ったりすることは、投資家ならば誰でも経験していると思います。**チャートの波とは、集団心理の表れなのです。**

　集団心理が表れるチャートを分析することは、やがて「テクニカル分析」や「罫線法」と呼ばれるようになります。「酒田五法」などはその代表的なものです。それらは、チャートの形（カタチ）をパターン化して型（カタ）にしています。有名な型には、トライアングル、カップウィズハンドル、三尊天井などがありますよね。

　チャートの形（カタチ）が型（カタ）として定義されると、面白いことに今度はその型に合わせて集団心理が働くようになります。「チャートが暴落の型になったから、さっさと売り抜けよう」といった具合に判断基準として作用するのです。

　もちろん、チャートが常に型通りに動くわけではありません。中には「ダマシ（騙し）」と呼ばれるように、チャートが暗示する方向とは真逆に動くこともあります。それでもマーケットにおける集団心理を読み解くのに、チャートは非常に便利なものなのです。

　チャートは縦軸と横軸という2つの軸で構成されています。この2つの軸はそのまま、**チャート波動を「価格の波動」と「時間の波動」に分ける**ことができます。

　第1章の投資ルーティンではチャートに、価格と日柄で重要な線を

５本引きました。これはまさに「価格の波動」と「時間の波動」を生かすためのものです。

　この５本の線によって、「どのくらいまで上がるだろうか？」、「あと何日ぐらい上昇を続けるだろうか？」を事前に、かなりの精度で予測していましたよね。

　このように、チャートの描く波には幾つか決まったパターンがあることから、価格や日柄というそれぞれの切り口で、将来そこにどのような集団心理が働くかを予想することができるのです。

図表3.1.3　２つの波動——価格と時間

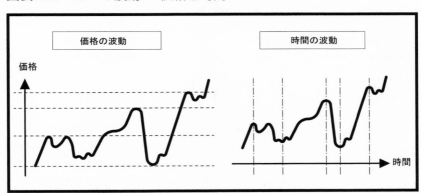

　ところで、チャートの波動においては、もう１つ重要なものがあります。それは「**出来高**」です。**相場の集団心理をそのまま表したもの**が「出来高」だからです。出来高を伴った動きというのは、非常に信頼性が高いのです。

　上昇も下落も、出来高を伴った動きというのは、しっかりと意志をもった動きになります。逆に、出来高を伴わないものは、酔っ払いの足取りのようにフラフラしています。上昇していたとしても、たまたま上がっているだけで、すぐに下がってくる可能性もあります。

　出来高は相場におけるエネルギーを表しています。前に進もうとす

るとき目の前に妨害となる壁があれば、それを壊さなければ進めません。その壁が固ければ固いほど、それを壊すには強いエネルギーが必要となります。

　チャートの行く手を遮る壁には、「上昇を阻む線」である抵抗線や「下落を防ぐ線」となる支持線がありますが、それらを突破する際には強いエネルギー、つまり、それなりの出来高が必要となります。

　出来高を伴ってチャート上にある壁を越えたものは、その方向に勢いよく突き進むトレンドが発生する可能性が高く、出来高が少ないものは、突破してもすぐに息切れして戻ってしまうダマシの可能性が高いです。

図表3.1.4　チャートと出来高

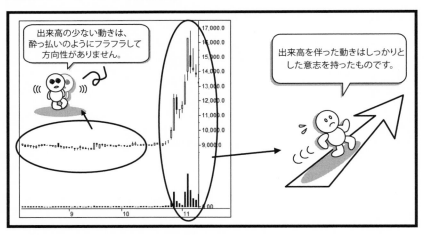

　出来高は、人気のバロメーターでもあります。出来高が増えるということは、その銘柄を売買する市場参加者が増える（＝人気がある）ということです。人気のラーメン店に行列ができるように、人気商品に人が集まるのは、株だろうとラーメンだろうと同じですね。

　逆に、出来高が減っているということは、市場に参加する人が少な

い（＝人気がない）ことを意味します。客がいないガラガラのお店です。

　保ち合いのように、株価があまり動かないときでも、出来高は重要なヒントになります。株価がそれほど動いていないのに、何故か出来高が増えているようなときは、近々、上下どっちかに動く前触れである可能性が高いからです。ブレイク直前のラーメン屋のようなもので、口コミで徐々に客が増えてきている状態です。

　チャートの波動について、基本的なことをお話しましたが、次から具体的な型の話に入ります。チャートを読む上で重要な型を紹介していきますが、その際に意識してほしいのは、単に絵柄としてチャートの型を覚えるのではなく、「集団心理の結果として、こういう形が表れた」という視点を持ってください。そして「型は波の一部である」ということも常に意識しましょう。

　その辺りのことが分かってくると、基本的な型を知っているだけで、そこから派生するさまざまな形への応用は無限に広がっていきます。集団心理については、この後の様々なチャートの説明で繰り返し言及していきます。

3-2　価格の波動：突破（ブレイク）

　チャートの波には、上昇、下落、保ち合いの３つの動きがあり、常にこの３つの間で変化しています。中でも、保ち合いからの変化は重要です。その際には必ず起きることがあります。それは「**突破（ブレイク）**」です。同じような動きが続いているときに、それを破る動きのことです。

　何を破るのか。それが、チャートの「節目」です。人体に急所があるように、チャートにもトレンドを変えてしまう急所があります。そのような急所を「節目」と言います。節目は株価の動きに抵抗したり、支えたりする場所となります。

　節目の中でも基本中の基本となるのが、「高値と安値」です。高値や安値は、投資家の心理が集中するところです。お分かりですよね。

　一般的に、現在の価格より上にある高値から横（右側）に引いたものを「**抵抗線**」、現在の価格より下にある安値から横（右側）に引いたものを「**支持線**」と言います。

図表3.2.1　抵抗線と支持線

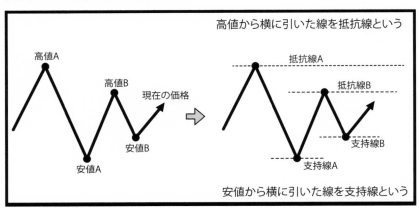

　「抵抗線」は文字通り、株価上昇の抵抗となる線です。前回つけた高値には、そこで買って含み損を抱えた人が心待ちにしています。株価がその高値に近づくと「やれやれ…、やっと逃げられる」といった、いわゆるヤレヤレ売りが出てきます。また利確や空売りも増えるために、株価が上がりにくくなるのです。

　一方の「支持線」は、株価の下落を支える線です。前回つけた安値に近づけば、含み損を抱えた空売りトレーダーが買い戻しをしたり、値ごろ感からの買いが増えたりで、今度は株価が下がりにくくなってきます。

　「抵抗線」や「支持線」はこのような仕組みで機能しているのです。

　大量の出来高が発生した高値や安値には、それだけ大量のホルダーが捕まっています。そういう場所は「しこり」などと呼ばれますが、そのような「しこり」を突破するのは、なかなか簡単にはいきません。しかし、それらを突破した場合、順張り方向で売買しているホルダーは、全員含み益もしくは含み損という状態になります。

　すると投資家心理は一斉に強気あるいは弱気になることで、そこからブレイクの方向にトレンドが発生する可能性が高くなります。

　なお、一般的にしこりという言葉は、上昇時の買いのときに使いますが、本書では、高値や安値の「ブレイク失敗による出来高の積もった価格帯」を称して、しこりと呼びます。

図表3.2.2　チャートのしこり

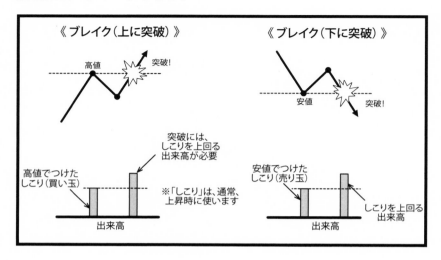

○ブレイクの強弱

　さて、ローソク足に注目して、もう少し細かく「突破（ブレイク）」について見てみましょう。四本値で見た場合、「強いブレイク」と「弱いブレイク」があります。どこで判断するかというと、まず「終値」です。図表3.2.3は、それぞれの場合についてのローソク足のパターンを整理しました。

図表3.2.3　四本値で見た強いブレイクと弱いブレイク

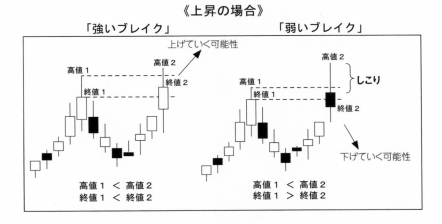

《上昇の場合》

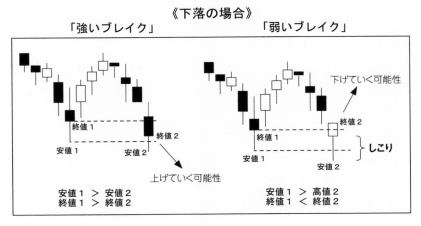

《下落の場合》

　上昇の場合、強いブレイクは、終値と高値がそれぞれ両方とも前回の終値と高値を越えています。終値で超えられていないものは、ブレイクとしては弱いです。こうなると、ヒゲ部分が「しこり」となって一旦下げていく可能性も出てきます。

　下落の場合、強いブレイクは、終値と安値がそれぞれ両方とも前回

の終値と安値を越えています。もし、終値で越えらなければブレイク
としては弱いです。

○ギャップ

四本値で判断するブレイクの強弱の話をしましたが、ブレイクの中
でも最も強いのが「放れ（ギャップ）」と呼ばれるものです。

ギャップというのは、始値がローソク足一本前の終値よりも大きく
離れて高く、あるいは安く寄り付くことを言います。ギャップによっ
て安値と高値が離れてチャートに空白部分ができることを、「**窓を開
ける**」などとも言います。

上に窓を開けることを「**上放れ（ギャップアップ）**」、下に窓を開け
ることを「**下放れ（ギャップダウン）**」と言います。ギャップアップ、
ギャップダウンともに、抵抗線や支持線を一気に抜いてくる場合は、
株価の初動としては勢いがあり、とても強い形です。大きな出来高を
伴う場合が多いですが、ギャップアップであれば一気に株価を何倍に
も押し上げ、ギャップダウンは株価を一気に叩き落すような動きとな
ります。

窓を開ける原因はいろいろありますが、基本的には、その銘柄に発
生した何らかの材料です。材料が大きければ大きいほど、窓は大きく
開けます。中には数日寄付き売買が成立せず、何日も値板が上下に張
り付いた状態で、連続ストップ高やストップ安となることもあります。

なお、ギャップによって生じた窓もチャートの節目になることがあ
ります。特に、材料によって出来高を伴い大きく開けた窓の部分は、
抵抗帯としても機能してきます。窓を埋めずに上昇する場合は、かな
り強いトレンドが発生していることになります。

図表3.2.4　ギャップアップとギャップダウン

《上放れ（ギャップアップ）》

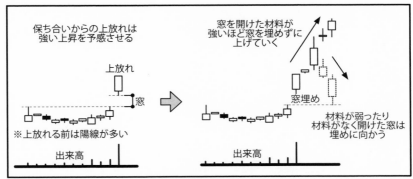

《下放れ（ギャップダウン）》

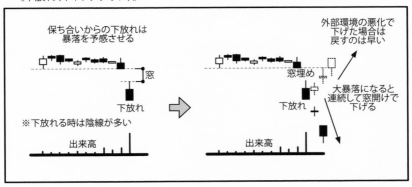

　埋める可能性が低い窓は、好決算、上方修正、業績向上につながる思惑材料など、業績を伴った材料で開けたものです。逆に、明確な材料も理由もなく開けた窓は、出来高も少なく、ほとんどの場合、数日以内に埋めてくることが多いです。

　例えば、夜間先物が大きく上がったために翌日の寄付が高くなった、株式情報サイトなどの特集で紹介されて注目された、上昇が投機化して勢いが付いた、煽り屋がツイートしていた、などです。

ちなみに、保ち合いからの下放れが起きたら、即時に買いポジションを外した方がいいと思います。もちろん外部環境の悪化に連動してそうなった場合もありますが、少なくとも下放れから大きな陰線を作ってしまうようなときは、しばらく下げ続ける可能性が大きいからです。

3－3　価格の波動：天井と底

　チャートの天井と底の形には、独特の特徴があります。そこで、な
ぜそのような形が現れるのか、二つの側面から見てみます。

　まず、単純に形として見てみましょう。ちょっとした実験をしてみ
たいと思います。紙とペンを用意して、「右上」に向かってジグザグ
と線を引いてください。そのまま、山なりに弧を描くように、その線
を「右下へ向かって」ジグザグを伸ばしてください。

　これはチャートの天井を、疑似的に作成したものになります。

図表3.3.1　ダブルトップの生成

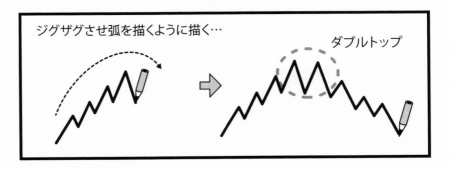

　でき上がったものを眺めてみましょう。

　描かれたものは、図表3.3.1のような形になっていると思います。反
転させている付近をよく見ると、特徴のある形になっていませんか。
これは株価チャートでいうM字型の天井で「**ダブルトップ**」と呼ばれ
るものです。チャートの天井は基本的にこの形になります。

　今度は先ほどとは逆に、「右下」に向かってジグザグと線を引き、
そのまま谷になるように弧を描きながら「右上へ向かって線を引いて
ください。反転させている付近をよく見るとW字型の底になってい
ると思います。これは「**ダブルボトム**」と呼ばれるもので、チャート

185

の底はこの形になります。

図表3.3.2　ダブルボトムの生成

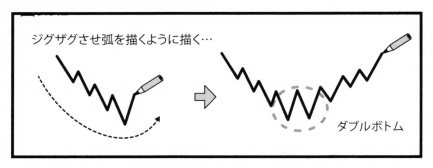

　なんで、こんな形になるのか？　それ自体をあまり難しく考える必要はありません。そもそもペンを上下にジグザグさせながら弧を描けば、このような形にならざるを得ないですよね。株価も同じで、上下にジグザグ動くため反転する場所では、このような形が自然に表れてくるわけです。

　次は、これを投資家の集団心理の側面から見てみましょう。そもそもダブルトップ、ダブルボトムというのは、株価が節目をブレイクできなかったときに発生する形です。高値付近では、「まだ上がる」という強気と「もう天井」という弱気がぶつかります。安値付近も同様に「底はまだ下」と「さすがに底」という強気と弱気がぶつかります。

　この投資家心理が現れたものが、ダブルトップとダブルボトムの形となるのです。そう考えると、このとき発生した2つのトップとボトムの位置関係から、相場の強気弱気も判断できますね。図表3.3.3は、ダブルトップとダブルボトムの強気と弱気の心理を整理したものです。

図表3.3.3　ダブルトップとダブルボトムの強気と弱気

■ダブルトップ

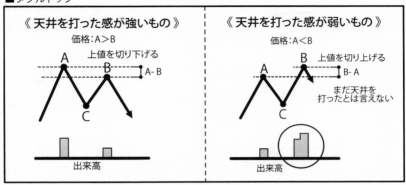

■ダブルボトム

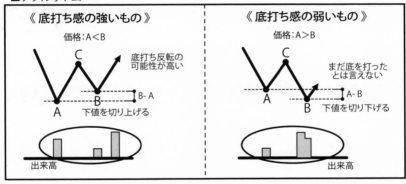

　重要なのは、**二番目に付けた価格Bが、最初に付けた価格Aをブレイクできたかどうか**です。ブレイクできていれば、上昇や下落が継続する可能性が高いし、できなければ、天井や底を打った感じが強くなります。

　ただし、AとBの差が極端に大きくなった場合は、判断に別の要因も必要となります。ここに挙げた例は、あくまでAとBの差には大きな差がないときの形だと思ってください。

　天井や床で作られるMやWの型は、基本形になりますが、これら

には複数のバリエーションがあります。図表3.3.4に代表的な派生形を載せました。3つの山や谷で天井や底をつくるものは、トリプルトップ、トリプルボトムと呼ばれますが、真ん中の山や谷が特に強く突き出たものは三尊天井、逆三尊などと呼ばれます。また、緩い弧を描くようにしてできた天井や底を、団子天井、鍋底と言います。

図表3.3.4　天井と底の派生形

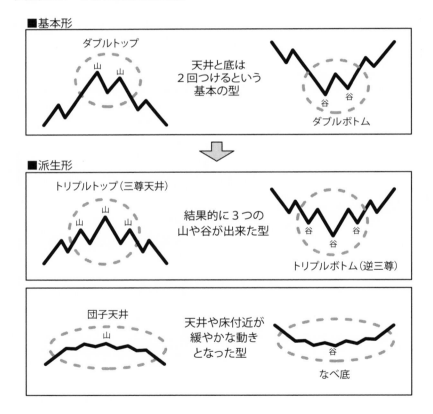

■基本形

ダブルトップ
山　山
天井と底は2回つけるという基本の型
谷　谷
ダブルボトム

■派生形

トリプルトップ（三尊天井）
山　山　山
結果的に3つの山や谷が出来た型
谷　谷　谷
トリプルボトム（逆三尊）

団子天井
山
天井や床付近が緩やかな動きとなった型
谷
なべ底

　1回目に付けた天底と2回目に付けるそれらの間は、数日間という短期間のこともあれば、数カ月という少し長めの期間で現れることもあります。

　また中長期でダブルトップを付けた形でも、それぞれの天井も日足で細かく見れば、ごく数日の間でダブルトップを付けていることもあります。

　例えば、＜4344 ソースネクスト＞は、2カ月の間隔でABダブルトップを付けています。BはAを越えられていないので、典型的な天井の形ですが、Aの部分をよく見ると、3日間でもabダブルトップを付けています。

図表3.3.5a　ダブルトップの実例

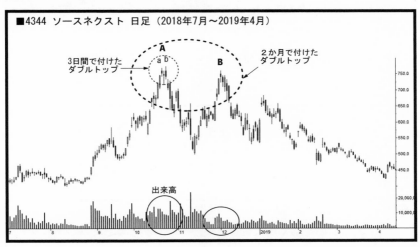

　＜6541　グレイステクノロジー＞は、2カ月の間隔でCDEトリプルボトムを付けていますが、その真ん中Dの部分を見ると、5日間でcdダブルボトムを付けています。

図表3.3.5b　ダブルボトムの実例

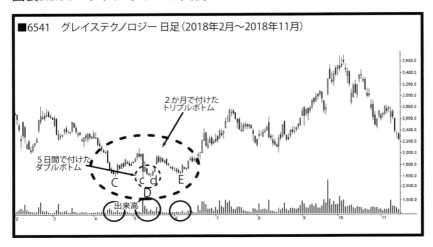

ところで、短期的なM字型ではなく一本杉が立つような天井もあります。大抵はダブルトップの片方が極端に大きくなった形なのですが、こういう場合、次の＜4777　ガーラ＞のように半年近く経ってから2回目の天井をつけることがあります。

図表3.3.6　4777ガーラの二番天井

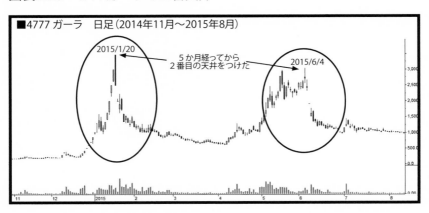

　これは底を付けるときにも同じようなことが言えます。

　チャートでは、過去につけた天井や底が、強く意識されることが多いです。特に、長期で見た場合、上場来の高値や安値といったような目立つものは、相当に強い心理的な抵抗線や支持線となります。

　このことは、買いや利確のタイミングを判断する際に、かなり有効です。「数年前に上げた付近まで来たから、そろそろ利確か」、「上場来の安値まで来たから、試し買いのころか」といった具合です。

　ただ、長期間にわたって底を2回付ける場合は、天井のときとは違って、尖った谷同士となることは、あまり見ません。

　「天井三日、底三年（百日）」という相場格言がありますが、株価は天井に短い期間しかとどまれません。しかし、底というのは結構長い期間にわたってとどまります。そうなると、長期的な二番底というのは年単位で小さく形成されることも多いです。

　図表3.3.7は、2020年3月の底打ちから約10倍を達成するまでのチャート＜3562　No.1＞です。

図表3.3.7　3562 No.1の二番底

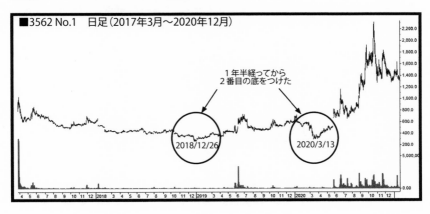

細かい上げ下げはありますが、上場してから３年もの間、大きな上昇は起きていません。底を這っている時期が長く、その中で２回底を付けています。ガーラの二番天井と比べて分かりにくいですよね。しかし、長期で底を２回付けると株価は上げていくことが結構あります。僕は、そういうチャートを見つけると、すぐに四半期成長率をチェックし、何か潜在的な材料がないかを確認するようにしています。

３−４　価格の波動：トレンドラインとチャネルライン

「トレンドライン」が正しく理解できれば、より一層、チャートの波動についての読みが深まります。チャートの「上昇、下落、保ち合い」という３つの波のうち、上昇と下落のときにトレンドラインは現れます。Trendは「傾向」を意味する単語で、形としては単純に斜めに引かれた線と言えますが、チャートの上昇傾向や下落傾向を示します。まずはこの辺りを整理しましょう。

これまで紹介した「抵抗線」と「支持線」は水平線でしたよね。実際、これだけでチャートによる株価の未来予測は可能です。でも、精度を上げていくには、斜めに引かれた「抵抗線」と「支持線」についても知っておくとよいでしょう。

図表3.4.1は、抵抗線と支持線が発生する心理的なプロセスです。

チャートの形って、ジグザグしていますよね。そのジグザグの１つ１つが高値や安値になるのですが、それら全てに抵抗線や支持線を引いていくと、線がゴチャゴチャして分かりにくくなります。

そうなると面白いもので人間の脳は、ランダムなものに秩序を与えようとします。複数の高値や安値がある場合、高値同士、安値同士を結ぶ線を引いて、チャートを整理する方向に意識が向かいます。すると結構すっきりとした形が見えて来ます。

図表3.4.1　斜めの抵抗線と支持線

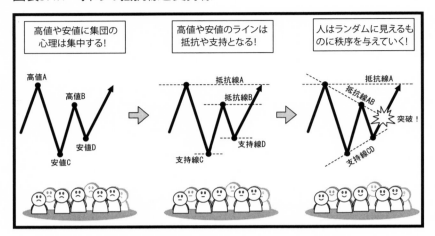

　ただし、この図表3.4.1の抵抗線ABや支持線CDといった線は、まだトレンドラインではありません。しかし、もし株価が直近の節目をブレイクすると、抵抗線ABや支持線CDがトレンドラインとなる可能性が高くなります。

○トレンドライン

　図表3.4.2は図表3.4.1の続きとして、株価が抵抗線A、もしくは支持線Cを突破、それぞれにトレンドが発生したケースです。

図表3.4.2　トレンドラインの発生：図3.4.1からの続き…

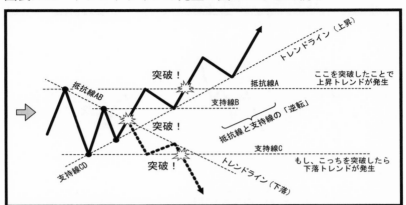

　抵抗線Aをブレイクした場合、支持線CDが延長されて上昇のトレンドラインになります。逆に、支持線CDをブレイクした場合、抵抗線ABが下落のトレンドラインになります。

　トレンドラインの引き方には、ちゃんとしたルールがあります。上昇トレンドは、「押し」同士を結ぶので必ず右斜め上に伸びる線になり、下落トレンドは、「戻し」同士を結ぶので必ず右斜め下に伸びる線となります。

　なお、上昇時に引くトレンドラインをサポートライン、下落時に引くトレンドラインをレジスタンスラインと呼ぶこともあります。

　呼び名が色々あって、初心者の内は混乱するかもしれませんが、要するに、横線だろうが斜め線だろうが、株価の上昇を阻んで抵抗となる線を「レジスタンスライン（抵抗線）」、株価の下落を防いで支える線を「サポートライン（支持線）」と呼んでいるだけです。

図表3.4.3　トレンドラインの引き方

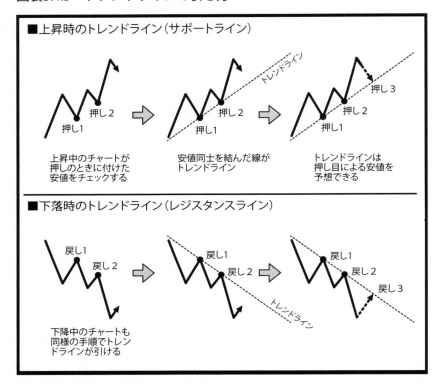

■上昇時のトレンドライン（サポートライン）

押し2
押し1

トレンドライン
押し2
押し1

押し3
押し2
押し1

上昇中のチャートが
押しのときに付けた
安値をチェックする

安値同士を結んだ線が
トレンドライン

トレンドラインは
押し目による安値を
予想できる

■下落時のトレンドライン（レジスタンスライン）

戻し1
戻し2

戻し1
戻し2

戻し1
戻し2
戻し3

トレンドライン

下降中のチャートも
同様の手順でトレン
ドラインが引ける

　トレンドラインを結ぶ位置ですが、「高値と高値」、「安値と安値」、
つまりローソク足の「ヒゲの先端同士」を結ぶようにしてください。
稀に出来高の少ない小型株などは「終値」同士で結ぶことありますが、
基本はヒゲの先端同士で結びます。

深掘り！

トレンドライン

　高値同士、安値同士（ヒゲの先端）と言っても、ジグザグに推移している場合、どこをポイントにすれば正しいラインなのか悩んでしまうことがありませんか。その辺りをもう少し詳しく説明しますね。

　まず、トレンドラインを引く際には、「どこから始まったトレンドなのか？」を確認しましょう。そして「どの範囲までを知りたいのか？」を決めます。それらを確認したら、その範囲の中で目立つ「ヒゲの先端」を選びます。上昇トレンドならば高値で目立つもの、下落トレンドなら安値で目立つものですね。その先端同士を結んで線を引きますが、その際、「他のローソク足が線から突き出ない」ように引いたものがトレンドラインとなります。

　言葉だけでは分かりにくいと思うので、実際にトレンドラインを引いてみましょうか。図表3.4.4aは日経平均の日足チャートです。既にトレンドを調べたい範囲は、ＡＦ間、ＢＤ間と、図表中に記してあります。各範囲のトレンドラインを引いてみてください。

　調べたいのは、Aから始まったAF間の上昇と、Bから始まったBD間の上昇を示すトレンドラインです。上昇トレンドなのでサポートラインになります。

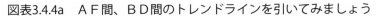

図表3.4.4a　ＡＦ間、ＢＤ間のトレンドラインを引いてみましょう

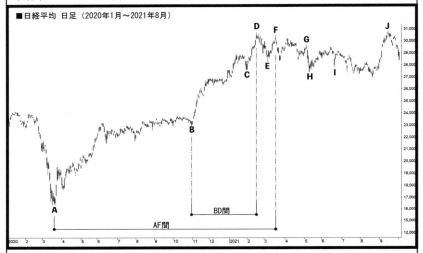

　なお、本章の最後にTradingViewでのラインの引き方をまとめていますので、そちらも参考にして練習してみてください。

　では、トレンドラインについてもう少し詳しく見ていきましょう。まずは正しく引かれたトレンドラインです。

図表3.4.4b　ＡＦ間、ＢＤ間で引いたトレンドライン

■日経平均 日足（2020年1月～2021年8月）

それぞれの範囲にトレンドラインを引いたものは、図表3.4.4b
になります。

　ＡＦ間でのトレンドラインは、ＡとＢを結んだAB線です。この
ABトレンドはローソク足がAB線を完全に割らない限りは継続
です。

　次にBD間ですが、トレンドラインはＢとＣを結んだBC線と
なります。これはAから始まった上昇トレンドがBで加速し、新
たなBCの上昇トレンドが発生したことを意味しています。

　BCトレンドが終了しても、ローソク足がABトレンドライン
を割らなければ、まだAからの上昇は継続中と判断できます。
ちなみにHの位置ではABトレンドは終了していますよね。

　次は誤った例です。
　図表3.4.4cには、注意すべき線を２つ示しています。

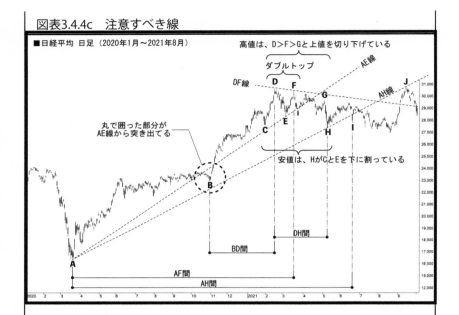

図表3.4.4c　注意すべき線

■日経平均 日足（2020年1月〜2021年8月）

高値は、D>F>Gと上値を切り下げている

ダブルトップ

AE線

DF線　　D　F

AH線　J

丸で囲った部分が
AE線から突き出てる

C　E
B
G
H
I

安値は、HがCとEを下に割っている

DH間

BD間

A

AF間
AH間

　１つはAとEを結んだAE線です。これはBの部分がAE線から
下に突き出ているので、トレンドラインとしては不正確ですね。
一応、上昇トレンドを捉えてはいますが、引き方としては間違
いです。まずはヒゲの先端同士を結ぶ線という基本をしっかり
と身につけてください。

　そして、もう１つ注すべき線はAH線です。これはHで反発し
たので、Aからの上昇トレンド継続を再確認するため、新たに
引き直したものです。トレンドラインとしては正確に引いてい
ますが、このように高値で保ち合いに入っている場合、直近の
天井をチェックしましょう。高値はDとFでダブルトップをつけ
て、さらにGと切り下げています。安値に注目すると、HがC、
Eを下に割っています。

　こうなると天井を付けた可能性が高いので、Hの位置では、D、
Fを結ぶDF線（下落側のトレンドライン）を引くタイミングで

もあるのです。もし、あなたがDH間を想定してDF線まで引けていたならば、かなり優秀です。

　トレンドラインの引き方については、自分が興味を持ったチャートを見ながら、繰り返し練習してみてください。慣れればチャートを見た瞬間に線が浮かんでくるようになります。
　何事も練習あるのみ。そのためには操作が簡単なソフトが望ましいと思います。

　ところで初級者の間では、引き方以前の問題として、「トレンドラインではないものをトレンドラインと勘違い」して引いているケースを見かけることがあります。ちょっとその辺りの話もさせてください。まずは正しいトレンドラインです。
　図表3.4.5aを見てください。

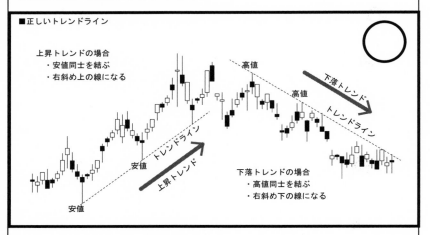

図表3.4.5a　正しいトレンドライン

■正しいトレンドライン

上昇トレンドの場合
・安値同士を結ぶ
・右斜め上の線になる

高値

下落トレンド

トレンドライン

高値

トレンドライン

安値

トレンドライン

上昇トレンド

下落トレンドの場合
・高値同士を結ぶ
・右斜め下の線になる

安値

　特に問題はなさそうですよね。上昇トレンドでは安値同士を
結び、下落トレンドでは高値同士を結んでいます。それぞれの
トレンドラインを割っているようなローソク足もありません。
　では次に図表3.4.5bを見てください。これはトレンドラインと
は異なるものです。何が違うか分かりますか？

図表3.4.5b　トレンドラインではないもの

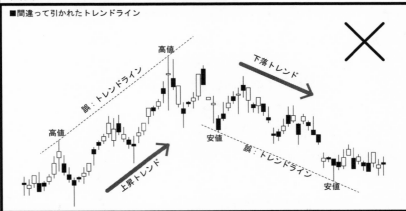

　こちらの方は上昇トレンドなのに高値同士、下落トレンドなのに安値同士を結んでいます。これも一見、トレンドを示しているように見えますが、トレンドラインとは言えません。何故なら、ブレイクしてもトレンドが終了したかを判断できないからです。

図表3.4.6　トレンド終了の基準

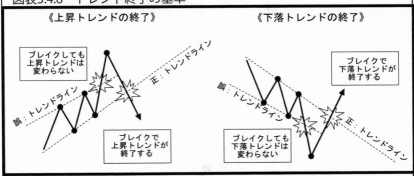

○チャネルライン

　では、この誤った側に引いた線は、全く使えないものなのかというと、実はそうでもありません。トレンドラインとの組み合わせで使う、**「チャネルライン」**というものがあります。チャネルはchannelで、波における周波数帯域や経路の領域などを意味しています。あえて訳せば、波動領域線という感じでしょうか。

　ただし、まずは「トレンドラインをちゃんと理解する」。その次に「チャネルラインも理解する」という順番を守ってください。

　チャネルラインの引き方ですが、トレンドラインを引いたあと、上昇トレンドならば最初の高値、下落トレンドならは最初の安値にまで平・行・移・動・させます。

図表3.4.7　チャネルラインの引き方

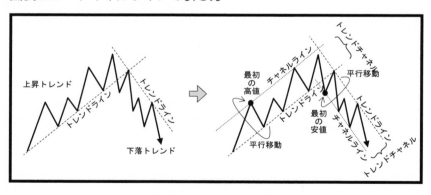

　トレンドラインとチャネルラインの間を**「トレンドチャネル」**と呼びます。そこはトレンドの最中に、株価が動く領域となります。トレンドが発生している株価は、トレンドチャネルの帯域内で波を描きながら動きます。この性質を利用すれば、買付けや利確のタイミングをより正確に測ることができます。

ワンポイントアドバイス

トレンドチャネルの特徴は次のようになります。

・一定の幅で波を描きながら動く
・チャネルラインのブレイクはトレンドの加速を表す
・株価上昇が加速すると鋭角に、減速すると鈍角になる

図表3.4.8　チャネルラインの性質

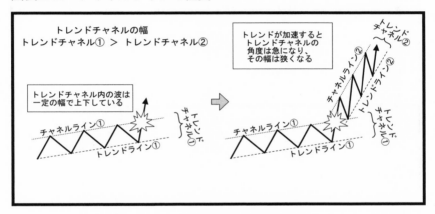

　これらの性質を上手く利用すれば、売買のタイミングはつかみやすくなります。それは、トレンドチャネルが確認できれば、上げ下げのリズムに合わせて押し目買いが容易になるからです。初動でエントリーし損なってしまい、上昇していく株をただ眺め続ける…ということもなくなるでしょう。

　もし、トレンドチャネルが急角度で幅が狭い場合、上昇はかなり終盤に入っている可能性があるので、飛び乗り買いは控えるという判断にもなります。

○トレンドチャネル例

トレンドチャネルの実例を、2つほど紹介します。

1つ目は＜6176　ブランジスタ＞で、大相場で発生する典型的なトレンドチャネルです。最後は垂直に近くなっています。一般的には3段階ぐらいに角度が変わっていたら、最後の急騰が近いので、よほど短期売買に長けている人でなければ、手出ししない方がよいでしょう。

図表3.4.9　トレンドチャネルの実例——6176 ブランジスタ

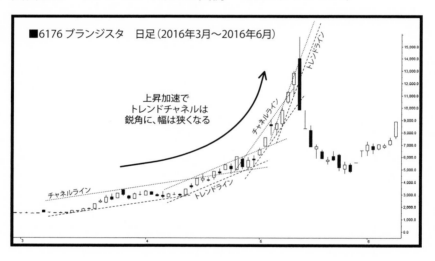

2つ目は＜7803　ブシロード＞で、これは上場してまだ日の浅い時期のチャートです。大相場ではなく緩い大きな波の中で発生したトレンドチャネルの動きです。上昇トレンドは何回かチャネルラインに抵抗されて、最後は（団子天井に近い）トリプルトップで力尽きて下落トレンドに入った感じです。

図表3.4.10 トレンドチャネルの実例——7803 ブシロード

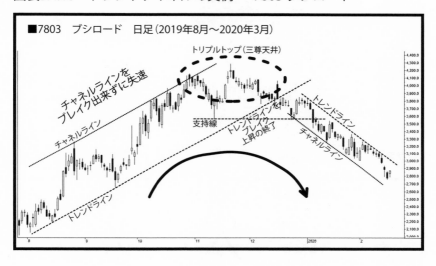

3−5　価格の波動：押しと戻し

　株価が一旦天井や底を付けた後に、どこまで押すか・戻すかにも一定の型があります。強い弱いが決まる押し戻し幅の基準には、投資家たちの間に、ある程度の共通認識があるからです。それは、「1/2」、「1/3」、「2/3」です。

図表3.5.1　押しと戻しで見る再上昇と底打ちの可能性

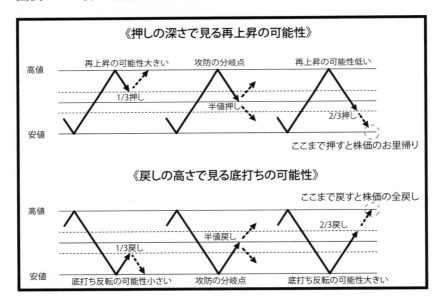

　この中で、もっとも意識されるのは1/2、いわゆる「**半値**」と呼ばれる節目です。

　上昇トレンドであれば、上昇開始から天井までの値幅の半分の価格です。これを「半値押し」と言います。下降トレンドならば、下落開始から底までの値幅の半分の価格です。これを「半値戻し」と言います。

　通常、上げ下げの半値以内の押しや戻りであれば、**トレンドは継続して、もう一度高値や安値を取りにいく可能性は高いです**。逆に半値を下に割ってしまうと、トレンドの勢いは弱いと言えます。

○半値の重要性

　なぜ、半値なのか。ちょうど売り買いの「拮抗ライン」だからです。綱引きでもなんでもそうですが、相反する力が拮抗した場合、ちょうど真ん中で止まります。つまり、半値まで押したり戻したりしたときに、一度、売り買いが拮抗したということです。心理的にも半分を超えるかどうかは、影響が大きいと思います。

　「半値」は、チャート波動において「高値」や「安値」と同じぐらい重要です。第1章の投資ルーティン手順③の「上昇を阻む線」「下落を防ぐ線」は、この3つのいずれかです。チャートを見たら、「高値、安値、半値」の3つをまず確認するクセをつけてください。

　次に注目されるのが「1/3押し」、「1/3戻し」です。半値ほどの強い拮抗ラインにはなりませんが、トレンドの強さを測るには役立ちます。単純な話です。強い株はあまり下げませんし、弱い株はあまり戻しません。その「あまり」という部分を数字にすると1/3ぐらいが目安になります。

　1/3程度の押しや戻しの場合、調整後に、直近につけた高値や安値を更新していく可能性は「半値」のときよりも高いです。

　最後は「2/3押し」、「2/3戻し」です。これは、トレンドに対してかなり弱い動きになります。半値を超えて逆方向へ向かってしまったので、かなり弱気が支配しています。再び値を戻して元の高値や安値を越えてトレンドを継続させる可能性は低くなります。戻りや押しの幅が大きいほど、そこで作った出来高がしこりとなって値を戻すことを妨げて来るからです。

○半値の例

　＜2931 ユーグレナ＞は下落トレンドでの半値戻し、＜2412 ベネフィットワン＞は、上昇トレンドでの半値押しの例となります。半値付近の出来高にも注目して見てください。押し目買いや戻り売りなどの思惑から、出来高が増えてくる傾向があります。

図表3.5.2　押しと戻しの実例

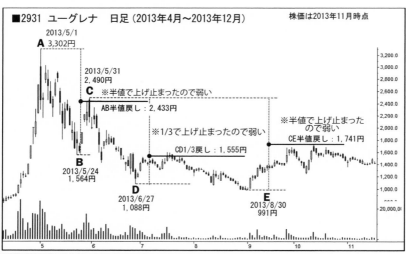

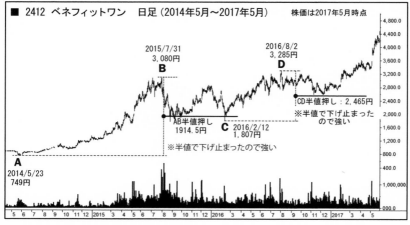

3-6　価格の波動：保ち合い

チャートの「上昇、下落、保ち合い」3つの動きのうち、保ち合いについてです。**保ち合いとは、抵抗線と支持線に挟まれて、その間を株価が行ったり来たりする動き**のことです。売りと買い、上昇と下落の力が一定の値幅で均衡している状態のときに現れます。

保ち合いには様々なパターンがあります。単純に「形で分類」すると2パターン、「価格帯で分類」すると3パターンとなります。

では、それぞれ見ていきましょう。

〇形で分類

・形①：ボックス

1つ目は、抵抗線と支持線が平行な状態のもので、ボックス相場あるいはレンジ相場と呼ばれます。本書では単純に「**ボックス**」と呼びます。一定のレンジ（値幅）が続くことで、見た目がボックス（箱）のように見えますよね。レンジが広いときは出来高もあり流動性も高い相場ですが、狭いときは出来高も少なく閑散としています。

図表3.6.1　形で分類したパターン

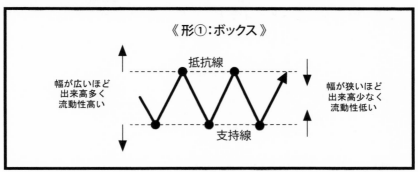

・形②：三角保ち合い（強い、弱い）

　2つ目は、抵抗線と支持線が平行ではないものです。これは三角保ち合いと呼ばれます。三角保ち合いは抵抗線が平行に近いものほど強く、上昇のエネルギーを貯めているような形です。逆に支持線が平行に近づくにつれて弱く、こちらは下落するための重りをどんどん積んでいるような形です。最終的には抵抗線か支持線のどちらかをブレイクして、上下どちらかのトレンドを発生させる可能性が高い型です。

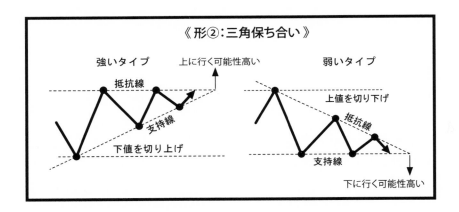

《 形②：三角保ち合い 》

〇価格帯で分類

　次に、価格帯でのパターンです。こちらは3パターンあります。先に図を見てください。

図表3.6.2　価格帯で分類したパターン

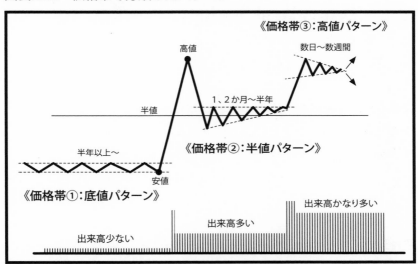

・価格帯①：底値パターン

　株価が上場来の安値付近で這うような保ち合い状態を、数カ月から数年という中長期に渡って続けているパターンです。人気のない銘柄に多く見られます。出来高も極端に少なく閑散としているので株価はほとんど上下に動かず、冬眠したような状態です。

・価格帯②：半値パターン

　株価が上昇して天井を付けた後に下落、その後、上昇半値ぐらいで下げ止まり、均衡した保ち合い状態になることがあります。これはなんらかの期待や材料を待っていることが多いです。例えば、思惑相場が終了して業績相場に移行する過程などです。こういうものは1～2カ月、長くても6カ月程度続きます。出来高もそれなりにあります。

・価格帯③：高値パターン

　上昇相場で下げ止まったものの、高値付近で緊張感のある保ち合い

になることがあります。そこでは、上昇と下落という2つの思惑が激しくぶつかり合っています。出来高がかなり発生し、緊張状態も高いので、それほど長くは続きません。だいたい数日から数週間で次の上昇に向かうか、天井となって下落します。

○保ち合いの積み上がり

　チャートが緩やかなトレンドの時には、保ち合いの「積み上がり」、「積み下がり」が現れることがあります。図表3.6.3を見ながらイメージしてください。箱が積み上（下）がって行くように見えることから、単純に「ボックス積み上（下）がり」と言ったりすることもあります。

図表3.6.3　保ち合いの積み上がり

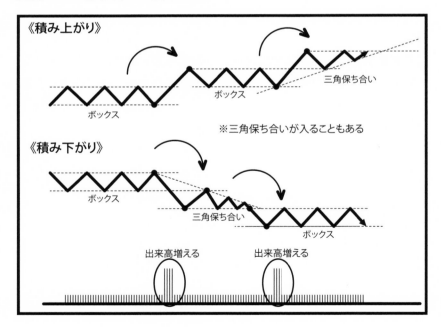

　積み上がりは、半年間1,000〜2,000円で保ち合い状態だったものが、

次の半年で2,000〜3,000円に、さらに次の半年で3,000〜4,000円にレンジが移動していくといった具合です。基本的にはボックスが積まれていきますが、三角保ち合いが積まれることもあります。

　保ち合いが一段積み上がるときは、出来高が多くなります。それだけ持ち上げる力がいるからです。積み重なりが続いていくと、あるタイミングで大きく上か下にブレイクして明確なトレンドを発生させることも多いです。

　長らくボックスが積み上がっているチャートを見つけたら、僕はその銘柄の四半期成長率や材料などを確認して、監視銘柄に加えています。ある日、大きく上に放れて上昇していくことが多いからです。

　では保ち合いの実例として、＜9424　日本通信＞のチャートを見てみましょう。

　底値でボックスや三角保ち合いが積み上がったあと、強い上昇トレンドが発生しています。その後は、三角保ち合いが積み重なるような形で上げていき、最後はダブルトップを取って下落します。そのダブルトップも高値パターンのボックスとなっています。

図表3.6.4a　保ち合いの実例

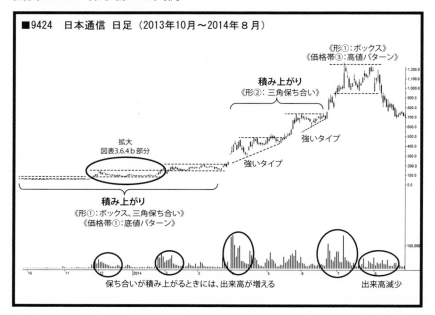

2013年11月〜2014年2月までの期間を、抜き出したものが図3.6.4b
です。

図表3.6.4b　2013年11月～2014年２月を拡大

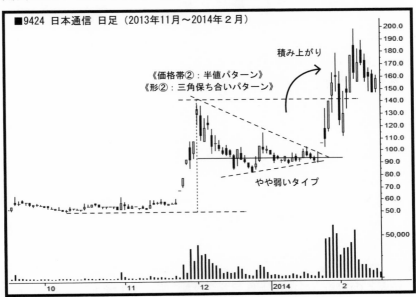

やや弱いタイプの三角保ち合いから一段上の積み上がりになってい
ます。株価が大きく上昇した後から全体を見れば、この時期の株価は
底値パターンでモゾモゾ動いてるだけに見えますが、実際にリアルタ
イムで株価を追っているときは、普通に上昇から三角保ち合いへと入
ったチャートです。

　チャートツールは表示領域によって画面が上下に潰れるので、過去
チャートを分析する際には、「このとき、リアルタイムではどう見え
たのか？」を、常に意識するようにしましょう。

3-7　価格の波動：倍返し

　価格の波動の最後は「**倍返し**」で、これは利確ポイントを探るのに優れています。第1章の投資ルーティンでも、この「倍返し」という言葉が出てきているのですが、改めて説明します。

　上昇トレンドが目指す位置というと、以前に挙げた高値や、その半値戻りといったものが一般的です。しかし、そのような節目が見つからなかったり、青天井相場だったりした場合はどうでしょうか。そういうときには「いま上げている株価は、過去の上げ幅を参照する」という考え方が有効です。

　「倍返し」で値幅を測る方法は幾つかありますが、僕は定義を1つだけにして使っています。

　倍返しの定義──前回上昇した上げ幅と同じだけ今回も上げる

　では、見ていきましょう。

図表3.7.1　倍返し

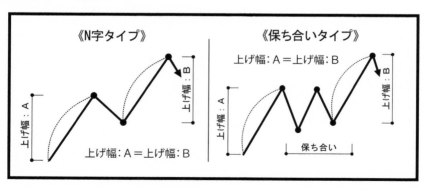

　倍返しは、N字の形になるのが基本ですが、最初の上昇後に保ち合

い状態となってから、再度上げていく派生形もあります。この保ち合いのときに、ダブルやトリプルのボトムを打ってから上げていくことも多いので、上げ幅は最後に打った底から測るとよいでしょう。

　＜9279 ギフト＞のチャートで見てみましょう。

図表3.7.2　倍返しの実例──9279 ギフト

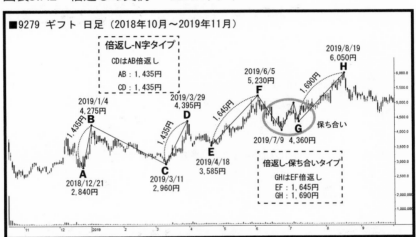

　倍返し①のABとCDは値幅が1,435円でピッタリです。

　倍返し②のEF:1,645円とGH:1,690円はかなり近い値です。FとGの間は保ち合いになっているので、二番目の底であるGから上げ幅を測っています。

　ワンポイントアドバイス

　ここまで「価格の波動」という視点から、いくつかチャートの波の性質を解説してきました。これらはテクニカル分析において有名なものばかりなので、既に知っているものも多かったかもしれません。

　繰り返しになりますが、チャートに現れる型というのは集団心理の

結果です。多くの人が節目を意識するから、そういう形が自ずと現れるわけです。色々なメディアで相場解説を見聞きすれば、毎日のように、多くのアナリストが支持線、抵抗線といったチャートの節目に言及しながら解説しています。投資家たちは、否が応でもそういうものを意識せざる得ない環境にいるわけです。

したがって、ここが重要なのですが、**多くの人が認識を共有しないものは機能しない**、ということになります。「誰にも知られていない秘密のテクニカル分析」などというものは、「逆に機能しないのでは？」と個人的には思っています。

「ダブルトップ」「ダブルボトム」「トレンドチャネル」「保ち合い」など、これらは波の形を違う側面で見ているにすぎません。チャートに発生している波を違う視点から眺めたものに、それぞれ違う名前を付けているだけとも言えます。

ある程度チャートの波動に慣れてきたら、それぞれの形を違う視点や違う時間軸で眺めてみるようにしてみてください。チャートの波がもっとリアルに、生々しく感じられてくるはずです

「価格の波動」については、他にもたくさんありますが、実戦で役立つ基本的なものを厳選したつもりです。いずれも応用が効きますので、無駄にたくさんの形を覚えるよりも、まずは、ここで紹介したものを理解して使いこなせるようにしてみてください。

３－８　時間の波動：支配的サイクル

　ここからは「時間の波動」です。チャートの波で、**時間に着目した
ものを総称して、時間の波動**と呼びます。

　集団心理は、価格だけに集中するわけではありません。「値ごろよ
りも日柄」という相場格言があるように、日柄という時間的なものに
も投資家の集団心理が働くのです。

　「もう、そろそろ上がるだろう・下がるだろう」といった感覚的な
ものから、「来週、決算発表だからその前に一度外しておこう」とい
った具体的な理由を伴ったものまで様々です。

　また銘柄個別に起因するもの以外にも、季節や選挙、日銀の政策発
表、SQ（Special　Quotation：特別清算指数）値の算出といった定期
的におきるイベントなどもチャートに周期性を生みます。

　ところで「利益を出しやすい時期や、損が出やすい時期」があると
思いませんか？

　僕は「なにを買っても損しかしない」という時期があります。どれ
ほど良い業績の企業でも、時期が悪いと全く上がりません。一方で、
「なにを買っても儲かる」という時期もありました。多少業績が悪く
ても、上げるときは上げていきます。

　以前見た『三国志』のドラマに、こんなセリフがありました。

　「戦というものは、いま現在の時勢を読み、それに逆らわなければ、
勝とうとしなくても自然と勝ってしまうものだ」

　これはそのまま投資の世界でも言えると思います。投資とは、「い
ま現在」のマーケット状況に沿ったポジションを持てば、利益を出そ
うとしなくても、自然と利益が出てしまうもの……。

　では、その「いま現在」を知るにはどうしたらよいのでしょうか。
それには歴史を知るというと大袈裟ですが、要するにマーケットが過
去にどのような値動きをしてきたのかを知っておく必要があります。

歴史は出来事の積み重ねです。突発的に起きているように見える出来事も、歴史を眺めれば一定の間隔で同じことが起きていたりします。マーケットの世界でも、チャートを見れば上げたり下げたりと、同じようなことが繰り返し起きています。このようなものを「**サイクル（循環）**」と呼びます。

○景気循環とは

　サイクルという考え方は、経済学でも景気循環として扱われ、次の4つのサイクルがあると言われています。

・コンドラチェフ・サイクル（技術革新循環）──約50±10年の周期
・クズネッツ・サイクル（建設投資循環）──約20年±5年の周期
・ジュグラー・サイクル（設備投資循環）──約10年±3年の周期
・キッチン・サイクル（在庫投資循環）──約3年±6カ月の周期

図表3.8.1　景気循環イメージ

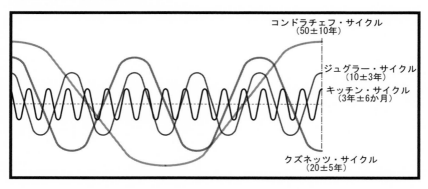

　プラスマイナス何年とあるのは、経済の専門家によって色々な説があるからです。それぞれの周期にも諸説あるので、必ずしも明確な期間ではありません。そのような理由から景気循環そのものを、後講釈

として否定している人もいるようです。

　ただ、これらの根拠となっているのは人間の経済活動です。われわれの経済活動が続く限り、商品や製品、設備機器、建物などは一定の間隔で生産や消費、さらに設備や研究への投資や技術革新が行われ続けます。そう考えれば、僕は何らかのサイクルが生まれるのは当然かな、と思うのです。

　実際、歴史的に見ても、景気が好不況を交互に繰り返しているのは事実です。延々に続く好不況というものはありません。現在の好不況があとどのくらい続くのかを予想する場合、景気のサイクルは大いに参考になるはずです。

　この4つのサイクルは株価の動きにも大きく影響してきます。景気が株価に影響を与える以上、株価にサイクルがあるのは　当たり前と言えるでしょう。

　特にキッチン・サイクル約3年とジュグラー・サイクル約10年は、株式市場で体感する上げ下げの周期とおおむね当たっているように思います。株式市場では、在庫が一巡する3年ごとぐらいに好地合いが繰り返され、設備投資が一巡する10年に1回ぐらいの間隔でバブル相場のようなものが起きています。

○サイクルの注意点

　ただし株価のサイクルに関しては、注意すべき点が幾つかあります。**まず、株価は景気に（半年から1年程度）先行して動く性質があります。**景気が良くなる前に株価は上がり始め、景気が悪化する前に下げ始めます。個別銘柄でも、過去最高益を出したところが天井で、そこから売られるということがよく起きますよね。この辺りのタイムラグ（時間差）を理解してないと、投資タイミングを大きく誤ります。

　それともう1つ。サイクルは左右対称の正弦波で示されますが、株価そのものの動きは、上げ下げで綺麗な左右対称にはなりません。例

えば１年間で１周期の株価があったとしても、必ずしもピッタリ半年
上げて半年下げているわけではないからです。「長い間ゆっくり上げ
て来たものが、一気に急落」「短期で急騰して天井を付けた後、ダラ
ダラ長々と下げ続ける」といった具合に「偏り」があります。

　図表3.8.2はそのあたりを整理したものです。

図表3.8.2　１波動を天底で見る場合

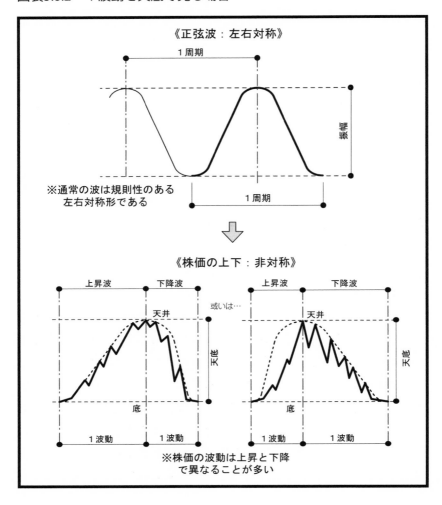

　このように株価チャートには「偏り」があるため、「具体的な日付を予想」する際に、左右対称の正弦波を当てはめてもうまく行きません。ただし、株価チャートには、確かにサイクルがあります。

　不規則に動いているようなチャートでも、そこに正弦波を被せてみると、部分に偏りはあれども、おおきな流れでは一定のリズムで正弦波を描いていることが多いのです。僕は、そういうものを「支配的サイクル」と呼ぶようにしています。これは、第1章の手順③で出てきましたよね。支配的サイクルを見ることで株価の周期性をつかむことできます。

　しかし、「偏り」を持つ株価の動きと「支配的サイクル」。一見、相反するようなこの2つの性質ですが、そこに矛盾は起きないのでしょうか？　そこは次のように考えてみて下さい。

1．支配的サイクルの確認
　　→チャートの動きに正弦波を当てはめる
2．具体的な波動を調べる
　　→天井から底、底から天井に至る日にちを数える

　もう少し具体的に説明しますね。

　チャートで周期性が強く表れるのは天井と底です。ただし現れ方は違ってきます。「天井三日、底三年」という相場格言のとおり、「株価がとどまる期間は、天井は短く底では長い」です。必然的に、チャートの天井は尖がった形で付けることが多く、底は平らな状態で付けることが多くなります。

　従って、周期性をつかむには、天井に注目する方が分かりやすいですよね。そこでまず、チャートが付けた幾つかの天井を拾います。そして正弦波の頂点をそこに合わせて調整します。チャートの底と正弦波の底は一致しませんが、既に述べたようにチャートの底は平らな状

態になることが多いので、正弦波と極端な食い違いを見せるようなことは少ないです（※なお、チャートの底の方が分かりやすい場合もあります。そういうときは底を拾って正弦波の底と合わせてください）。

　図表3.8.3はその辺りの流れをイメージしたものになります。

図表3.8.3　チャートの天井と正弦波の頂点を合わせる

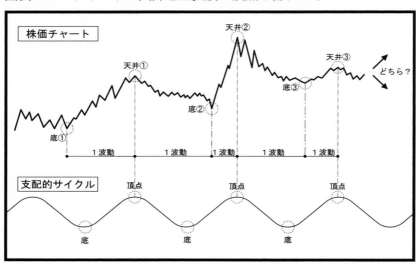

　支配的サイクルで大まかなチャートの流れを掴んだら、各天底が取る1波動の具体的な日にちを数えてみましょう。「株価が天井に向かうのか、底に向かうのか、それらの日柄はどのくらいなのか？」の予測に生かすことができます。

　なお、支配的サイクルは、月足、週足、日足いずれで求めても構いません。調べる時間の長さに応じて使いわけましょう。

○支配的サイクルと正弦波

　図表3.8.4に具体例を示しました。以前、＜6191 エアトリ＞に目を付けたときに分析したものです。

図表3.8.4　支配的サイクルと天底の日柄──6191 エアトリ

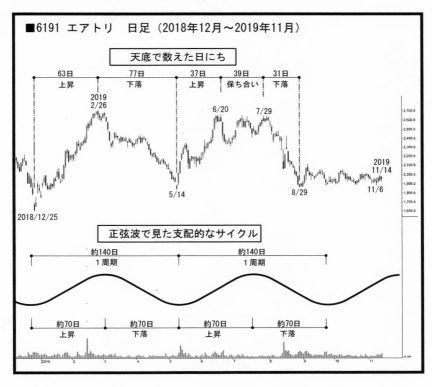

　上のチャートに下の正弦波を当てはめると、140日ぐらいの周期が見えてきます。支配的サイクルは1周期140日で、半周期が70日ぐらいとなります。

　次に、天底で日柄を数えます。63日、77日、37日、39日、31日という数が出てきますが、ピッタリ半周期の70日で上げたり下げたりしていません。つまり、このチャートの支配的なサイクルは1周期が140日で、具体的な天底で数えた日柄は、63日、77日、37日、39日、31日といった数字です。

　ところで天底で数えた日柄は、正弦波から求めた支配的サイクル

の1/2周期（約70日）や1/4周期（約35日）と似たような数になっていると思いませんか。そもそも支配的サイクルから具体的な日柄が生じているので、当然そうなりますよね。

　さて日柄の予想ですが、このチャート最後の日付は2019/11/14です。ここから先、上がるでしょうか、下がるでしょうか。

　この後、どう判断すればよいでしょうか？

　それを判断するには、時間の波動についてもう少しいくつかの説明をさせてください。必要な知識をひと通り述べた上で、この後236ページで詳しく解説します。

3－9　時間の波動：１年、２年、３年、７年

　ここからは具体的に「時間の波動」を「どう株価予想に役立てるか」についての話になります。まずは、年単位で見た場合、どのような時間の波動があるのかを解説します。

　年単位で日柄を読むのは、どちらかというと株価指数などから地合いを読むうえで使うことの方が多いですね。個別株の場合は１年、長くても３年ぐらいの期間をよく使います。

　支配的なサイクルを調べるには正弦波を当てはめる、という話はしましたよね。でも、長期的なチャートの場合、ハッキリとした周期が見えないことも多いです。何故なら、１つのチャートには様々な時間軸のサイクルが入り混じっているからです。特に長期的な波動ほど、大小の様々なサイクルが入り込んでいます。

図表3.9.1　１つのチャートには複数のサイクルが入り込む

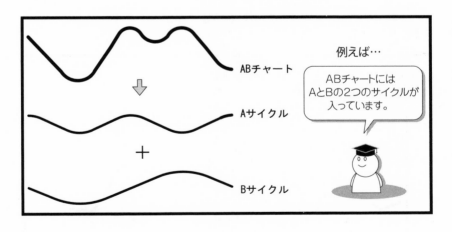

　そこで日柄を予測する際には、単純に、底値あるいは天井から、決められた数字を当てはめるようにしています。年単位では、１年、２

年、3年、7年という数字を使います。

　例えば、「既に丸7年上昇しているので、そろそろ天井ではないか」、「1年調整で下げ続けたから、そろそろ再上昇するころではないか」といった感じです。この、1年、2年、3年、7年という数字は、僕が長期で日柄を分析する際によく使う数字です。根拠となっているのは4つの景気サイクルのうち、キッチン・サイクル3年とジュグラー・サイクル10年です。

○景気循環と株価サイクル

　僕はこれまで大量のチャートを分析してきましたが、その結果、これらのサイクルを株価に当てはめると、次のような波動で構成されることが多いことが分かりました。

・10年（ジュグラー・サイクル）＝7年+3年
・3年（キッチン・サイクル）＝2年+1年

図表3.9.2　時間の波動と景気サイクル

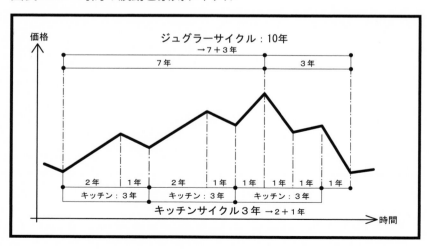

　例えば「10年1周期」は7年（上昇）＋3年（下落）で構成され、「3年1周期」は2年（上昇）＋1年（下落）で構成される、といった具合です。このような偏りが起きるのは、図表3.8.2で解説したように株価の上下が非対称だからです。

　特に、3年という数字は、「大回り三年、小回り三カ月」や「天井三日、底三年（百日）」というように、古くからの相場格言にも登場します。おそらく昔から投資家たちは、3年で在庫が一巡して新しい相場が始まることを経験的に学んできたのでしょう。

　もちろんそれぞれの年数に対しても、数カ月という誤差や端数が出てくることもありますし、必ずこれらの数字で収まるわけではありません。しかし、こういう考え方を頭に入れておくことで、長期的なチャートの時間的な分析に対しては、ある程度の目安になります。

　僕は、調べたい銘柄があれば、長期チャートの上げ下げにこれらの年数を当てはめてみます。多少端数がでても割り振ってみると、長期的な波動から今現在の株価の立ち位置が見えてくることが多いですね。

　また個別株の売買を検討する場合も、過去7年間ぐらいのチャートの動きは見るようにしています。第1章の投資ルーティンの中では、プロルート丸光の7年分の週足をチェックしましたよね。プロルート丸光の場合、長期での支配的サイクルは2.5年で1周期だったので、この銘柄は、だいたい在庫循環に即して株価が上下していたと言えます。

3－10　時間の波動：30日、60日、90日

　次は、日単位での時間の波動です。

　相場格言に「三月またぎ六十日」というものがあります。相場は3
カ月をまたいだ60日（2カ月）間で1つの上げ下げを作るというもの
です。いわゆる「うねり取り」などは、このような日柄で発生するサ
イクルを利用してスイングトレードを行ったりします。なお、これは
ローソク足60本といった営業日数ではなく、土日などの休日も含めた
日数です。

　60日（2カ月）という日柄は結構おもしろい数字です。チャートに
発生している波を色々と見ると、大体60日に近い数字で天底を繰り返
していることが多いです。もちろん60日より短い期間で天井になった
り、もっと長い期間上げたりするものもたくさんあります。その場合
も60－30＝30日（1カ月）、60＋30＝90日（3カ月）、という60日をベ
ースに1カ月分を足したり引いたりすると、おさまりの良い日柄にな
ることが多いのです。

　この30日（1カ月）と90日（3カ月）という日柄も、チャートの波
動にはよく表れてきます。市場には、3カ月ごとにメジャーSQ、1
カ月ごとにマイナーSQ（ミニSQ）というイベントが、それぞれ第2
金曜日にあります。SQ前には先物とオプションの決済に絡んだ取引
が活発化することから、それらの市場動向が、現物市場にも影響を与
えているのでしょう。

　また、企業の四半期決算発表は3カ月ごとです。個別株に3カ月と
いう波動が生まれてくるのは、それなりの必然性はあるのです。

　また、60×2＝120日、60×3＝180日という日柄も節目として意識
されやすいです。特に、180日の6カ月という期間は企業決算の上半期
と下半期と同じ日数です。そういった諸々の事柄から、30、60、90日
という数字には、それなりの根拠があるわけです。

　以上のことから、日数を使った時間の波動を使うと、株価が天底を付ける時期をある程度予想できます。図表3.10.1はそのイメージです。

図表3.10.1　日柄の読み方

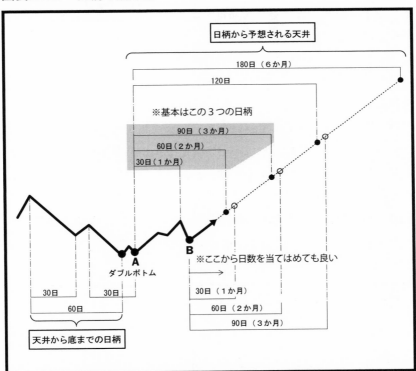

　ダブルボトムをつけたAを底とすると、天井を打つのは30、60、90、120、180日後と予想できます。また上昇途中の押し目がBなので、Bからさらに同じ日柄を当てはめて予想することもできます。

　ダブルボトムが出た際の出発点ですが、基本的にはトレンドが発生したと確認できる位置、つまり二番目の底（図ではA）から数えてください。ただ、二番目が最初の底よりもかなり上にある場合は、最初の底から数えるようにするとよいでしょう。

もし仮に今日が3/22で、今日買った銘柄が3/10から上昇開始しているとすれば、30日後の4/9、60日後の5/9、90日後の6/8あたりの日柄をチェックして、その前後に四半期決算発表などが控えてないかなど、新しい材料が出る可能性を調べてみましょう。なんらかのイベントと重なるようであれば、そこが節目となってトレンドに変化が起きる可能性が高くなります。

　また、保有株が急騰して一気に株価が何倍にもなったときなどは、上昇開始からの日数が、30、60、90日に近ければ、半分利確するなど、手仕舞いの目安にもできます。

　持ち株が上昇して高値を付けたのに、保有し続けたために下がってしまい、結局、買値付近まで戻ってガッカリする、という経験をした人も多いと思いますが、ある程度、日柄に目安をもって保有すると、利確の決断もやりやすくなるでしょう。

　図表3.10.2＜3996 サインポスト＞のチャートで見てみましょう。

図表3.10.2　天底の日にちを数えた実例—3996 サインポスト

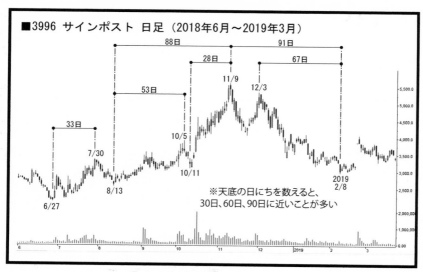

　このサインポストの実例で天底の日にちをそれぞれ数えていくと、ピッタリではありませんが、ほぼ30日、60日、90日に近い数字が出てきますよね。日柄を数えるだけでも売買ができるような気がしませんか？

　この「時間の波動」を使いこなすためにも、いろいろなチャートで天底の日数を数えてみてください。結構、これらの日にちで天底を付けるチャートは多いですよ。

　この本でも紹介しているTradingVeiwでは、チャートに指定期間の日数を表示する機能があるので、マウス操作だけで簡単に求まります。

　また、読者特典のエクセルシートにも年月日を入れれば日柄を表示する機能を付けていますので、ぜひご自分にあった方法を見つけてください。

３－11　時間の波動：サイクルと日柄の応用

　さて、３－８項の最後に、「この後、どう判断すればよいでしょう
か？」という質問をしましたよね。そこで本章最後に、その回答と時
間の波動について少し応用的な話をしたいと思います。

　227ページ図表3.8.4のエアトリのチャートをもう一度見てみましょ
う。ちょうど最後の日付2019/11/14に、僕はポジションを持つかどう
かの検討をした、と言いましたよね。そのために色々と時間の波動を
調べたわけです。

（再掲）図表3.8.4　支配的サイクルと天底の日柄──6191 エアトリ

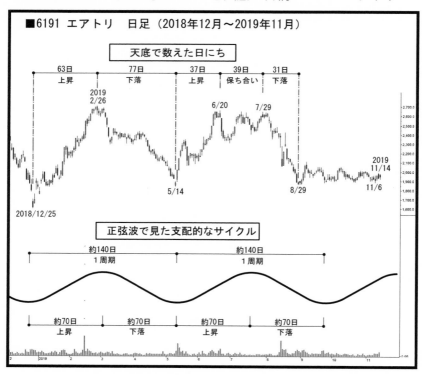

　先の項で30、60、90日という日柄を説明しましたが、改めて図表3.8.4を見ると、「61日と31日はいいけど、77日や37日、39日は誤差が大きくない？」と思いませんでしたか？

　そう。30、60、90日は、あくまで目安です。経験上、天底がこれらの数字に近い日柄になることは多いですが、必ずこの数字ピッタリに転換するというわけでもありません。±10日ぐらいのズレは出てくることは普通にあります。ただ、こういう場合もあくまで基本は30、60、90日です。そこで、このような誤差も考慮しながら、30、60、90といった日柄を「どのように売買で生かすのか」について、僕自身がこのときに行った分析を例に説明いたします。

○時間の波動応用編

　時間の波動は、「株価変動にはサイクルがある」ということがそもそもの前提です。なので最初は、その前提に基づいて、過去のチャートを実測して、株価を支配しているサイクルを求めます。

　エアトリでは正弦波を当てはめて、すでに約140日が1周期というのを割り出しましたよね。そして、大きな流れでは1/2周期の70日前後、1/4周期の35日前後で上げたり下げたりを繰り返していることが分かりました。

　もともとこの銘柄に注目した理由は、2019/11/14が2019年度の決算発表日であり、その結果がサプライズ決算として株式ニュースに載っていたからです。そこで引け後にチャートを見て、頭の中で正弦波をイメージしたところ「あれ、これそろそろ上がるタイミングかな？」という直観が働いたのです。

　では、サプライズ決算が出た2019/11/14の時点でこの銘柄は買いでしょうか？　ここまでの流れを改めて図表3.11.1に整理してみました。

図表3.11.1　6191 エアトリのチャート整理

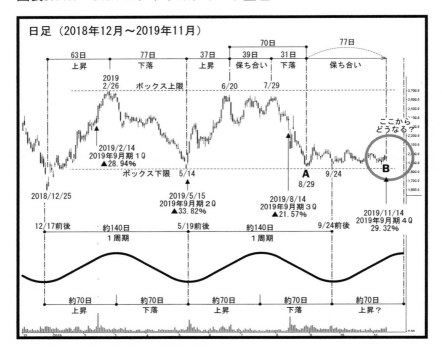

　単純にチャートだけ見ればAからは保ち合いで、支配的サイクルは9/24から上向きなので、上昇していくように思います。しかし、株価の予想をするには、やはり業績も併せて見なければ、正確に予想することはできません。そこで直近１年に発表された四半期成長率を求めてみます。

　すでに第２章のチュートリアルで読者特典の「ファクター計算シート」をご紹介しましたよね。それを使ってローゼンバーグ年成長率と四半期成長率を求めてみました。企業ホームページ内にあるIR情報の決算短信から業績を入力したものが、次ページの図表3.11.2です。

　なお、エアトリは2018年９月期４Q以降の決算短信では、国際基準「IFRS」を採用していたので、計算シートに入力している数値は全

て経常利益の代わりに「税引前利益」としています。

※IFRSについては後述します。

図表3.11.2　6191 エアトリ　表示チャート時の業績

6191	エアトリ		※▲はマイナスを意味する			
期	四半期	発表日	税引前利益（百万円）		四半期成長率	ローゼンバーグ 年成長率
			累積	単体		
2018年9月期	1Q	2018/2/14	128	128		
H30	2Q	2018/5/15	793	665		
	3Q	2018/8/14	1,041	248		
	4Q	2018/11/13	1,226	185		
2019年9月期	1Q	2019/2/14	▲ 267	▲ 267	▲ 28.94%	
H31R1	2Q	2019/5/15	53	320	▲ 33.82%	
	3Q	2019/8/14	120	67	▲ 21.57%	
	4Q	2019/11/14	653	533	29.32%	▲ 60.99%
2020年9月期	1Q					年成長率
R2	2Q					
	3Q					
予想	4Q	2019/11/14	1,900			97.69%
2019/11/14に出された通期予想					予想年成長率	

2019年9月期の税引前利益は653百万円で、年成長率は▲60.99%と悪いです。しかし、2020年9月期の会社予想は1,900百万円で97.69%と、かなり改善されています。

四半期成長率を見ると、2019年9月期の1Qから3Qまでは、いずれもマイナスです。しかし、4Qは29.32%と改善されています。四半期成長率は足元でプラス成長に、年成長率は「会社予想」がプラス成長となれば、「これは上昇する！」と思いました。

ただし140日の支配的サイクルは、9/24から70日後の12/3前後に天井になります。また、保ち合い開始のAから90日後が11/27になるので、11月末から12月頭ぐらいで一度小さく天井を打って「軽い押し目を入れるかな？」とも予想しました。とりあえず投資ルーティンに沿

って戦略を立ててから、11/15の寄付で１回目の買付けをしてみました。買い増しや利確、損切りはその後の動き次第です。

図表3.11.3　エアトリその後の株価と日柄

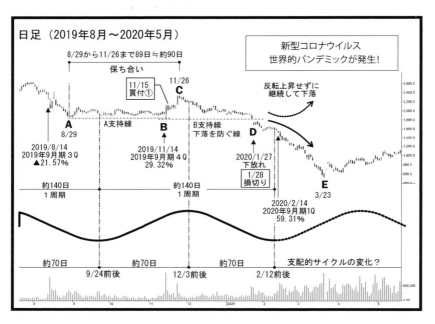

図表3.11.3は、2019/11/14以降の値動きです。

　Bの翌日、11/15にほんの一瞬、わずかにＡ支持線を割ったのですが、そのまま上昇してCまで上げました。これはAから89日なので、時間の波動の90日とほぼ同じで、保ち合いが３カ月続いたことになります。この後は支配的サイクルが下向くので、少し調整の下げが出るかなと思い、B支持線を「下落を防ぐ線＝損切りライン」としました。

　ここから上昇を続けられれば新たな上昇の開始です。しかし、支配的サイクルの通りに株価は下げてしまい、結局、B支持線をDで割ってしまいます。しかも、この時は下放れという最悪の形でした。僕は

翌日の寄り付きで損切りました。

　2020/2/14には20年９月期の１Qが発表されました。四半期成長率は59.31％で、通期予想は変化なしです。非常に良い決算だったのですが、株価は下げ止まりません。結局、株価はEまで下げ続け、この時点で140日サイクルは成立しなくなっていました。

　時間の波動が当てはまらなくなってきたときは、企業内部か外部環境に何か大きな問題が起きていることが多いです。実はこの時期、日本どころか全世界の株価が大暴落しました。原因は、全世界へと広がった新型コロナウイルスの感染拡大です。世界中の主要都市がロックダウンとなり、2008年リーマンショックを越えるような世界規模の大暴落が発生、当然ながら日本も同様です。こういう場合、企業固有のファクターなど、ほとんど意味がなくなります。

　もっとも、業績という点からしても、旅行業であるエアトリはかなりの悪影響が出ると予想されたので、相当に売り込まれた状態だったのかと思います。

　Cの高値2,346円からEの安値517円まで、わずか４カ月ですから、ひどい暴落ですね。B支持線を割ったときに損切りをしたので、カスリ傷で済みましたが、下手に保有し続けていたら大打撃を受けるところでした。

　ちなみに相場には「もし、こうなったら…、こうなれば…」というタラレバはないというのが鉄則ですが、もし、このとき、新型コロナウイルスパンデミックが無かったら…？

　2020年９月期の１Qは好調の滑り出しだったので、１周期140日の支配的サイクル通りに推移し、2020年２月には上昇トレンドを描いていたかと思われます。2019年末にエアトリに注目したのは悪くなかったと思うのですが、このときは外部環境が最悪でしたね。

　株式投資というのは、どれだけ緻密にチャートや業績を分析しても、

このような出来事が起きてしまうと、どうしようもありません。

「チャートの波動が良い。直近の四半期成長率も良い。まだ誰も気づいていない有望株を見つけたぞ。よし、全力買いで、一気に資金を大きくしよう！」。そんな気持ちになることもあります。しかし、株式投資では、このときの新型コロナウイルスパンデミックで起きたような、世界規模の大暴落に巻き込まれるようなケースは必ず出てきます。

2020年の新型コロナウイルスショックの11年少し前に起きた2008年のリーマンショックでさえ、100年に1度の大暴落などと言われました。さらに、その8年前の2000年にはITバブル崩壊という大暴落がありました。さらにさらに、その10年前の1989年末には、昭和バブルが崩壊しています。

ここまで大規模な暴落でなくても、2～3年に1度ぐらいのペースで暴落は起きます。また企業の個別要因でも、ちょっとした悪材料によって、酷い暴落が起きることは日常茶飯事です。

こういうものは「必ず起きるもの、そして必ず巻き込まれるもの」、と思っておいてください。そこで大切なのが生き残るための技術です。

それが、ポジションと資金の管理になります。

次の第4章では、その辺りの話をしたいと思います。

決算の日本基準と国際会計基準（IFRS）

　先ほど、＜6191エアトリ＞の実例の中で、国際会計基準（IFRS）というものが出てきましたよね。それについて、簡単に解説しておきます。IFRSはInternational Financial Reporting Standardsの略で、読み方は「イファース」です。

　日本企業の決算には、基本的に「日本基準」と呼ばれる仕様が採用されています。しかし近年、国際社会のグローバル化によって「国際会計基準（以下IFRS)」が登場し、世界的にはその仕様が主流になりつつあります。日本でもIFRSに切り替える企業がチラホラと出て来ています。＜6191エアトリ＞もその一つで、2018/11/13発表の平成30（2018）年９月期決算からIFRSになりました。

　両者の基準には色々な違いがありますが、この本の内容に影響する話としては、「IFRSには経常利益が存在しない」という点です。

　経常利益という概念は日本独自のものだからです。

　そこで企業会計がIFRSだった場合、成長率の計算には「経常利益」の代わりに「税引前利益」を使ってください。

　もちろん、経常利益と税引前利益は違うものです。例えば、特別損益というものはIFRSにはなく、それらに当たる損益は営業利益に含めるなど、日本基準における「経常利益」との違いは色々とあります。

　ただ、会計方式が違っているとしても、結局のところ求めるものは「過去の業績に対してどのくらい成長しているか」、ということです。従って、あまり神経質になる必要もないのかなと

は思います。

　とはいえ、成長率の計算を求める際には、日本基準とIFRSを混ぜないよう気を付けてください。例えば、１Q、2Q、3Qは日本基準、それ以降はIFRSのデータしか無いなど、業績データを統一できない場合です。そうなると成長率は正確に出せません。

　なお、239ページ図表3.11.2で求めた＜6191エアトリ＞の成長率ですが、開示されている決算短信は、2018年９月期３Qまでは日本基準、同期４Q以降はIFRSで作成されたものです。

　では、なぜ2018年９月期の１Q、2Q、3QにIFRSのデータを入れられたかというと、決算短信のフォーマットでは、業績欄には当四半期とその前年同期の２つの業績が記載されていることから、それを参照しました。

　実物を見た方が分かりやすいので、次ページ図表3.11.4に、「平成30（2018）年９月期の「３Q（日本基準）」と「４Q（IFRS）」の短信から業績欄の部分を抜粋したものを、として載せました。

図表3.11.4　＜6191エアトリ＞決算短信の違い

■日本基準（2018年9月期3Qまでの仕様）

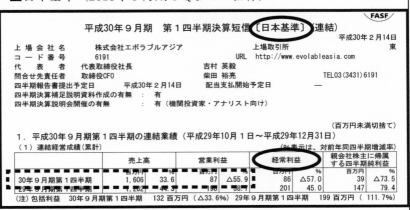

■IFRS（2018年9月期4Q以降の仕様）

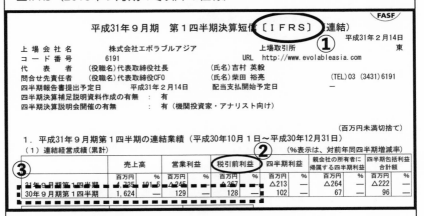

　決算短信はそのフォーマットで見出し（①：実線で囲った部分）から「日本基準」なのか、「IFRS」なのが分かるようになっています。

業績欄を見れば、「経常利益」のところが「税引前利益」になっ

ていますよね（②：実線で囲った部分）。

　そして、平成31年度１Qの短信［IFRS］の平成30年度の１Q（③：点線で囲った部分）はIFRSの数字に変更されています。

　平成30（2018）年２月14日に発表された３Q短信が「日本基準」仕様であっても、４Qが「IFRS」仕様だった場合には、過去の業績記載はIFRS仕様に修正されています。なので、それを参照して計算すれば、仕様の違いによる不正確さはなくなります。

3- 12　TradingView を使ったチャート波動の分析

　本書では、波動をテーマに解説しました。チャートでサイクルを確認したり、ラインを引いたりすることに慣れるために、第1章ではプリントアウトして手書きの分析をお勧めしました。それは是非行ってほしいのですが、ある程度、波動について慣れてきたら、チャート画面上で効率よく分析したくなると思います。

　そのための最適なツールとしてTradingViewを紹介し、その使い方も簡単に説明しておきます。第1章でもTradingViewについて少しふれましたが、基本的な使用は無料で、ソフトをインストールする必要もありません。個別株や為替はもちろん、暗号資産や指数なども表示できるので、世界中で利用されています。使い勝手の良いソフトなので、読者の中にも使っている方は多いのではないでしょうか。

　ただ、巷には同様に無料で使えるチャート分析ツールがたくさんあるのに、「なぜ、わざわざTradingViewだけを紹介するんだ。宣伝案件かよ…」と思いませんでしたか？　もちろん、そうではありません。

　TradingViewをすでに使っている方ならイメージがつくかもしれませんが、**TradingViewはこの本で紹介したチャート波動の分析と相性が抜群に良いのです。**

　どう相性が良いのか？　ここでは、これまで紹介した波動たちのうち、次の6つをチャート上に記述する方法について説明いたします。

　　1．抵抗線、支持線

　　2．半値、1/3、2/3の押し、戻し

　　3．トレンドライン、チャネルライン

　　4．倍返し

　　5．支配的サイクル

　　6．日柄

これらの中には他のツールでは描写できなかったもの、表示できなかったものもあるのですが、TradingViewを使えば分析作業はすごく効率化されるはずです。慣れれば、本当に1銘柄1分ぐらいで分析できますよ。

　TradingViewの基本的な設定やチャートの表示方法などは試してみれば簡単にできますので、その解説は省かせていただきます。ですがここでご紹介する機能も、それほど難しい操作を必要としませんので一緒に試してみてください。

　何らかのチャート表示ソフトを使っている方であれば、すぐに大体の操作方法が分かるかと思います。もし、初歩から応用に至るまでのマニュアル的な解説が知りたい場合は、向山勇著『一流のトレードは、一流のツールから生まれる TradingView入門』（パンローリング）を参考にしてください。

　では早速はじめましょう。

　まずはTradingViewにログインして、チャートを表示してみましょう。なお、ここで掲載する画像は、2023年6月のものです

・トップ画面を表示（https://jp.tradingview.com/）

　はじめて使うという方は、まずTradingViewのトップ画面の右上のログイン画面から登録作業を行ってください。

■.チャートの表示と設定

　下記チャートは、＜3984 ユーザーローカル＞を開いています。

　カラー印刷ではないので分かりにくいですが、デフォルトでは、ローソク足の陽線が緑、陰線が赤になっています。

　下は出来高を表示しています。

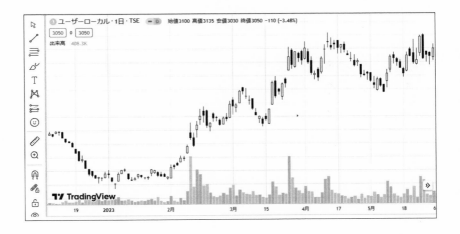

　僕は、自分の好みでローソク足を白黒にしてます。ローソク足をダブルクリックすると「チャート設定」が開くので色の変更も簡単です。

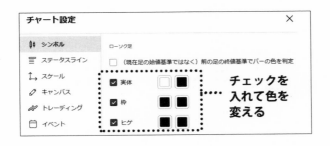

TradingViewはチャートに表示したインジケーター、書き込んだ線や図形などは全て、自分の好みのスタイルに変えることができます。ここで掲載している画像（TradingViewの画面上の線や図形など）は、僕の好みのスタイルに変えたもので表示しています。

　なお、左メニューで「マグネット」をアクティブ（青色）にしておくとよいでしょう。これは線を描写するときに「ローソク足の先端（高値、安値）を拾ってくれる」便利な機能です。弱い、強いはどちらでも構いません。

1．抵抗線、支持線

抵抗線や支持線を引くのには「**水平レイ**」が便利です。

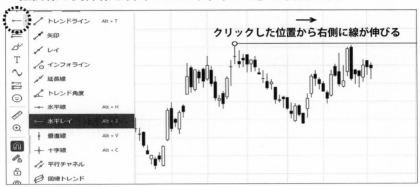

「**水平線**」を使っても引けます。「水平レイ」との違いは、水平線ではクリックした位置からラインが両側に伸びる点です。

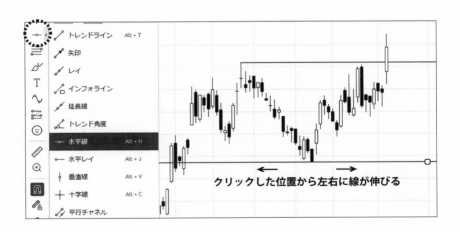

2．半値、1/3、2/3の押し、戻し

　本章の3－5で紹介した押し・戻しのラインです。こちらは 「フィボナッチ・リトレースメント」の設定を調整して使います。

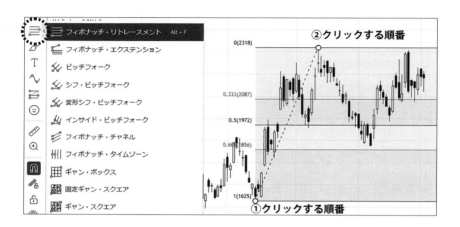

　半値（0.5）、1/3（0.333）、2/3（0.666）でラインを引きたいため、設定画面で下記のように数値を変えてください。チェックがついているラインが表示されます。

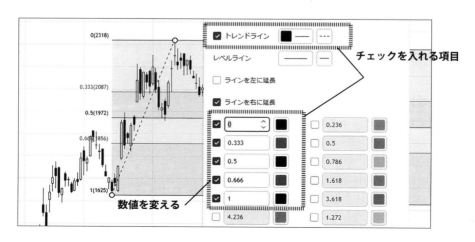

3．トレンドライン、チャネルライン

　3－4で紹介したトレンドラインとチャネルラインです。「トレンドライン」が搭載されていますが、僕は「**レイ**」を使っています。

　「**平行チャネル**」を使えば、そのままチャネルラインが引けます。図中の番号順にローソク足の先端をクリックします。

4．倍返し

　3−7で紹介した利確ポイントを探るのに適した「倍返し」です。
「**フィボナッチ・エクステンション**」の設定を調整して使います。

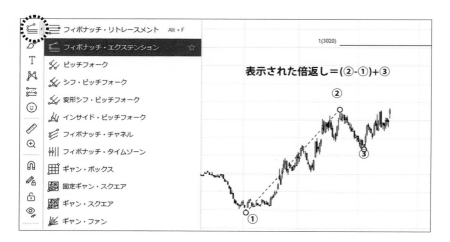

　次のように数値を設定することで、倍返しの線だけが表示されます。

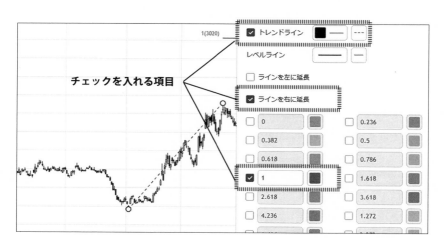

5．支配的サイクル

　3－8で紹介した支配的サイクルは、「**正弦波**」で描くことができます。

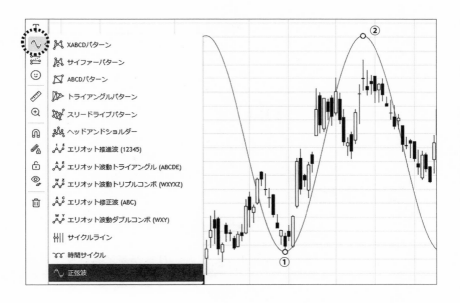

　先の解説でもお伝えしましたが、天底ピッタリ合わせるのは無理なので、大体の流れが合致すればOKです。目的は、チャートのリズムをつかむことです。

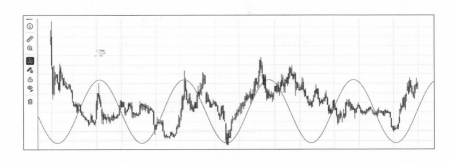

6．日柄

　3－8で紹介した日柄も簡単に出すことができます。まず最初に、「垂直線」で目安となる位置に縦線を引いておくと便利です。

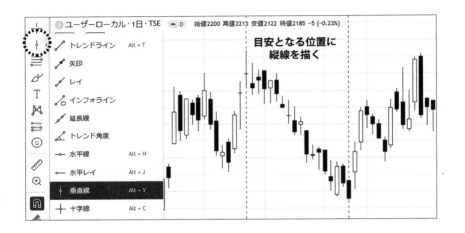

　次に「日付範囲」で垂直線同士を結ぶと、日数が表示されます。

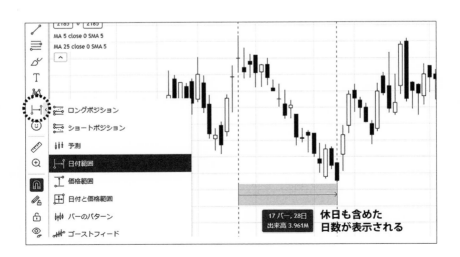

■四半期決算日の表示

時間の波動を分析するために「日付範囲」はすごく便利な機能ですが、もう1つ、時間の波動を分析するための優れた部分を紹介しておきます。

それは、「**四半期決算の発表日がチャート上に表示されている**」という点です。

通常、四半期の発表日を調べるには、企業IRページなどで確認しなければならず、調べた日付をチャートに書き込んだりするのも面倒です。それが既にチャート上に表示されているので、とにかく便利です。

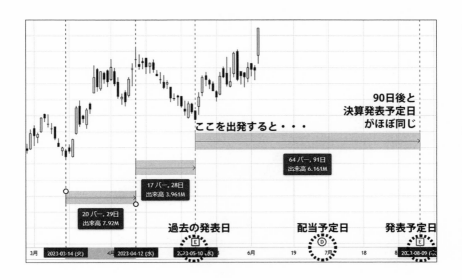

日付バーに、四半期は E で表示されています。発表済のものは灰色、発表予定のものはピンク色です。また配当日も D として表示されています。

実際にツールを手で触って、いろいろと日柄を分析してほしいのですが、30、60、90日という時間の波動と、四半期決算の発表日がほぼ

一致することが多いです。

　前ページの例＜3864ユーザーローカル＞も、出発点から90日後がほぼ四半期決算の発表予定日になっています。このように、いちいち企業IRページで調べなくても、チャート上に決算発表日が表示されているのは、波動の分析にとっては非常に便利なんです。

　本書で活用するものは以上になりますが、これらは慣れてしまえば「１銘柄１分」といのも大げさではありません。下図はこの原稿を書きながら分析したものですが、（テキストなどの書き込みを除いて）、単純に必要最小限の線を引くだけだったら、所要時間は本当に１分程度でした。

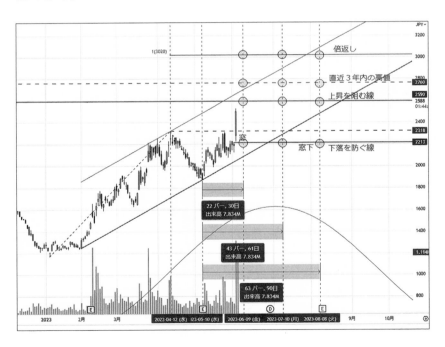

> コラム

相場の千里眼

　僕が「チャートの波動」について多くを学ばせていただいたのは、ストラテジストであり投資家としても著名な菅下清廣先生からです。

　相場の千里眼と異名を持つ菅下先生は、パンローリング社が毎年春に東京ドームで開催している「投資戦略フェア」にも何度か登壇されているので、名前をご存じの方も多いかと思います。

　先生との出会いは2012年9月頭、とある講演会でした。

　「来年、2013年以降、日本株は大きく上げていきます！」と発言されたので、とても印象に残ったのです。今でこそ、日経平均は最大3万円超まで来ましたが、あの当時は民主党時代で日経平均は9,000円台です。悲壮感が漂っていましたから上がると言われても、にわかには信じがたい話でした。しかし2012年11月14日、当時の野田首相が衆議院の解散を表明した翌日から、日本市場は長く大きな上昇相場に入りました。予想は見事に的中したのです。

　不思議で仕方なかった僕は、講演会でいただいた名刺に連絡を入れたところ、定期的な勉強会を主催されているとの情報を知り、参加させていただくことになりました。

　勉強会では菅下先生から「波動」について、繰り返し教わりました。特に「時間の波動」については興味深かったです。通常、株価は材料があって変化すると考えます。しかし、波動では考え方が少々違います。

　まず、物事には「周期性がある」ことを前提とします。周期的にはそろそろ株価に変化が訪れるころと判断した場合、「そのタイミングに合わせて、株価を変化させる材料が現れる」と考えるのです。

　つまり、未来を予想するには、まず周期を調べ、そこから、次の変化が起きるタイミングを調べます。そして「そのとき、どんな材

料が出るのか？」と考えます。

　日本株の上昇予想も、日経平均の波動で変化の日柄を読み、もし株価が上昇するとしたらどのような材料が出るかを考えたそうです。

　菅下先生は政財界にも幅広く人脈を持たれていることから、「どうやら、近々の自民党総裁選は安倍前首相が選ばれそうだ」という情報を事前につかんでいたこと、もし解散総選挙になれば、自民党が与党に返り咲き、脱デフレを掲げた第二次安倍政権が発足であろうこと、そして時間の波動から、「そろそろ低迷し続けた日本株が上昇に転じるころである」というのを総合的に分析して、「日本株が上昇する」と予想されたとのことでした。

　株価の未来予測というのは、占いのようなものではなく、緻密な考察を重ねた結果なんだと知りました。

　しかし、こういう技術を実践できるようになるには訓練が必要です。先生の勉強会では毎回20銘柄ほどのチャートが渡され、波動の説明を受けました。僕は、そのチャートを家に持ち帰ってから、暗記するほどペンでなぞることを繰り返しました。

　同時に、チャート分析の古典的な専門書なども読み返し、「波動」という視点で整理しなおしました。実際の売買もチャートに記録しながら、何年にもわたってそれらをメモし続ける。そんなことを繰り返している内に、チャートを見ると動きのパターンか見えるようになったのです。将棋や囲碁のように読みの力がついたのでしょう。

　本書の3章は、そうやってコツコツ付けた記録や気付きの中から、使えそうなものを抜粋し、体系的にまとめたものになります。

　僕はもともと「四半期成長率」で銘柄を選定して、タイミング的には何となく売買していました。タイミングに関しては、若干ギャンブル的だったことは否めません。しかし、「チャートの波動」を意識するようになってから、売買タイミングを計るのが抜群に良くなったので皆さんも意識するようにしてみてください。

ポジションと資金の管理

本章のはじめに

株式投資の目的はお金を増やすことです。そのための武器として四半期成長率やチャートの波動を説明してきました。しかし、ポジションや資金の管理がメチャクチャだと間違いなく失敗します。

株式投資というのは、勝てるときは面白いように勝てます。1年後には億万長者になれるんじゃないかと勘違いしてしまうようなこともあります。しかし勝てないときは、まるで呪われたかのように勝てなくなります。残念ながら、損切り10回連続など普通に起きるのです。

僕も平均すると、5〜6回エントリーして満足な値幅を取るのは1回、残りは微益か損切りになります。ごく稀に大きく負けることもあります。負け自体は避けることはできません。ならば、上手に負けるようにすればよいのです。

希望を持って、モチベーションを維持するのは大切です。しかし、100万円を数カ月で1億円にするなどとの無謀な幻想を抱いてしまうのは危険です。どこかで無茶な行動に出て、下手を繰り返して資金をなくす結果に至ってしまいます。

ポジションや資金の管理は、メンタルと直結しています。事前にそれなりの覚悟を決めておかないと、確実に精神が崩れていきます。そうなると、自ら損を広げるような愚を犯してしまいます。

この第4章は、そのような戒めを繰り返してお伝えしますが、それは「いかにメンタル管理が重要か」を分かっていただきたいためです。

ただし本章の最後には、なるべく短い期間でまとまった資産を築くための「攻撃的な複利運用」の話もします。30〜40年間といった超長期ではなく、長くても7〜8年程度で億を目指すための複利効果を上手く利用した資産の増やし方です。ですが、いきなりそれを読む前に本章で提言することをしっかり理解してから臨んでください。

4-1　投資資金を決める

　「株を始めたいのですが、何を買ったらいいですか？」と相談されることがよくあります。相談されるのは嬉しくもあるのですが、そういう時は「○○を買いましょう」などとは言いません、というか言えません。本書を読まれている方なら、それは分かりますよね。

　その質問をされたとき、僕は必ず「いま失っても大丈夫なお金は、どのくらいありますか？」と尋ねます。相談してくれた方は怪訝な顔をして「失ってもいいお金なんてありませんよ」と言うのですが、その場合「では、株式投資はやらない方がいいですよ」と答えます。「いくらかなぁ…」と悩む人には、その人の年収や現金資産から無理のない投資資金を決めるようにアドバイスします。

　いずれにしろ、**最悪、全額失くしても、充分に立ち直れるお金はどのくらいかという視点で決める**ようにしましょう。そして、もし「１万円でも失くすなんて無理！」と思うのであれば、「株式投資には手を出さない」という選択もあります。それはそれで、ご自身の状況や性格を理解されたうえでの立派な決断だと、僕は思います。

○投資金額の決め方
　それぞれの現在資産にそった投資資金を導くという話を細かく突き詰めていくと、ファイナンシャルプランとも絡んで、本書のテーマからは外れてしまいます。この本では目安として、僕が相談者に提案している簡単な計算式をご紹介します。

・預金が年収以上にある人
　投資資金＝{預金－（年収＋１年以内に必要となる額）}×0.5
・預金が年収以下の人
　投資資金＝（預金－１年以内に必要となる額）×0.5

※ここで言う「必要となる額」とは、例えば住宅や車のローン、家賃や子供の学費など、支払いが確実に予定されるものです。

例）
・Aさん：貯金1,000万円、年収500万円、1年以内に100万円必要
　投資資金：{1,000−(500＋100)}×0.5＝200万円
・Bさん：貯金100万円、年収300万円、1年以内に20万円必要
　投資資金：(100−20)×0.5＝40万円

　では今の段階で「株式投資をやりたい」という強い意志はあっても、お金の余裕がなかったら諦めるしかないのか……。上記の式に当てはまらない人の場合です。

　そのときは給料などから、投資資金を貯めるしかありません。それも「○カ月以内に△△万円」と期限と金額を決めた方がよいでしょう。最初から「株式投資を行う資金を作る！」という強い意志を持って貯めることが重要です。

　今がチャンスみたいだから、と借金をして始めるのは絶対にダメです。モラルがどうこうとかではなく、借金で始めた投資は確実にメンタルが持たなくなるからです。

　僕の友人にも、株式投資を始めると決めてからお金を貯めた人がいます。1人は3カ月で30万円、もう1人は半年で50万円ほど貯めてから投資を始めました。2人とも日々の出費を見直して、必死に貯めたお金で始めたそうです。その努力が投資への向き合い方を慎重にし、僕が紹介した資金やポジションの管理をそのまま真似して、真剣に取り組んだことで順調に資金は増えているそうです。

　現在、投資に回せる余裕資金がないということはチャンスを逃すことではありません。本気で、真剣に臨めるかが大切なのです。

4-2　証券口座と銀行口座

　さて、先の方法で投資資金が決まりました。早速、以前から興味の
あった銘柄を買いたくなります。が、ちょっと待ってください。その
前に、銀行口座と証券口座の「設定」を行ってください。既に両方を
持っている方は、再設定になります。

　どういうことか、順番に説明しますね。

　証券口座を作ると、入出金するための銀行口座を登録しますよね。
その銀行口座は、株式投資専用の銀行口座と決めてください。1つし
か銀行口座がなければ、新たに開設することをお勧めします。これは
株式投資に関連する資金をキッチリ管理するためです。

　証券口座への入出金を、普段（給料の振込や各種引き落としで）使
っている銀行口座に設定している方も多いと思います。もちろん、ち
ゃんと管理できればいいのですが、しばらくすると、この辺りが段々
といい加減になってきます。これは儲かっていても、損をしていても
起こり得ます。

　そうなると、いつの間にか預貯金の大半を株式投資に投じていた…
なんてゾッとするようなことになりかねません。僕は経験上、何度か
ありました。そういう状態で何らかの暴落が起きると、本当にひどい
目にあいます。

　失っても大丈夫な資金で始めたように、最初の段階で「株式投資で
使うお金」と「生活で使うお金」を完全に分離しておくのです。こう
すれば、生活に必要なお金に手を出すようなことは防げます。

　証券と銀行、2つの口座が用意できたら、最初に決めた投資資金を
それぞれに半分ずつ割り振ります。例えば投資資金として200万円を
用意したなら、それぞれの残高は、銀行口座に100万円、証券口座に
100万円となるようにするのです。

図表4.2.1　証券口座専用の銀行口座を用意

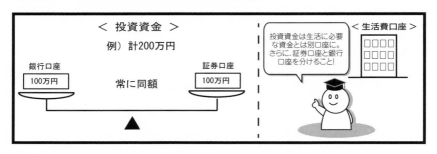

　そして、利確や損切りで**残高が変動する度に、双方の口座を入出金して、口座残高が半々になるようにしておきます**。例えば、利益確定によって30万円の利益がでたら、証券口座から利益の半額15万円を銀行口座に移して、それぞれの残高を115万円ずつにするのです。もし、30万円の損失がでたら、銀行口座から半額15万円を証券口座に補填して、それぞれの残高を85万円ずつにします。

　証券口座と銀行口座を、常に連動させておくわけです。

図表4.2.2　利確や損切りで残高が変動した場合の調整

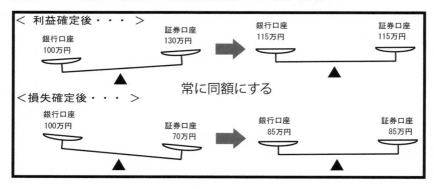

　なお、銀行口座に入出金する際にチェックする証券口座の合計額は、時価（買値+含み損益）ではなく、**簿価（買値）**で見るようにしまし

ょう。ポジション額は常に変動するので、いちいち含み損益に合わせて、毎日入出金するのは、現実的ではありませんよね。

　証券口座の残高を簿価で見ると、「確定して初めて利益になる」という、当たり前のことも常に意識できます。常に意識できるので、含み損に関しても「戦略通りに損切りする」という自覚も身に付きます。

　ちなみに、「せっかく運用資金が増えたのだから、増えた分は全額再投資して続けていけばいいのに…」と思われたかもしれません。確かに、その方が効率は良さそうに見えます。しかし、株式投資による利益の半分を銀行口座に戻すことで、「儲けをちゃんと確保しておく」ということも意識できるようになります。

　個人的な体験ですが、証券口座だけで資金を管理していくと、感覚が麻痺してくることがあります。含み益が大きく増えると、気も大きくなって気軽に過剰なポジションを取ってしまい、そういうときに限って、暴落に巻き込まれて利益をみんな飛ばします。また、含み損を見たくないことから、証券口座を見ないで保有し続けた…なんてこともありました。

　勝利に気を緩めず、敗北を受け止め、しっかりとした資金管理をするためには、一つひとつの売買で発生した損益を、毎回、必ず証券と銀行の口座に決めた通りに振り分けて、気持ちを引き締めるのが良いかなと思います。なにより、利益が増えたのを実際に銀行口座の数字で確認できるのは、達成感もあり、モチベーションアップにもつながります。

○複数銘柄保有時の口座管理

　この口座管理方法ですが、複数の銘柄を保有していると、証券口座の残高に対して、多少の複雑さを感じるかもしれません。ですが、簿価で管理すれば問題はないと思います。

　例えば投資資金200万円、証券と銀行の口座に100万円ずつ入金され

た状態で、３つの銘柄を保有したものが、それぞれ含み損益になった
とき、どう２つの口座で入出金を管理するかを見てみましょう。

図表4.2.3　複数ポジションでの口座管理

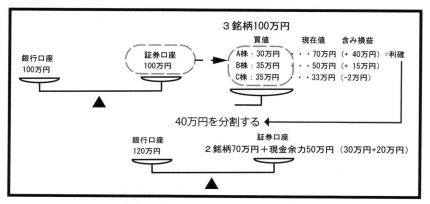

含み益が出ているからといって、手じまいするまでは確定額ではあ
りません。あくまで利確・損切してポジションを閉じたあとに調整す
るようにしてください。

注意点は下記になります。

・含み益は利確するまでは、絵に描いた餅にすぎない
・含み損は戦略通りに損切りする

口座管理を徹底することで、こういった意識を徹底できるはずです。

最後に、口座管理で最も重要なことをお伝えしておきます。それは、
「株式投資から撤退する基準も決めておく」です。

もし、負け続けて資金がその基準にまで減ってしまったら、株式投
資を一時停止しましょう。僕は、投資資金が最大時から３分の２にな
ったら、しばらく休むと決めています。例えば最大時の投資資金が

200万円だったら134万円。つまり証券口座と銀行口座がそれぞれ67万円になった段階で、投資はいったんストップします。これだけの額が手元に残っていれば、まだまだ、いくらでもやり直しは利きます。

　投資戦略が地合いに噛み合わない時期というものは必ずあります。そういう時期に無理やり続けても損が重なるだけです。

　さらに自分の運気にも波があります。地合いも悪くないのに、まるで見えない何かに虐められているかのように、凡ミスを連発して勝てなくなるときがあります。そういうときは、無理に投資を続けるのではなく、しばらく市場から離れて休憩するのも手です。

　休憩している間は、自分のメンタルや戦略のメンテナンスを行ってください。負け続けた理由が分かれば、それを修正していけばよいのですから。

　負け方は、勝ち方以上に重要です。1度の勝負で復活できないほどの痛手を負わないように、無理だと思ったら最小限の被害で撤退しましょう。

　その「最小限の被害」を最初の段階で、きちんと定めておくのが重要です。

４－３　ポジションの管理

　ポジションというのは、保有している株式のことです。本書の方法では、複数のポジションを持つことがあります。その時、銘柄の保有数をどのくらいにするか目安を設けておきましょう。ひとつの例ですが、最初はこのくらいが妥当かなと思います。

＜証券口座と保有銘柄の目安＞
・証券口座１００万円・・・１～２銘柄
・証券口座３００万円・・・２～３銘柄
・証券口座５００万円以上・・４～５銘柄

　１銘柄にどのくらいの額を投入するかですが、僕は次の式を満たすことを目安としています。

１銘柄あたりの上限額＝証券口座の残高÷保有銘柄数

　証券口座に200万円で、3銘柄まで保有するつもりであれば、200万円÷3銘柄＝67万円と１銘柄あたりは67万円以下になりますよね。

　僕自身は、運用額がどれほど大きくなっても最大５銘柄までにしています。それ以上だと管理しきれなくなるからです。この辺りは人それぞれなので自分にとって最適なポジションは、経験を積まれる中で調整してみてください。

　そして、複数の銘柄を保有する際に、とても重要なことがあります。それは…

「含み損のポジションを複数抱えない」

　保有銘柄が５銘柄であれば、基本的に、その５銘柄全てが含み益の状態になるよう管理するべきです。

　「えっ！？　そんなことが可能なの？」と驚かれるかもしれませんが、可能です。別に難しい話ではありません。というのも、複数の銘柄を同時にエントリーしなければよいだけの話です。最初に買付けた銘柄が損切りラインに達していないまでも、含み損であるなら、次の銘柄はまだ買付けしてはいけません。

　要するに、「最初にエントリーした銘柄が充分な含み益になってから、次の銘柄をエントリー。２銘柄目がまた充分な含み益になってきたら、３銘柄目をエントリー」。それを繰り返すだけです。もし２銘柄目が期待に外れて含み損（損切りラインに到達）になってしまったら、その銘柄は外すようにします。

図表4.3.1　保有銘柄の増やし方

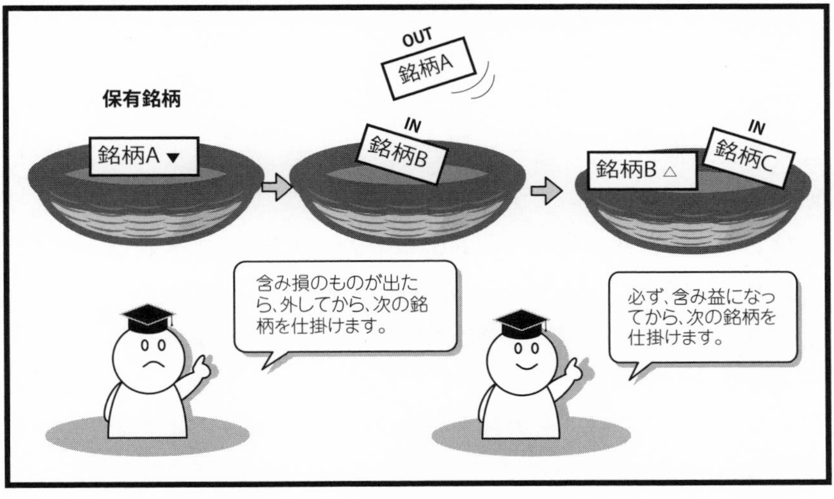

そもそも第1章の投資ルーティンのやり方で順番に売買していけば、自然とそうなりますよね。思い出してください、手順4では悲観シナリオから損切りラインを決めましたが、ダメなものは適宜外して、良いものだけを残せば、手元には含み益のポジションだけになる筈です。

<(投資ルーティン)手順④　おさらい>

- 「楽観」、「中立」、「悲観」、３つの戦略シナリオ
- 「損切り額」と「保有株数」

全ての保有銘柄で含み益をキープしておければ、何らかの要因で市場を暴落が襲ったときでも、一つひとつ落ち着いてポジションを閉じることができます。逆に、保有銘柄が含み損だらけのときに市場全体の暴落が発生したら、慌てふためいてまともに行動できなくなりますよね。これらのことは、そういった万が一へのリスク対応も考慮しています。

○保有銘柄の入れ替え

では、自分の決めた最大保有数が5銘柄だったとして、それらが全て含み益で推移していたとします。そのとき、新たに有望そうな銘柄が見つかったらどうしますか？　その場合は、無理に追加して6銘柄にはしないで、伸び代が一番少なそうなものを外して入れ替えます。

これから300円ぐらいしか上がりそうもないものよりも、1,000円上がる可能性があるもの持つのは当然のことです。長く保有している銘柄は変な愛着が出てしまい、外せなくなることがありますが、そういうときは、その銘柄にどの程度の伸び代があるかを、よく考えてみてください。

有望な銘柄が見つかったら、ある程度の含み益のあるものには執着

せずに、利確してしまった方が良いです。「銘柄に惚れるな」という格言がありますが、そのあたりはシビアに考えましょう。

　そもそも保有銘柄数が最大の状態で、全てが順調に含み益というのは、大抵は地合いが良い時期です。5銘柄という縛りを無視して、6、7、8…と銘柄を増やしたくなるタイミングというのは、好地合いの最終局面であることが多いです。

　相場全体が調整に入るときには、1日で一斉に暴落する局面があります。そうなると、6、7、8銘柄と新規に建てたポジションの損失が、それまで積み重ねてきた5銘柄分の含み益を吹き飛ばしてしまいかねません。

　一方で、十分な投資資金を1銘柄に全額集中投資という話もよく聞きますが、お勧めはしません。確かにそういうやり方もあります。当たったときはその方が効率はよいでしょう。しかし、よく考えてみてください。

　投資資金の全てを集中させるような銘柄やタイミングなど、常にあるわけじゃないですよね？

　どんな地合いでも必ず上がるという銘柄を見つけられる能力があれば、あっという間に億万長者です。それができないから、上がる可能性のある銘柄を慎重に買い続け、複数保有するわけです。あるいは余力資金は常に確保しておくわけです。

　もちろん、投資資金によっては1銘柄しか保有できなかったり、1銘柄しか買うものがないときは、無理に何銘柄も買う必要はありません。また、1銘柄だけに絞るのが良いタイミングもあります。

　いずれにしろ、リスクを一点に絞って最大限に取るようなやり方をしていると、どこかで大打撃を受けることになります。もし、最大のリスクを取ることがあるとしたら、それは最大のチャンスのときに取るようにしましょう。

　ポジションは少し物足りないと感じるぐらいがちょうど良いのです。

4-4　信用取引について

　信用取引について、触れておきたいと思います。結論からいえば、信用取引を活用した方が、投資効率は良いです。僕自身も信用取引を使っています。ただし、そこには幾つかハードルがあります。

　「**信用取引**」とは、現金や株式を担保として証券会社に預けることで、証券会社からお金や株券を借りて売買する取引のことです。最大約3.3倍のレバレッジが使えるため、例えば30万円の最低委託保証金を預けていれば、約100万円分の買い付けが可能になります。

　よく「現物は安全で、信用は危険」という言葉を聞きます。確かにそういう面はあります。しかし僕は、**リスクを現物とか信用で、くくるべきではない**と思っています。現物だろうと信用だろうと、リスクを無視するようなポジションが危険なのです。

　たまに「現物だから含み損は問題ない。放置」という声を聞きます。しかし、たとえ現物保有でも株価が１年で10分の１になるなんてことは、別に珍しいことではありません。新興市場の銘柄などは、１カ月で株価半額なんてザラにありますよね。

　もちろん現物の場合は、最悪で現金を失うだけなので、借金を抱えるわけではありません。ですが信用取引だと最大で約3.3倍のレバレッジをかけることができます。現物であれば買値の３分の１程度の含み損で済むものが、フルレバレッジならば破産、最悪だと借金を抱えることになります。僕は、そのような信用取引の使い方は絶対に勧めません。

　しかし現物とはいえ、そもそも下がり続けて含み損が膨れ上がるような銘柄を、延々に持ち続けるという時点で間違っています。含み損が30％を超えるような状態で保有し続けるのは、リスク管理の上ではあり得ないことです。

　まず、現物取引であれば安全、という思い込みを一度捨てください。

むしろ「現物だから放置でいい」という考えの方が、ある意味、危険です。「長期投資は投機に失敗した者の言いわけである」という格言がありますが、言い得て妙だなと思います。

また塩漬けの言いわけとして、「企業を応援しているから株を買っている」というのもよく聞きますが、これも的外れです。企業を応援するなら、単にその企業の商品やサービスを買えばよいだけです。「私たちは投資をしている」のです。投資というのは、リスクを取ってリターンを求める行為です。この大前提を忘れないようにしましょう。

繰り返しますが、現物だろうと信用だろうと間違ったリスク管理が危険なのです。

図表4.4.1　現物株の退場パターン

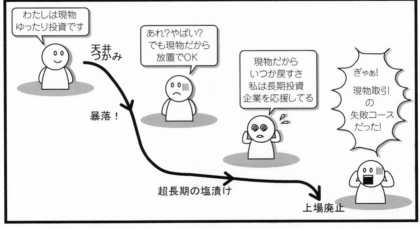

前置きが長くなりましたが、以上のことを踏まえて、信用取引を使ったポジションと資金の管理を解説していきます。ここから先は「現物取引で、リスク管理の運用経験を積まれた人」が対象になります。

現物株の取引で、少しでも塩漬け株を持っているような人は、信用取引には絶対に手を出さないでください。

〇担保

　僕は信用を使う場合、現物は買いません。証券口座に入金されたお金は全額を「委託保証金」として取っておきます。現物株を担保にはしません。現物取引の延長で信用取引を考える人がいますが、両者は別物と思ってください。信用取引はFXや225先物の考え方に近いかもしれません。少なくとも僕はそう思っています。

　よくあるのが、現物のポジションに充分な含み益が出ていることから、その現物を担保にして、新たな信用ポジションを取ってしまうというものです。

　既に運用口座の現金は現物に注ぎ込んでいる状態なので、もし信用ポジションを損切る場合、売却損を支払うお金が足りなくなってしまいます。その結果、「含み益の出ている現物を手放したくなくて、信用取引の含み損を膨らませ続けてしまう」という過ちを犯しがちです。あるいは、せっかく利益を伸ばせている現物を売却して、売却損のお金を確保しなければならなくなります。

〇レバレッジ

　僕は、信用取引に「レバレッジ2倍の縛り」を入れています。つまり、「投資資金」を超えるポジションは持たないということです。

　どういうことかというと、「投資資金」200万円で、「証券口座」と「銀行口座」に、それぞれ半々の100万円ずつ分けているとしたら、信用取引における最大の買付け額は、証券口座の額にレバレッジ2倍の200万円までにするということです。

　信用取引の口座管理は、現物と同じように考えます。銀行と証券のそれぞれの口座に同額を入金しておきます。ただし、レバレッジ2倍

を利かせる分、保有銘柄数や１銘柄あたりの上限額も（単純に考えて）２倍に増やすことができます。

　投資資金200万円だった場合の、現物と信用での運用条件の違いを、次の例で具体的に示しておきます。

例）投資資金200万円
・証券口座100万円：銀行口座100万円
＜現物取引＞
・最大買付額：100万円まで（※レバレッジ無し）
　保有銘柄数：１～２銘柄
　１銘柄あたりの上限額：証券口座の額÷保有銘柄数
＜信用取引＞
・最大買付額：200万円まで（※レバレッジ２倍）
　保有銘柄数：２～３銘柄
　１銘柄あたりの上限額：最大買付額÷保有銘柄数

　信用取引ならば、運用口座の資金は保証金としているので、まだ余力があります。そこで、最初の銘柄に充分な含み益が出ていることから、さらなる買い増し、あるいは３銘柄目を買い付けることができます。

　所持金額の２倍ものポジションを持てることから、それだけ利益を出せるチャンスが増えることになりますが、逆に、それだけ損失を出す可能性も増えるわけです。

　「含み損のポジションを複数抱えない」という決まり事はより一層徹底しなければなりません。１銘柄目で既に充分な含み益がある状況にしておかない限り、２銘柄目にエントリーしないというのは鉄則です！

図表4.4.2　レバレッジは２倍まで

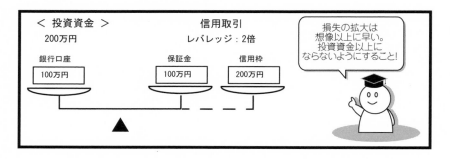

　やはり注意しなければならないのは、信用取引の場合、負け始めてから資金を失くすまでの時間が、「想像以上の早さで起きる」ということです。

　もちろん、いままでここに書いてきたようなポジションや資金の管理ができていれば、退場になるようなことはまずないでしょう。しかし、やはり人間は感情に左右される生き物です。何かの拍子にメンタルが崩れ、ルールを逸脱したポジションを抱えて大損、それを取り戻そうとさらに無理をして泥沼にはまっていくことがあるのです。

　図表4.4.3では最初、投資資金200万円、100万円ずつ口座管理しています（①）。50万円負けて証券口座が半分になったとします。その時、25万円を銀行口座から入金して、75万円ずつにしなければいけないのに、失った50万円を丸々入金して、証券口座の残高を100万円に戻してしまうのです（②）。そして、また50万円負けると、その負けた分50万円を補填して、証券口座を100万円に維持しようとします（③）。

　そこでも負け続けると、一発逆転などを狙って過剰なレバレッジを取ってしまいます（④）。最終的には全てを失くして退場です（⑤）。下手したら追証発生なんてことにもなります。

図表4.4.3　信用取引の退場パターン

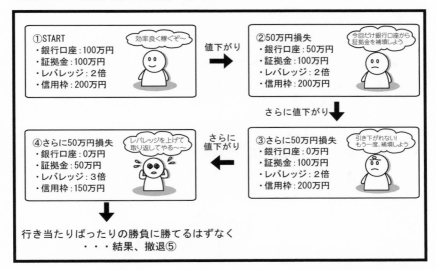

こういう行動にでる心理、僕もよく分かります。しかし、100万円を50万円に減らすのは元金100万円の0.5倍ですが、その50万円を100万円に戻すには元金50万円の2倍です。つまり同じ額でも減らすより、取り戻す方が難易度は高いのです。

人間は喪失感を受容せずに、さっさと補填しようとします。なるべく素早く取り戻したいと思うのです。そこに破滅への罠があります。

地合いが良好な時期に移れば、短期間で2倍になる銘柄は見つけやすくなります。負けても焦る必要はありません。その時期が来るまで待つようにしましょう。

もし現状で、自分の冷静さに少しでも自信がもてなければ、信用取引はやらない方がいいでしょう。世の中には現物取引だけで、大きく資産を増やした個人投資家もたくさんいます。

誰に強制されてもいないのですから、無理をすることはありません。

4－5　結局は、メンタルの問題

　細かいことを色々と書きましたが、結局、ポジションと資金を管理する目的は、トレード中の精神を正常に保ち、常に冷静に判断できるようにするためだと思います。

　普通、用意した資金が半分になってしまったら、そこで一度立ち止まるでしょう。しかし、メンタルをやられてしまうと正常な判断ができなくなります。これは投資に限りません。パチンコや競馬で熱くなって、生活費にまで手を出して結果破滅したというような話は後を絶ちません。株式投資にも同じような危険があります。ここが怖いところです。

　しつこいぐらいに繰り返していますが、最初に決める投資資金は、執着しない額がベストです。

　運用資金が少ないと、儲けも少ないと思うかもしれません。「虎穴に入らずんば虎子を得ず」「もっと積極的にリスクを取って、短期間でガンガンお金を増やしていく」。そんなやり方を望む投資家が多いのも知っています。僕自身にもそういう面はあります。しかし、過剰なポジションは確実に精神状態を不安定にさせ、ミスを誘発します。

　控えめのポジションであっても、値動きの全てを想定した売買は、着実に運用資金を増やしていけます。運用資金が増えれば、それに応じて自然と利益も上がっていきます。

　最初に心掛けるべきは、**手持ち資金を着実に積み上げていく投資スキルを育てること**です。コツコツ安定して利益を出せれば、複利効果も働き、いずれ資金は大きく膨れ上がってくれます。

　僕には数多くの投資関係の友人がいます（いました）が、成功して生き残っている人は余裕資金でコツコツやっている人ばかりです。逆に失敗する人は、生活に必要な資金が確保できていない状態で、余裕のない資金を投入してしまった人が大半でした。資金に余裕がないと

いうことは、それだけで既に追い詰められた精神状態なのです。すると目先の株価に一喜一憂、トレード数も多くなり、どこかで妙な大勝負に挑んで大敗、退場というパターンに陥ります。

　資金・ポジション・メンタルの管理がまだ不完全な方が無理のない少額から始めるというのは、練習も兼ねて慣れるという意味もあります。既に投資を始めている人でも、改めて自分の「資金・ポジション・メンタルの管理」について考えてみてください。

　巷には、過剰なリスクを取って勝ち続けている成功者の話などがありますが、彼らも多くの失敗を繰り返しているはずです。耳障りの良い話やテクニックなどに影響受けて、無茶なやり方をしないのが賢明です。

4－6　攻撃的な複利運用

　この章をここまで読んでくれたあなたは、かなり投資の資質がある
はずです。

　これはお世辞でもなんでもありません。

　通常、ポジションや資金の管理については、地味な話が続くことか
ら、読み飛ばす方が多いからです。やはり、上がる銘柄を効率良く探
す方法や、効率良く儲ける売買タイミングの方が華やかで読み応えが
あります。

　でも本当に大切なのは、この第4章です。

　さて、ここまで読んだ方の中には、「リスクを抑える話ばかりして、
資産を大きく増やせるのか？」と疑問に思われたかもしれません。ハ
イリスク・ハイリターンと言われるように、どうしても危険と見返り
は比例します。しかし「ある要素」を入れ込むことで、実は投入資金
を抑えて余裕をもった運用の方が、結果的に大きな成果を出せること
があります。「時間を味方にする」のです。

　それが、複利効果です。

　投資で得た利益を再投資することで、年利数パーセントでもコツコ
ツと運用していけば、何十年後かには何百倍にもなっている、という
話ですね。

　次ページの図は、投資資金300万円を年利10％で35年間、複利運用
した結果をグラフ化したものです。グラフを見てもらえれば分かりま
すが、特に後半のお金の増え方、加速具合は凄いです。35年後には
8400万円を超えます。37年目では、1億円を超えていきます。すごい
ですよね！！　住宅ローンが最長35年ですから、そのくらいのスタン
スで運用するのであれば、非常に優れた方法です。

図表4.6.1　複利運用の効果

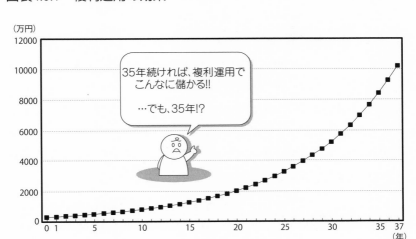

いやいや、ちょっと待って、35年！？

もう還暦すぎているよ！

いや、俺なんて生きているかも分からない！？

…と思ったりしませんでしたか？　僕もそう思います。

　そのくらいの時間をかけることができるなら、リスクの少ない毎月積み立て型の金融商品の方がよいでしょう。わざわざ危険度の高い個別株投資に手を出す必要はありません。誰しも利益は早く欲しいものです。だからこそ、「１年で100万円を１億円に！」という類の本が売れるのだと思います。

　時間を味方にすることは正しい。では、「時間がかかりすぎる」という問題を解決するにはどうすべきでしょうか。

　それは、期間の代わりに年利を上げていけばよいのです。

　資産運用というくくりで考えた場合、今の時代、どれほど良くても年利はせいぜい数％です。安定的に10％超をうたう金融商品があれば、

ほぼ詐欺と言ってよいでしょう。先の例の「年利10％を35年間コンスタントに続ける」というのは、普通の金融商品では難しいでしょう…。だからこそ個別株投資なのです。

　ここから提案するのは、前提として、かなり攻撃的な複利運用です。それを理解した上で、その攻撃性を多少セーブしようというものです。

　本書で示す成長株投資の場合、うまくいけば高い利益を狙えます。特に少額資金から始める場合は、わりと短い年数で大きく資産を増やせる可能性があります。ただし、**短期間で高い利益を得ようとするほど、リスクは高くなります。**

　そこで、１年間で億を稼ごうなどとムチャな考えではなく、５〜10年ぐらいを目途にします。極端な話、300万円を年利100％複利で回せば、７年足らずで１億円を超えます。

　「年利100％を維持なんて、ムチャクチャだろ！」

　その通りです。しかし、次のように考えるとどうでしょうか。

　「１年で２倍になる成長株を、１つ見つければいい」

　これもハードルが高いかもしれません。しかし成長株投資では、２倍になるものを狙うとかは割と普通です。

では、毎年必ず２倍にするのは無理だとして、「毎年１〜２倍の間で運用できたらどういう結果になるか」をイメージしてみましょう。次の条件で簡単な運用シミュレーションを行ってみます。

・元金：300万円
・運用期間：７年（複利）
・年利：０〜100％（１〜２倍）の間で毎年ランダムに発生

　運用結果は、次ページ図表4.6.2に示しました。

図表4.6.2　攻撃的複利運用を1000回試行したときの分布図

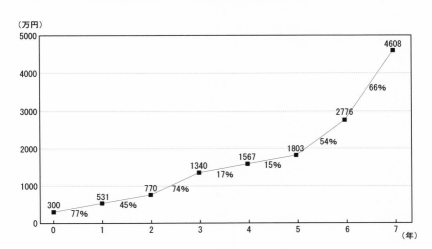

　グラフには各年で発生した年利と毎年の資産を記しています。300万円が7年間で4,608万円に増えていますよね。一番好成績を収めたときで年利77％（1.77倍）、一番悪いときでも15％（1.15倍）なので、資産運用としてはかなり優秀といえます。もちろん、ン百億円を運用するような一般的な金融商品としては有りえないレベルの成績です。しかし、数百万円〜数千万円程度の運用を行う個人投資家レベルでは、そんな無茶な儲けを狙ったものではないですよね？

　ただし、図表4.6.2は無数に起きる可能性の中にある1つの結果にすぎません。このシミュレーションは、毎年の年利は0〜100％の間でランダムに発生させているので、同じことを繰り返せば違う結果が出てきます。例えば、いろいろ試した中には、次ページ図表4.6.3のAパターン（1億1千万円超）や、Bパターン（1千6百万円超）のように結果が大きく異なるものもありました。

図表4.6.3　２つの異なるパターン

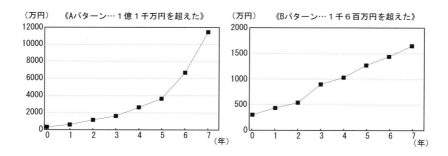

　試行を繰り返せば、その結果にはバラツキが出てきます。

　そこで、この試行を1000回繰り返し、そのときの結果がどんなバラツキ具合になったのかを調べてみました。図表4.6.4を見てください。

図表4.6.4　攻撃的複利運用を1000回試行したときの分布図

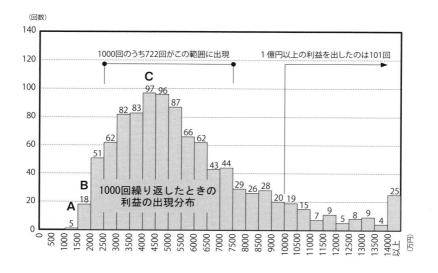

　このグラフは、「1000人の投資家が先ほどの条件で運用した結果」

と同じ意味を持ちます。

　各棒グラフの上に書かれた数字は、「各価格帯の出現回数」を表していますが、この回数は「1000人の内、各価格帯の成績を出せた人数」と見ることができます。

　そう見ると、左側の棒から、1,000万〜1,500万円の利益だった人は5人（A）、1,500万〜2,000万円の利益だった人は18人（B）いたとなります。一番多いのは、4,000万〜4,500万円の97人（C）ですね。

　2,500万〜7,500万円の範囲が全体の約70％を占めていることから、毎年ランダムに2倍以下の運用成績を7年間続ければ、7割の人はこのくらいの運用成績が上げられることになります。1億円以上の利益を出した人は101人いることから、10人に1人は1億円以上の利益を出したことになります。

　ただしこれは、計算上のシミュレーションです。現実的には7年も続けていれば損失を出す年もあるでしょうし、逆にもっと大きく何倍にも増やす年もあるはずです。また毎回、手持ち資金を全て投入するわけではないので、あくまでイメージです。

　それでも「このくらいのターゲットに設定すれば、このくらいの利益が充分に取れる」というイメージはつかめると思います。「テンバガー（10倍株）を取るぞ！」と気張るよりも、「2倍ぐらいは取れそうな成長株を、年に1〜2回当てていく」という方法ならできそうな気がしませんか。

　このくらいで充分すぎる成果が出せることは、なんとなくお分かりいただけたかと思います。野心的な投資家は、短期間で資金を一気に何倍にしようとしがちです。そうなると、無茶なポジションを取ったり、銘柄に過剰な上昇期待をしてしまったりします。その結果、失敗も多くなります。確かに株価が絶対に上がるのであれば、買付け額は多い方が増えます。しかし株価が下がればその分、多くの資金を減らします。

でも時間を方につけると考えれば、控えめなポジションをコツコツ取り続けても、5年以上かけて大きく増やしていくことは可能です。このあたりは、「時間とターゲット利回り」に対する匙（さじ）加減になります。

　もちろん、そこには「運用は慎重に堅実に行う」というのが大前提です。①ポジションと資金の管理は徹底的に行い、②投入資金は常にメンタルを損なわない範囲に抑え、そして、③利確は欲張らずに、数回に分けながら確実に確保して行く。これらの具体的なやり方は、既にこの章で細かく書きました。これらを忠実に守っていくことが、結果的に資金を大きく増やします。

　偉そうなことを書きましたが、僕はまだ経験が浅い時期に、過剰にリスクを取ることで、手持ち資金を1年で20倍にしたことがあります。しかし、同じリスクを取り続け、翌年にはそれを全て吹き飛ばして、退場しそうになりました。もうムチャクチャです。

　僕は、そういう悪癖を修正するのに長い時間がかかりました。

　この第4章は、そういう僕自身の悪癖を「どうやったら修正できるだろうか？」と試行錯誤しながら作り上げた、ポジションや資金の管理方法になります。全部をそのまま真似しなくても、使えそうなものがあればぜひ取り入れてみてください。

コラム

危機的状況に陥らないために

　株式投資をやっていると、「しまった！」と思うような瞬間が何度かあります（…というか、その繰り返しですよね）。

　「今さら買っても遅い」、「今さら損切りできない」というものから、「もうダメだ」と絶望するものまで様々です。もし、過去にそういう体験をしたことがあれば、そのときのチャートを、今一度眺めてみてください。すでにこの本を読まれた方であれば、「あれ？」って思うはずです。意外にも、まだ利益を出せる、損失を最小限に抑える、といったタイミングがあったことに気がつくと思います。

　例えば、上昇トレンドに乗り遅れたと思っても、飛び乗る押し目のチャンスはあっただろうし、急な暴落に巻き込まれても、逃げ場はどこかにあったはずです。

　もちろん、これらは結果論でしかなく、「後から見れば、いくらでも言える話」かもしれません。実際、押し目と思って買ったら暴落の初動だった、戻りと思って利確したらもっと上がってしまった…、なんてことも充分にあります。だから、怖くて行動に移せない。それは当然でしょう。

　恐怖というのは「失敗への恐れ」から生じます。

　この第4章では何度も書きましたが、株式投資にはメンタルが大きな影響を与えます。感情がかき乱されてしまうと、その時点で負け確定です。どんな状況に陥っても冷静でいれば、利益も出せますし、損失も抑えられます。

　そして「冷静さをキープするには、ポジションを恐怖にならない資金に抑えるしかない」というのが、僕が思う唯一の方法です。

ところで僕は、一度、死神に心臓をつかまれるような体験をしたこ

とがあります。忘れもしない2006年1月16日、ライブドア強制捜査の日。いわゆる「ライブドアショック」と呼ばれる大暴落をもろに食らったのです。丁度ライブドアがM＆Aをしたことで上げ始めた銘柄に、信用取引による全力買いをしていました。かなりの含み益が出ていたのですが、それが2週間、寄り付かずに連続ストップ安になるという酷い有様でした。

　まさに、天国から地獄です。そしていよいよ、あと1日寄り付かなかったら、何百万円という借金が発生するというところにまで来ます。もう生きた心地がしませんでした。しかし、その日はギリギリ寄り付いてくれて、なんとか逃げることができました。本当に奇跡だと思っています。

　実は、このとき「リバウンドを取れるんじゃないか？」と、全株返済売りの注文を、一瞬、躊躇しそうになりました。この銘柄は寄り付いた後に、ろくなリバもなくさらに下げて行ったので、あのときに変な欲を出してリバ狙いで保有し続けていたら、完全に退場した上に借金を抱えていたでしょう。人間の欲というのは際限がないと、我ながら心の闇にゾッとしたものです。

　新興株や小型株の場合、こういう連続ストップ安は割と頻繁に起きます。誰でも巻き込まれる可能性があるのです。だからこそ、資金やポジションの管理をしっかりやらなければなりません。それさえちゃんとしていれば、仮に持ち株の1つが寄らず連続ストップ安になっても、冷静に対応できます。もし自分のルールに背いていると思ったら、すぐに資金やポジションの管理を見直してください。

　成功した投資家は、例外なく地獄のような経験をしています。

　平穏無事に順風満帆で成功を駆け上がった人は（たぶん）いないはずです。退場した人はたくさんいますが、そこから、なぜ失敗したのか、その理由をきちんと学習して再起した人は、一回りも二回りも強くなっているはずです。

実践編

実際の売買履歴

本章のはじめに

先の第1部は基礎編として、シナリオ投資の方法を紹介しました。

第2部はこれまで述べてきた内容について、「どう実践で生かすのか」を、実例を挙げながら解説していきます。「単なる後付け解説で終わらず、再現性がある」ことに注力しました。

本章の前半では地合いの読み方について、そして後半では僕自身が実際に売買をした4つの実例をご紹介します。

●前半の概要
・歴史的な視点から見る日本株のこれから数十年先の見通し
・日経平均の「ドル建て」と「円建て」を使った地合い予測方法
・市場テーマやリーディングストックの探し方

●後半に掲載する事例
・3856 Abalance
・2121ミクシィ（思惑相場編）
・2121ミクシィ（業績相場編）
・6258 平田機工

事例を選んだ基準ですが、全部に通じるのは、「応用が効く」という点です。そのため、第1章でご紹介した投資ルーティンをもう少し深掘りして、具体的なレベルで理解してもらえるようにしました。

また、僕自身の売買を追体験してもらうという点も重視しました。僕は、全てのトレードに必ず記録をつけていますが、読み返してみると、常に迷いの連続でした。それをどう乗り切ったか、それらをシェアすることで、皆さんの売買の参考にもなるかと思います。

5－1　歴史的な立ち位置を知る

　2023年４月現在、僕は「現在、日本株は三度目の超長期上昇に入っている」と仮定しています。そして、その上昇は、山あり谷ありの波乱はあるものの、おそらく2054年辺りまで続き、その間、日本株への投資チャンスは何度も出て来るのではないかな、と思っています。

　この考えを初めて人前で話したのは、2014年です。パンローリング社主催『投資戦略フェア』で日本取引所グループ（旧東京証券取引所）のブースにおいてミニセミナーを依頼されたときです。

　このとき、僕のセミナーの聴講された方々に、「既に日本株は、40年にわたる長期的な上昇期に入っている」という話に加え、「今後は米ソ冷戦に似た大国同士の対立構造や、世界規模の戦争、もしくは疫病の類が流行るかもしれない」という話もしました。

　当時作成した資料を読み返してみたら、結構当たっているので自分でもびっくりしています（※その資料は、読者特典に含めておきます）。

　もちろん、僕の予想が的中したことを自慢したいわけではありません。過去の出来事を調べた結果、そういう予想に行きつき、その数年後に近いことが起きた、という話をしたいのです。

　「株価の予想をするには、過去の歴史を調べる」ということは、既に第３章の「時間の波動」でお話しました。が、ここでは、何十年という超長期的な予想をどうやって行うのかをお話します。

○超長期の予想

　まずは、次ページの図表5.1.1を見てください。

　これは、僕が当時のセミナー用に作成した1878年からの日本株超長期チャートに、今回2022年までを追加して一部修正したものです。

図表5.1.1　日本株の超長期チャート

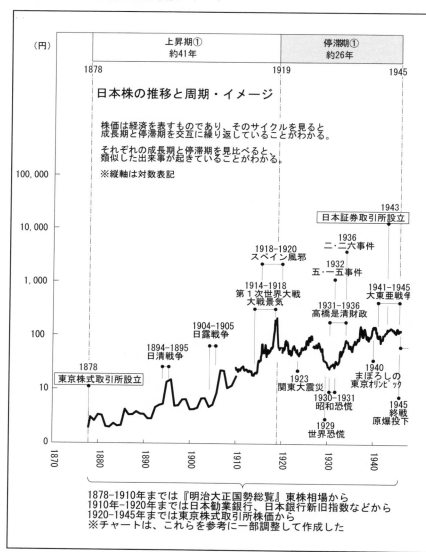

1878-1910年までは『明治大正国勢総覧』東株相場から
1910年-1920年までは日本勧業銀行、日本銀行新旧指数などから
1920-1945年までは東京株式取引所株価から
※チャートは、これらを参考に一部調整して作成した

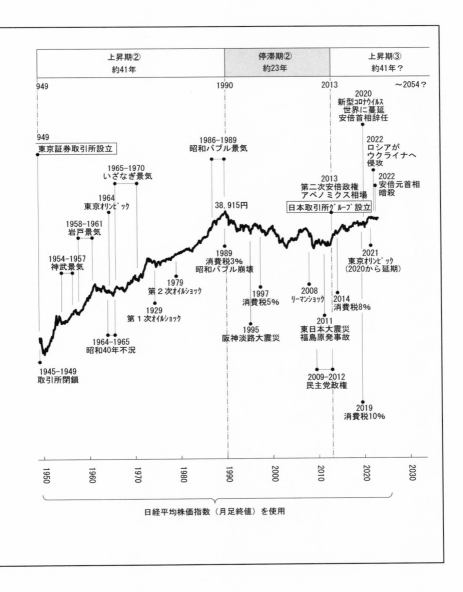

日経平均株価指数（月足終値）を使用

1949年以降のデータは日経平均株価を使用しているのですが、1945年以前のデータがなかなか大変で厄介でした。

　戦前には日経平均株価がありません。なので戦前に関しては、東京株式取引所や銀行の株価などを参考にしました。しかし、当時の資料は非常に古いものばかりです。年単位でしかデータが手に入らない期間や、株式分割が考慮されていないなど、色々問題もありました。

　そのため幾つか独自に調整、指数化した部分もあり、多少、恣意的な箇所があることをご了承ください。

　ただ、上昇、下落、保ち合いが違っている、といった根本的な間違いはないはずなので、チャートの波全体の流れは充分につかめると思います。

　チャートには、株式に関係している国内の歴史的な出来事もメモしたので、日本市場におきた出来事が一望できるかと思います。

　さて、図表5.1.1を見ると、日本株は取引が開始された1978年から現在までに、長期で何度か上昇と停滞を繰り返しているようです。僕は、単純にチャートの形から、次のように区分しました。

図表5.1.2　日本市場の上昇期と停滞期

上昇期①	1878〜1919年（約41年）	近代化から第1次大戦景気
停滞期①	1919〜1945年（約26年） 1945〜1949年	デフレ期から大東亜戦争終戦 取引所の閉鎖期間
上昇期②	1949〜1990年（約41年）	戦後復興から昭和バブル
停滞期②	1990〜2013年（約23年）	バブル崩壊から民主党政権
上昇期③	2013〜	第二次安倍政権発足から

　約40年の上昇期と約25年の停滞期を繰り返していますよね。

　「歴史は繰り返す」と言いますが、このチャートを眺めていくと、面白いことが幾つも発見できます。

　まず、証券取引所の設立や再編です。

・上昇期①の始まり1878年、東京株式取引所が設立
　（停滞期①の終盤1943年には日本取引所が設立）
・上昇期②の始まり1949年、東京証券取引所が設立
・上昇期③の始まりと仮定した2013年、日本取引所グループが設立

　それぞれ超長期の波の区切りでは、必ず取引所が再編されているのです。
　また、停滞期①には、関東大震災、昭和恐慌デフレ、広島長崎への原爆投下などがあり、それはそのまま停滞期②で起きた、阪神淡路大震災、消費増税によるデフレ、東日本大震災における福島原発事故などに類似します。
　さらに、80〜100年の間隔でも似たようなことが起きています。
　1918〜20年のスペイン風邪大流行と2020年からの新型コロナウイルス世界的パンデミック、1929年の世界恐慌と2008年リーマンショック、1940年まぼろしの東京オリンピックと2020年東京オリンピック延期などです。
　また、過去二つの世界大戦に対比してか2022年にはロシアによるウクライナ侵攻が始まり、第三次世界大戦や限定核戦争にまで発展するのではないか、という緊迫した状況にもなりました。
　ほかにも細かいことは色々あるのですが、作成した日本株のチャートにこれらを被せていくと、「これから先起きる出来事は、過去に起きた出来事と類似したものが現れて来る」と想像できます。
　こういった諸々の考察から、いま繰り返されているのは、ちょうど上昇期③だと仮定したわけです。
　ただし上昇期とは言え、それは安定したものではなく、途中で何度も何らかのショックや大暴落が起き、年単位での下降トレンドも発生

すると思います。

　それらは、今までの上昇期①と②でも普通に起きていたことです。したがって、タイミングを誤ると思わぬ損失を被ることになるので、中短期的な波動をしっかり読む必要があるのは言うまでもありません。

　ところで、2014年のミニセミナーで予想した中で、１つ外したことがあります。それは1931年の昭和恐慌によるデフレを、積極財政によって解消した高橋是清の再来です。2013年に脱デフレを掲げて再登板となった安倍首相は、高橋是清の再来になるかと期待しましたが、残念ながら二度にわたる消費増税が致命的となり、デフレ脱却には至りませんでした。そして新型コロナパンデミック騒ぎの最中、2020年９月に任期１年を残して安倍首相は退陣となります。

　　2022年７月８日、奇しくも安倍元首相は高橋是清と同じような運
　　命を辿ってしまいました。僕個人としてもショックは大きく、残
　　念な気持ちでいっぱいです。謹んでご冥福をお祈り致します。

　安倍首相在任中の評価は色々あると思いますが、アベノミクス相場で日経平均が大きな上昇を果たしたのは、大きな成果だと思います。それでも、いまだ昭和バブルの高値は超えていません。これを超えない限り、2013年が上昇期③の始まりとは、まだ断定できません。

　なんだかんだ言って、株価は景気経済を反映したものです。高値を更新するには経済成長は不可欠です。いずれ何らかの出来事をきっかけに、日本の不況は必ず終わり、３度目の経済成長に入ると思っています。そのときこそ、日経平均は昭和バブルの高値38,915円を抜くのではないかと予想しています。

　ただし、注意すべきことを図表5.1.3にイメージとして載せました。

図表5.1.3　2055年までのイメージ

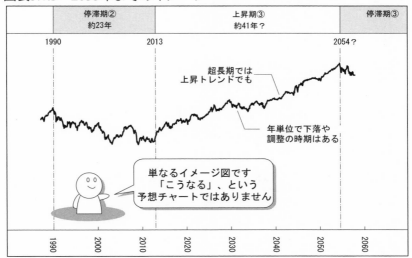

一本調子に上がっているように見えても、年単位では大きな下落や調整が必ず起きるということです。上昇期③は、相当に乱高下しながらの上昇となるでしょう。しかし、長期的な上昇相場が継続なら、短期、中期で起きる下落局面は大きなチャンスとなるはずです。

僕は、2054年ぐらいまで、日本株で利益を出すタイミングは何度も訪れると見ています。それらを、上手く利用すれば、次の様な「超長期戦略」として活用できると思います。

・価格の波動から「暴落（の底）は買いチャンス」
・時間の波動から「下落トレンド（の終盤）は買いチャンス」

「（の底）と（の終盤）」をどう判断するのかは既に第3章チャートの波動でお話していますが、この第5章は実践編なので、後ほど、売買の具体例と絡めて詳しく解説しようと思います。

５−２ 地合いの読み方と先行指標

「株を買う前には、地合いを読みましょう！」

株式投資本などでは、よく言われることですよね。確かに、その通りです。個別株は地合いが強いときに買った方が、圧倒的に利益を出しやすいです。でも、そんなの当たり前で、問題は「その強弱をどう判断すればいいのか？」でみんな悩むわけです。

通常、地合いの判断では日経平均を見ますよね。株価指数には色々なものがありますが、日経平均を見るのは基本です。僕は、日経平均を「米ドル建て」したチャートも確認します。日経平均を米ドルに換算したもの。いわゆる「ドル建て日経平均」と呼ばれるものです。

何故、米ドル建てで見るのか。

今の日本市場では、外国人投資家による売買金額は７割を超えていると言われ、その影響力が圧倒的に大きいからです。彼らは米ドルをベースに資産を評価します。

つまり、ドル建て日経平均の強弱を読むことは、７割を占める外国人投資家の投資心理を読むことにつながります。

良い悪いは別にして、日本人投資家が「買いたい！　売りたい！」と思うよりも、外国人投資家が、「買いたい！　売りたい！」と思う方が重要だってことですね。

ドル建てチャートは「日経平均　ドル建て」でWEB検索すれば、リアルタイムでチャートを表示するサイトが幾つも出てきます。

また、第３章でもご紹介しましたが、トレーダーによく使われているチャートツールTradingViewでも、「NI225/ USDJPY」で検索すればドル建ては表示できますので試してみてください。

図表5.2.1に例として、２つの日経平均チャートを掲載しました。

図表5.2.1　日経平均チャート円建てとドル建て

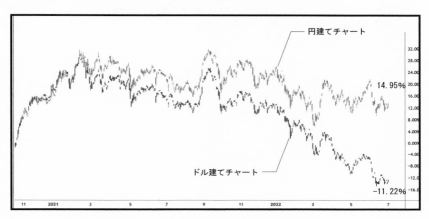

　少し見づらいですがローソク足の濃い方がドル建て、薄い方が円建てです。

　これは両方のチャートを比較しやすいように、2020/10/30スタートで指数化させたものです。両方とも同じような形をしていますが、明らかにドル建ての方が弱いですよね。上記期間で円建ては14.95%上昇に対して、ドル建ては−11.22%と下落しています。

　なんで、こんなに違いが出るのでしょうか？

　その説明をする前に、突然ですが、問題を出します。

　次ページの図表5.2.2には、3つの期間の日経平均で、それぞれ上に円建て、下にドル建のチャートを併記しています。

　このチャート（特に円建ては）はこの後、上げたか下げたか。どうなったと思いますか？

　読む手を少し止めて、その理由とともに考えてみてください。小さいチャートなので、分かりにくいかもしれませんが、この程度の情報で問題ありません。

　テストではありませんので、気楽に予想を立ててみてください。

図表5.2.2　日経平均、この後どうなった？

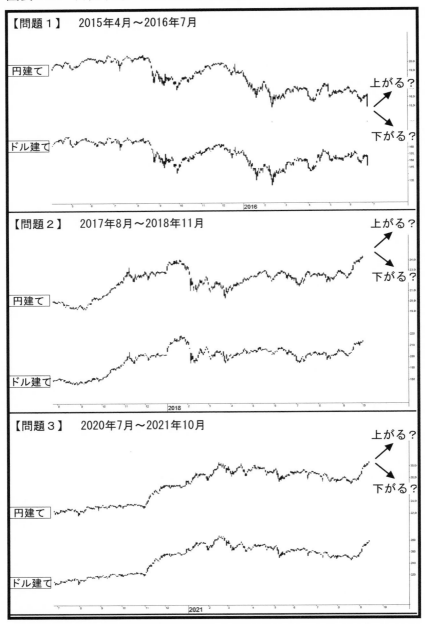

【問題1】　2015年4月〜2016年7月

円建て

ドル建て

上がる？

下がる？

【問題2】　2017年8月〜2018年11月

上がる？

下がる？

円建て

ドル建て

【問題3】　2020年7月〜2021年10月

上がる？

下がる？

円建て

ドル建て

　どれも上下、同じような動きをしているので「間違いを探せ」のような

クイズにも見えますが、その「違い」の部分にこそ、「地合いの

強弱やこの先どうなるのか？」のヒントが詰まっているのです。

　ヒントは、「ドル建ては、円建てに対して先行指標の性質がある」

ということです。何故なら、外国人投資家の主導で日本株が動いてい

ることで、ドル建てチャートが先行する傾向が表れるからです。

　このことから、次の図表5.2.3のような先読み判断ができます。

図表5.2.3　円建てとドル建ての違いをどう判断するか？

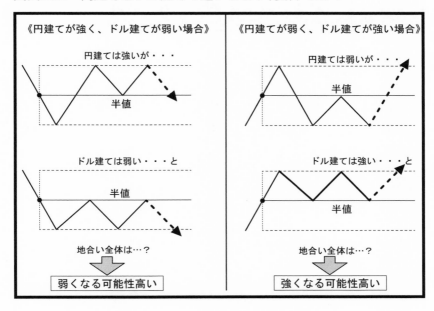

・円建て強く、ドル建てが弱い → いずれ円建ては**弱くなる**

・円建て弱く、ドル建てが強い → いずれ円建ては**強くなる**

　では、この傾向に照らし合わせて作ったヒントを、次ページ図表

5.2.4に示してみます。

図表5.2.4　日経平均、この後どうなった？【ヒント】

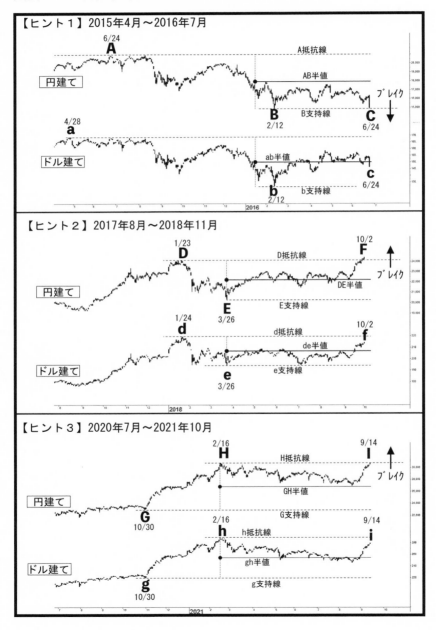

【ヒント1】2015年4月～2016年7月

【ヒント2】2017年8月～2018年11月

【ヒント3】2020年7月～2021年10月

【ヒント1】

C時点では「円建ては弱く、ドル建ては強い」です。

Cは、英国EU離脱が国民投票で決まった日で、ブレクジットショックと呼ばれる暴落が起きました。

円建ての推移は、高値Aから安値Bまで下げた後にAB半値の下でウロウロです。明らかに弱いところに、投票結果でB支持線をブレイク。チャート波動から見れば暴落の流れですよね。しかし、ドル建てはab半値付近を推移し、安値を切り上げています。外国人投資家目線では、やや強気で推移という印象を受けました。

【ヒント2】

F時点では「円建ては強く、ドル建ては弱い」です。

Fは、自民党総裁選の安倍三選を受けて行われた、内閣改造の内容発表の日でした。

円建ての推移は、安値Eから反発、DE半値付近で保ち合い後に上昇、Fは高値Dをブレイクします。これだけ見れば、新しい上昇波動入りに見えますよね。しかし、ドル建てはde半値の下で推移し、fも高値dには全く届いていません。外国人投資家目線では、安倍改造内閣に期待感はなかったのかな、と思います。

【ヒント3】

I時点では「円建ては強く、ドル建ては弱い」です。

Iは約2週間前9/3に、菅首相は次期総裁選に出馬しないと発表し、日経平均が急上昇した時期です。

円建ての推移は、Iで前回高値のHをわずかにブレイクしています。しかし、ドル建ては、iではhブレイクに至っていません。次期首相は岸田文雄氏と周知されつつありましたが、外国人投資家目線では、新首相への移行は、それほど魅力的でもなかったのかもしれません

いかがでしょうか？

　では答えです。問題１は上昇、問題２は下落、問題３は下落です。
回答となるチャートを図表5.2.5に載せておきます。

図表5.2.5　日経平均はこの後こうなった

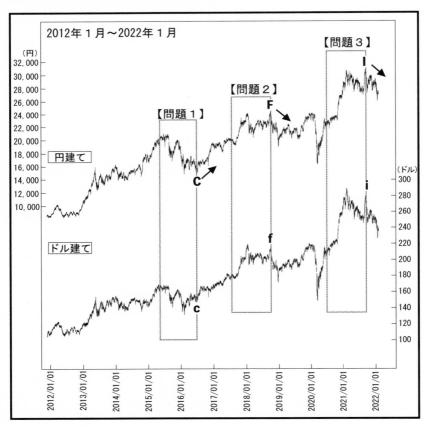

　これは2012年１月から2022年１月まで期間で、円建てとドル建て両
方のチャートを表示したものです。点線で囲った部分が各問題に対応
しています。図を見ていただければ、各問題部分がその後どうなった
か分かるかと思います。

　投資経験が長く、日経平均株価をずっと追ってきた方であれば、
「日経平均、この後どうなった？」には即答できるでしょうが、ドル
建てとの違いを意識してもらえると、面白い発見があるかと思います。

　「ドル建てが円建てに対して先行指標を持つ」という性質ですが、
これは2015年以降からが顕著です。2014年の後半あたりは、例外的に、
ドル建てが弱いのに円建ては強いまま上昇しています。したがって、
「絶対にこういう性質を持つ」ものではなく、「**そういう傾向が強い**」
程度の話ということをご理解ください。
　また、為替レートの問題として単純に見れば、円安では円建てが強
くなり、円高ではドル建てが強くなります。こういったことも総合的
に見なければなりません。
　ただ、2016年大統領選挙、2020年任期満了前に安倍首相の退陣発表
から菅内閣への移行、また衆議院や参議院といった選挙前といった、
政治的なイベントと絡む時期には、ドル建ての先行性というのが強ま
るように思います。

　このドル建て日経平均の話ですが、あくまで「外国人投資家の視点
で見た日本市場」というものです。オカルト的なおまじないではない
ので、その辺りは気をつけてください。
　「ドル建てには円建てに対して先行指標になる」という性質が、今
後も続くかどうかは不明ですが、僕は、世界のパワーバランスに極端
な変化でも起きない限り、この傾向は続くと思っています。

5-3 市場テーマとリーディングストック

■市場テーマ

　地合いを判断するのと同様、株式投資で勝つ確率を上げるのは「市場テーマに即した銘柄を買う」ことです。

　株式市場にはその時々でテーマがあります。市場のテーマに即した銘柄には資金が集まり上がりやすく、テーマに即していない銘柄は業績が良くても、なかなか上がらないものです。故に、いま現在は何がテーマになっているかをまず先に把握して、その中から銘柄を選ぶというやり方が効果的です。

　市場テーマを見つけるには、第1章の投資ルーティン手順①で示した、日々の値上がり率ランキングのチェックで行えます。

　毎日チェックしていれば、「順位が頻繁に上位に来ている」、「毎日、出来高が多い」といった銘柄が自然と目についてきます。それらの共通点を調べることでテーマが見えてきます。

　図表5.3.1を見てください。テーマには具体的なものから抽象的なものまで様々にありますが、僕は大きく3つにまとめています。

　この3つは、厳密に区分されるものでもなく、お互い被ることもあります。右ページ図表5.3.2はそのイメージです。

　ちなみに、「①具体的なもの」が不在なときは、「②市場的なもの」や「③価額的なもの」だけでテーマ化したりすることもあります。

　例えば、軟調な地合いが続く時期などは、割安なバリュー株がテーマ化されて物色されたりします。地合いに方向性がない時期は、投機的な低位株がテーマ化されたりします。IPOが集中する時期は、IPOという大きなくくりで買われたりもします。

　新興市場が上がりやすい時期や、株価指数への寄与度が高い大型株だけが上がりやすい時期もあります。

図表5.3.1

テーマ	内容
① 具体的なもの	新技術、ビジネスモデル、商品など、具体的で銘柄固有のもの
② 市場的なもの	IPO、新興市場、225銘柄、業種など、属性で区分されるもの
③ 価格的なもの	時価総額、低位株、割安、など相対的な比較で判断されるもの

図表5.3.2　市場テーマの３つの属性

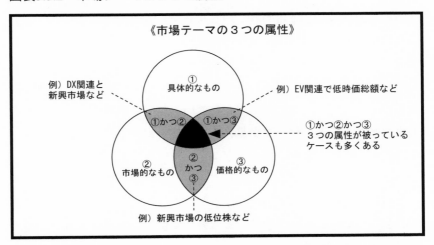

例えば日々の株式ランキング上位に、不動産銘柄が多く表れていたとしましょう。

このことから、不動産という業種が、大きなテーマになっていると推測されますが、これは、「②市場的なもの」にあたります。

その不動産の中でもA社の銘柄は買われてB社は買われていないなどの違いが発見されます。そこで、なぜA社が買われているのか調べてみると、どうやらA社の業態は「不動産テック」を売りにしており、それが評価されているようでした。不動産テックとは不動産×テクノ

ロジーの略です。これは「①具体的なもの」にあたりますよね。

つまり、不動産という大きな枠組みの中でも、そのようなビジネスモデルや商品を扱っている会社という部分がテーマになっているわけです。

さて、多くの不動産テック関連銘柄は上昇して過熱気味になったとします。そうなると、他と比較してまだ上がっていない不動産テック関連銘柄、いわゆる出遅れ株が買われ始めたりします。これは「③価格的なもの」にあたります。

なお「①具体的なもの」は、国策と絡んでいることも多くあります。「国策に売りなし」と言われているように、政府が後押ししている事業や政策に絡んだ銘柄は、比較的中長期で上げていく場合が多いです。国策が何かを調べる方法は色々ありますが、手っ取り早いのは「国策銘柄」とそのまま検索してしまうことです。最近は色々と情報発信が充実しているので、それらを紹介しているサイトは幾つも出てきます。

国策といっても1つではなく、多くあります。また、国策だからすぐに上がるかというと、そうでもなく、やはり企業の業績向上が連想されないとテーマ化しません。

しかし、国策に絡んだ銘柄は、何かのきっかけで一気に人気化することも多いです。したがって、まだテーマ化してない関連銘柄などは監視リストに入れておくとよいでしょう。

特に近年は国連主導のものを、国策として掲げてくることも多いです。SDGsやPolitical　Correctness（いわゆるポリコレ）に絡むようなビジネスモデルなども（これらへの政治的な好き嫌いはあると思いますが）チェックしておくとよいでしょう。

また近年は、国策が世界的規模で絡むことが多いです。特に、「世界経済フォーラム年次総会（ダボス会議）」で取り上げられた議題などは、そのまま世界規模での政策となることが多いので、ダボス会議の内容などにも是非、目を通しておいてください。

■リーディングストック

　ところで、市場テーマの関連株には、ほぼ必ず、そのテーマを象徴する「**リーディングストック**」があります。

　リーディングストックというのは牽引役、つまり全体を引っ張る役目をする銘柄のことです。市場テーマの中で最も強い上昇をしている銘柄に多いです。それらは上昇率ランキング上位、出来高大の常連であることはもちろんですが、Yahooの株式掲示板などでも、投稿ランキング上位にいることが多いので、比較的簡単に見つかるかと思います。

　リーディングストックは、大きな出来高を伴って上昇を続けているので、多くの含み益ホルダーがいます。彼らは買付けに余力が出ているので、似たような関連株を買い始めることから、テーマ株全体が底上げされていくという好循環を起こします。

　さらに、投資家の強気が他銘柄にまで波及すると、いくつもの市場テーマが同時に発生し、株式市場全体の売買が活発になることもあります。その結果、テーマ株の牽引役にすぎなかったものが、市場全体を象徴するリーディングストックにまでなることがあります。

　しかし、どれほど強いリーディングストックも終わりの時は来ます。大抵の場合、チャートは過熱しているため一気に崩れ始めます。そうなるとホルダーは我先にと逃げ始め、関連株は次々と売られていきます。最悪の場合は投資家心理を悪化させ、何の関連もない銘柄までドミノ倒しのように、市場全体を大暴落に巻き込んでいってしまいます。

　2005年の新興市場バブルと呼ばれた上昇では、ライブドアがリーディングストックとして強い存在感を放っていました。しかし、そのライブドアが2006年1月に強制捜査を受けると、それまで非常に強い動きをしていた日本の株式市場は一時的に総崩れになりました。いわゆるライブドアショックと呼ばれた新興バブル崩壊です。

その後、日経平均株価は持ち直して2007年まで堅調さを保つのですが、新興市場はというと、リーディングストック不在のまま、2008年リーマンショックまで沈み続けました。

　僕自身、こういうのを何度も体験してきているので、必ず、リーディングストックの存在は意識するようにしています。自分の持ち株が安定していても、リーディングストックが急騰、過熱しているようだと警戒しますし、もし危険な崩れ方をしてきたら、素早く手仕舞うか、少なくとも半分は利確するようにしています。

　リーディングストックは保有していなくても、その波動や四半期成長率をチェックしておくとよいでしょう。そうすることで、市場全体のトレンド予測に活用することができます。

図表5.3.3　リーディングストックが崩れると…

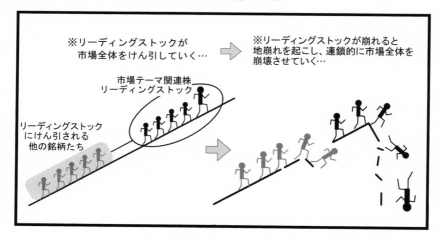

実例についての確認事項

　ここまでで私の投資法は全てお伝えしました。が、よりイメージしやすいように、ここから実例紹介に入ります。流れは第1章の手順と同じです。ルーティンの手順は、下記の通りでしたね。

　また各実例の最初には「■前提」として、本章前半で解説した「地合いや市場テーマ」といったマクロ的な分析も加え、実践でこれらをどう活用したのか、なども解説していきます。

```
＜投資ルーティン手順＞
　①銘柄を探す
　②成長性を調べる
　③チャート波動の分析
　④戦略シナリオの作成
　⑤数回に分けた買付け
　⑥数回に分けた利確

＜売買のスタンス＞
　・保有は数週間から数カ月　⇒　長期投資ではない
　・場中に張り付かない　⇒　デイトレではない
　・衝動的な売買はしない　⇒　勝ち負けは全て戦略的に
```

　第1章「私の投資ルーティン」では、ランキングに登場した複数の銘柄から、チャートや成長性を基にして1つに絞り込んでいました。しかし複数銘柄の分析から詳細に書いていくとページ数的に難しいので、第5章ではその辺りの流れは省略させていただきます。

　ではまず、Abalanceから見ていきましょう。

5－4　実例①　3856 Abalance

■前提：地合いと市場テーマ

　最初にご紹介する＜3856 Abalance＞は、国策（特に世界的な流れ）に乗ったテーマ、四半期成長率に沿った上昇など、再現性の高い銘柄の１つなので取り上げました。注目したのは2020/10/7です。このときの「地合い」や「市場テーマ」はどうだったでしょうか？

図表5.4.1　日経平均チャート（上：円建て、下：ドル建て）

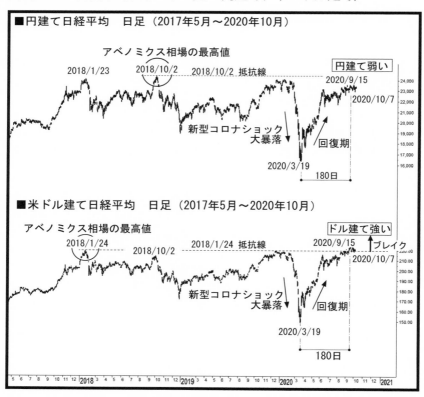

　図表5.4.1をご覧ください。円建てとドル建てそれぞれの日経平均チ

ャートを載せています。

　2020年は年初から新型コロナウイルスの世界規模の感染拡大によっ
て、日本を含めた全世界の株式市場は大暴落をします。

　この大暴落は2021/3/19に底打ちし、その後は大きく反発し、回復
期に入ります。大暴落だっただけに、その反発の勢いは強かったです。
通常はW字型の二番底を付けてから上昇するのですが、このときは、
ほとんど一本足のまま株価は一気に戻していきました。

　暴落前の水準近くに戻ってきたのが2021年９月半ばころです。この
ころには、新型コロナウイルスショックによる株価暴落の痛手も大分
薄れてきていました。

　ここでもう一度、前ページの図表5.4.1を見てください。

　円建てとドル建てに、決定的な違いがあるのが分かりますか？

　それは、両者の強弱です。

　まずは「価格の波動」を見てみましょう。Abalanceに注目した
2020/10/7時点で、円建ては２年前2018/10/2に付けたアベノミクス相
場の最高値を抜けていません。一方ドル建ては、2018/1/24（円建て
とは日付が異なる）に付けたアベノミクス相場の最高値を更新してい
ます。つまり、「円建ては弱いがドル建ては強い」状態だったのです。

　次は「時間の波動」です。円建てドル建て共に、新型コロナショッ
ク大底は2020/3/19です。そこから180日目は2020/9/15となります。
そろそろ天井を付けて下げるか、一段上に向かうかの転換期に入って
いる可能性がありますよね。しかも9/15付近の株価はゴニョゴニョと
高値で保ち合い状態になっています。この時期は７年半続いた第二次
安倍内閣が終わった時期です。あれだけ株価を気にしていた安倍首相
が辞めてしまうのは、明らかに警戒すべき状況ですよね。

　しかし、このときの僕はまだまだ強気で、市場はさらに上昇すると
判断していました。何故なら、すでに高値を更新したドル建てを先行

指標と見れば、いずれ円建ても高値を更新する可能性が高いと予想していたからです。

　さてこの時期の市場テーマですが、大暴落が2020/3/19で底打ちした後の回復期には、新型コロナウイルスの感染拡大に関連した銘柄が活況でした。リモートワーク支援、ネット通販のECビジネス支援、新型コロナワクチン開発などです。

　特にワクチン関連は連日大商いとなり、市場全体を強く牽引していました。しかし、それらも6月には天井を打ちます。7～8月の夏場、市場は新たなテーマを模索している状態だったと思います。

　なお、この時期2020年前半の国内政局はかなり不安定でした。消費税10％への引き上げに続いて、コロナ感染対策も後手に回った感じがあり、当時の安倍内閣支持率がかなり落ち込んでいたのです。安倍首相の任期は2021年9月まででしたが、それまで持つかどうか、と不安も感じていました。

　そして8/28、安倍首相が健康問題を理由に、任期1年を残して突然の辞任表明をします。当然、株式市場は混乱するだろうと考え、僕はニュースを聞いてすぐに保有株を全て売却しました。ところが乱高下したのは、そのニュースの流れた瞬間だけで、その後は安定しました。

　数日もすると、ポスト安倍は内閣官房長官の菅義偉氏との予想が立ち始めます。菅氏はアベノミクス路線を継承するとの見方から、株式市場に大きな波乱は起きませんでした。日本国内は徐々に落ち着いてきました。

　さて、2020年の後半は海外の政局にもリスク要因がありました。同年11月には米国大統領選挙が控えていたのです。日本株投資といえども、米国大統領選には注意が必要です。どの候補がどんな政策を掲げ

　ているかは、日本市場にも結構な影響を与えるからです。

　米国主要メディアの支持率調査では民主党バイデン候補が有利との報道でしたが、鵜呑みにはできませんでした。2016年の大統領選では、ほとんどの大手メディアが、民主党ヒラリー有利と報道していたのに、共和党トランプが当選したからです。個人的には、今回も同じようなパターンで現職トランプ再選かなと思ってました。

　ところが、株式市場はどうも様子が違っていました。

　9～10月辺りから、市場テーマが微妙に変化してきたような気がしたのです。徐々にグリーン関連と呼ばれる環境銘柄にテーマがシフトしていたように見えました。

　これは米国大統領選でのバイデン勝利を織り込みに向かったのかもしれません。何故なら、現職トランプ大統領は化石燃料による内需拡大を推進でしたが、バイデン候補は脱炭素への取り組みを強く掲げていたからです。バイデン政権が誕生すれば、当然、環境関連の銘柄に資金が集まって来ることになります。

　金融市場というのは不思議なもので、予言的な性質を持っています。戦争の前にはゴールドや石油が値上がりして来たり、ある特定の銘柄が買われてると思ったら、政権交代が起きて新政権が推進する関連銘柄だったり、といった具合にです。

　そもそも市場を動かしているのは国際金融の巨大資本です。彼らが手にする情報や、その影響力も桁違いであることから、そういう人々が先回り売買をしているのだろうと思いますが、なんにしろ、大統領選の結果は、その後の世界市場に大きな影響を与えそうでした。

　Abalanceに注目した2020/10/7までには、大体、以上のような市場背景がありました。

◎手順① 銘柄を探す ＜3856 Abalance＞

<チェック項目>

- 値上がり率ランキング（順位、出来高、市場）
- チャートの形
- 銘柄の基本情報（時価総額、予想PER、材料）

　Abalanceに注目したきっかけは「値上がり率ランキング」です。

　2020/10/6に11位で入っていました。「出来高」は寄らずストップ高だったので比例配分となって少ないですが、知らない社名だったので気になりました。

図表5.4.2　値上がり率ランキング　2020/10/6と10/7

順位	コード	名称	市場	年月日	終値	値上幅	前日比	出来高
1	6898	トミタ電機	JQ	2020/10/6	1,595	300	23.17%	46,400
2	6085	アーキテクツ・スタジオ・ジャパン	東マ	2020/10/6	874	150	20.72%	33,700
3	6946	日本アビオニクス	東2	2020/10/6	2,381	400	20.19%	115,000
4	5337	ダントーホールディングス	東1	2020/10/6	915	150	19.61%	5,696,500
5	5900	ダイケン	JQ	2020/10/6	929	150	19.26%	22,900
6	2338	クオンタムソリューションズ	東2	2020/10/6	631	100	18.83%	821,400
7	4491	コンピューターマネージメント	JQ	2020/10/6	3,470	475	15.86%	119,400
8	2345	クシム	東2	2020/10/6	1,096	149	15.73%	1,433,200
9	9275	ナルミヤ・インターナショナル	東1	2020/10/6	741	100	15.60%	294,300
10	4012	アクシス	東マ	2020/10/6	8,900	1,200	15.58%	1,808,900
11	3856	Abalance	東2	2020/10/6	1,144	150	15.09%	23,300
12	2970	グッドライフカンパニー	JQ	2020/10/6	1,964	254	14.85%	82,500
13	4431	スマレジ	東マ	2020/10/6	3,690	475	14.77%	479,500
14	6072	地盤ネットホールディングス	東マ	2020/10/6	282	32	12.80%	1,727,100
15	8923	トーセイ	東1	2020/10/6	1,108	124	12.60%	2,029,800

　続いて翌10/7は1位でした。出来高150万株超と多く、「市場」も東証二部（現スタンダード）と良さげです。

図表5.4.3　値上がり率ランキング　2020/10/7

■2020年10月7日　値上がり率ランキング

順位	コード	名称	市場	年月日	終値	値上幅	前日比	出来高
1	3856	Ａｂａｌａｎｃｅ	東2	2020/10/7	1,375	231	20.19%	1,554,900
2	2932	ＳＴＩフードホールディングス	東2	2020/10/7	2986	500	20.11%	2,813,400
3	8289	Ｏｌｙｍｐｉｃグループ	東1	2020/10/7	1,244	205	19.73%	2,204,000
4	7779	ＣＹＢＥＲＤＹＮＥ	東マ	2020/10/7	625	100	19.05%	12,361,200
5	6173	アクアライン	東マ	2020/10/7	993	150	17.79%	34,600

このときの「チャートの形」は図表5.4.4です。

図表5.4.4　＜3856 Abalance＞直近6カ月日足チャート

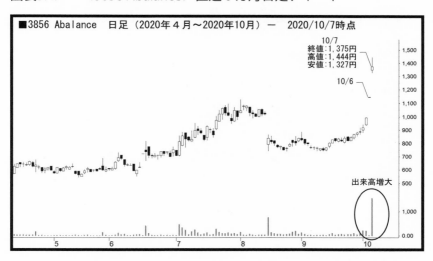

■3856 Abalance　日足（2020年4月～2020年10月）　ー　2020/10/7時点

10/7
終値：1,375円
高値：1,444円
安値：1,327円

10/6

出来高増大

　第1章　私の投資ルーティンでは「上がりそうと判断する3つの基本パターン」を示しましたが、これはその中の「上放れ」に当たりますね。

　しっかりと出来高を伴ってますし、直近6カ月以内に越えていない高値もありません。僕はこれを見た瞬間、「良いチャートだな」と思いました。

　ところで、最初にランキングで名前を見たときの僕は、「Abalance

なんて会社あったのかな？」という感じでした。

　会社ホームページで沿革を見ると、＜3856　Abalance＞は、もともとはリアルコムという社名でマザーズ上場のソフト開発・販売の会社でした。しかし、上場後はM&Aを繰り返して2011年に太陽光パネル事業に進出、2017年に社名変更し2018年にはマザーズから東証二部へ鞍替えという経緯でした。

　2020年時点ではクリーンエネルギー、SDGs関連という、国際的な時流に乗った企業へ上手く変化したと言えます。Abalanceがストップ高した時期は、日米ともにグリーン関連と言われる環境銘柄にジワジワと資金が移っているような状況でした。

　次に、「銘柄の基本情報」についても調べました。具体的には「時価総額」、「予想PER」、「材料」でしたよね。

　これらの情報をまとめたのが図表5.4.5です。

図表5.4.5　＜3856 Abalance＞基本情報（2020/10/7大引け時点）

株価	時価総額	予想PER	材料
1,375円	71億円	22.84倍 （予想1株益：60.21円）	10/5に上方修正

　「時価総額」は、10/7終値で71億円でした。まだまだ小さいので、伸び代はかなりありそうです。「材料」は、10/5に出た2020年6月期予想の上方修正です。通期の経常利益は260百万円→560百万円へと2.2倍に修正され、これが大きなサプライズになったようです。

　修正理由はベトナムの太陽光パネルメーカーの特定会社化で、それは、さらなる収益向上の期待にもつながりました。今回の上昇は業績が材料となっているので、もし成長性が続く限り、業績相場として暫く上げて続けると予想しました。

　「予想PER」を見てみると、10/5上方修正後の予想１株益は60.21円なので、10/7終値1,375円で計算すると22.84倍です。さほど割高感もなく、これも悪くはありません。

　ちなみに、いきなりピンポイントでAbalanceに注目してガンガン調べてるように書いてますが、実際には10/7のランキングでは２位のSTIフードや４位CYBERDYNなどについても、手順①の図表1.1.3に沿って、ざっくり調べて比較しています。その結果Abalanceを選んでいる、ということも触れておきますね。

【再掲】図表1.1.3　手順①　銘柄の調べ方　まとめ

チェック項目	調べる内容		判断基準
値上がり率ランキング	○	順位	50位以内に入っているもの
	◎	出来高	出来高が大きいもの
		市場	スタンダードやグロース優先
チャート	◎	直近６か月のチャート	形の良いもの
銘柄の基本情報		時価総額	なるべく小さいもの
		予想PER	なるべく低いもの
	○	材料	出来高を増大、株価を上昇させているか

※◎：重要、○：それなりに重要、無印：取りあえず調べておく

　では、肝心の成長性はどうでしょうか？　次に「年」と「四半期」の成長率を調べてみました。

◎手順② 成長性を調べる ＜3856 Abalance＞

＜チェック項目＞

- 年成長率
- 四半期成長率
- 情報の最終確認（増資、大量報告、業績修正などの有無）

「年成長率」と「四半期成長率」を求めてチェックします。

せっかくなので、第2章でご紹介した「ファクター計算シート」を使って、成長率を求めてみましょう。図表5.4.6aは、実際に数字を入力したものですが、あなた自身でも求めてみてください。

図表5.4.6a ＜3856 Abalance＞年成長率（2020/8/14時点）

3856		Abalance	※▲はマイナスを意味する			
期	四半期	発表日	経常利益（百万円）		ファクター	年成長率
			累積	単体	四半期成長率	ローゼンバーグ
2019年6月期 H31/R1	1Q					
	2Q					
	3Q					
	4Q	2019/8/14	566			
2020年6月期 R2	1Q					
	2Q					
	3Q					
	4Q	2020/8/14	305			▲ 59.93%
2021年6月期 R3	1Q					
	2Q					
	3Q					
	4Q 予想	2020/8/14	260			▲ 15.93%
			2020/8/14に出された通期予想			

2020年6月期決算のローゼンバーグ年成長率を求めるには、2020年

と2019年の通期決算、２つの数字が必要です。

　Abalanceの企業サイトからIRにアクセスし、それぞれの年度の経常利益を決算短信から拾ってみると、2019年６月期は566百万円、2020年６月期は305百万円でした。

　それぞれを計算シートの該当箇所に入力します。すると、2020年６月期の年成長率は▲59.93%と出て来ました。

　この年成長率はマイナスで全然ダメですね。

　Abalanceは会社予想を出しているので、「予想」年成長率も求めてみました。2020年６月期の決算短信に記載されている2021年６月期の「予想」経常利益260百万円を、2021年６月期４Qのセルに入力すると、年成長率のセルに▲15.93%と出てきます。マイナス幅は縮小するもののパッとしませんね。

　2020/10/5には上方修正が出ました。予想される経常利益は260百万円→560百万円と２倍以上の修正です。これが上昇材料になったんですよね。この修正によって年成長率がどう変わったのかを求めたいので、図表5.4.6bのようにセル部分の数字を書き換えてみてください。予想成長率は、▲15.93%→58.96%と大幅に修正されるはずです

図表5.4.6b　＜3856 Abalance＞年成長率（2020/10/5上方修正）

	3 Q						
	4 Q	2020/8/14	305				▲ 59.93%
2021年6月期	1 Q						
R3	2 Q						
	3 Q						
予想	4 Q	2020/10/5	560				58.96%
	2020/10/5に出された上方修正				修正された成長率		

　2020/10/5は、この上方修正の発表で株価が大きく上昇し、値上がり率ランキングに登場したわけです。

続いて、「四半期成長率」を見てみましょう。

必要箇所を全て入力して四半期成長率を求めたのが、図表5.4.6cになります。四半期成長率を求めるには、直近の5つの四半期単体が必要でしたよね。だから2020年6月期1Qのものを求めるには、図中に実線で囲ったように、2019年6月期1Qからのデータが必要になります。該当するセルに四半期の業績を入力してみてください。

図表5.4.6c　＜3856 Abalance＞四半期成長率（2020/10/5時点）

3856		Abalance	※▲はマイナスを意味する			
期	四半期	発表日	経常利益（百万円）		四半期成長率	年成長率
			累積	単体		ローゼンバーグ
2019年6月期	1Q	2018/11/14	276	276		
H31/R1	2Q	2019/2/14	380	104		
	3Q	2019/5/14	560	180		
	4Q	2019/8/14	566	6		
2020年6月期	1Q	2019/11/14	183	183	▲ 19.66%	
R2	2Q	2020/2/14	121	▲ 62	▲ 38.52%	
	3Q	2020/5/14	204	83	▲ 29.04%	
	4Q	2020/8/14	305	101	22.14%	▲ 59.93%
2021年6月期	1Q					
R3	2Q					
	3Q					
予想	4Q	2020/10/5	560	560		58.96%
		2020/10/5に出された上方修正			修正された成長率	

5つの四半期単体が計算に必要

2020年6月期の四半期成長率は1Q、2Q、3Qと、3連続でマイナス成長です。ただし、4Qの四半期成長率は22.14%とプラスに転じています。四半期単位での成長性は4Qで改善の兆しが出ました。

2020年6月期の年成長率はプラス化、そして直近の四半期成長率は改善されています。このことは、図表5.4.7のようにグラフにしてみるとハッキリ分かります。

図表5.4.7　年成長率と四半期成長率の推移グラフ（2020/10/5時点）

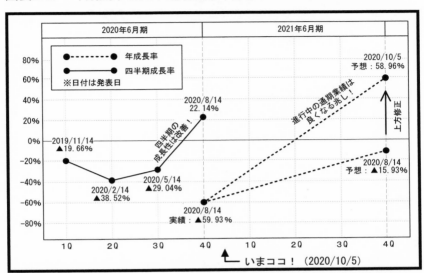

　直近の四半期成長率の改善や、進行中の2021年6月期の通期業績が良くなる兆しがハッキリとグラフに現れていますよね。

　残るチェック項目である「情報の最終確認」ですが、10/5の上方修正を除くと、直近6カ月以内には、業績の修正、増資やその他、今後の株価に影響を与える大きな出来事となるものは、特になさそうでした。

◎手順③　チャート波動の分析　＜3856 Abalance＞

─ ＜チェック項目＞ ─

- 支配的サイクル
- 「上昇を阻む線」と「下落を防ぐ線」
- 出発点から30日、60日、90日の位置

　地合いは強気判断、チャートも良いし、成長性も良いということで、投資対象としては申し分なさそうです。

　ここで、「支配的サイクル」から長期的な波のリズムを確認しました。右ページ図表5.4.8を見てください。長期的に週足を見る場合、通常は直近７年分ぐらいを見ますが、今回は上場日まで遡って13年分の週足を見ています。

　この銘柄は2007/9/19の上場後に上場来高値A（2007/10/11：5,040円）を付けてから下げ始め、B（2008/6/10：1,990円）の戻り高値などを経て、上場来安値C（2011/11/22：82円）まで延々と下げ続けています。そういう動きの中で「支配的サイクル」は、2010/3/19、2013/8/26、2017/3/31に付けた高値が、正弦波の頂点に合うように調整してみました。

　第３章でも述べましたが、この正弦波は大きな流れをつかむためのものなので、だいたいの上げ下げのリズムに合致していればOKです。

　さて、支配的サイクルを見ると、約４年で１周期のようです。天底では２年ぐらいの間隔ですね。波のてっぺん付近では出来高が増えていることから、出来高の増減にも似たような周期が見て取れます。

　近年の上昇相場で付けた高値はD（2017/3/31：1,630円）ですが、AC半値戻しには達していません。３分の１戻しぐらいでしょうか。

図表5.4.8　＜3856 Abalance＞長期週足チャートの支配的サイクル

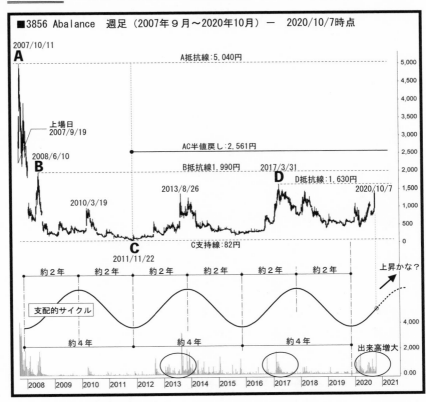

　直近の波は2019年の終盤から上昇してきているので、この流れであれば、2020/10/7以降にも上昇に向かうのかなと、漠然と思いました。

　非常に大雑把ですが、支配的サイクルの形から見れば、次の天井は大体2021年半ば辺りですかね。ただ、ピンポイントで天井というよりも、天井付近をウロウロするのがその辺りかもしれません。

　なんとなく長期的な波の動きがつかめたかと思います。

　次は「上昇を阻む線」と「下落を防ぐ線」を決めます。

　まずは、過去から影響を与えてくる抵抗線や支持線、半値を見てみましょう。図表5.4.9は、2020/10/7以降にも影響を与えそうな線を洗

い出したものです。

　基本的に2020/10/7以降にも強く影響を与えそうなのは、D以降の高値、安値、半値です。ただD以前のものでも、上場来の高値と安値であるAとC、AC半値、上場来2番目の高値Bなどは影響を与えそうです。

　取りあえず、影響を与えそうな線を全て書き出してみました。

・上場来高値からの「A抵抗線」

・上場来高値Aと上場来安値Cの半値「AC半値戻し」

・上場来2番目の高値からの「B抵抗線」

・近年の上昇相場で付けた高値「D抵抗線」

・Dに対するダブルトップEからの「E抵抗線」

・高値Gの抵抗線から逆転した「G支持線」

・上昇の始まり付近と思われるHからの「H支持線」

・直近3年以内の底Fからの「F支持線」

・上場来の安値Cからの「C支持線」

　結構、たくさんの線が出て来ましたよね。

　2020/10/7の終値1,375円から、あまりに離れた線はすぐに影響を与えて来るようなものではありませんが、近い価格にあるものは、直近の動きに対して、それなりの抵抗や支持となってくるものと思われます。

　支配的サイクルもあわせて書いてますが、もし、このイメージ通りに2021年の半ばぐらいまで上昇してくるならば、どの線まで株価を戻すかですね。

図表5.4.9　＜3856 Abalance＞抵抗線と支持線の洗い出し

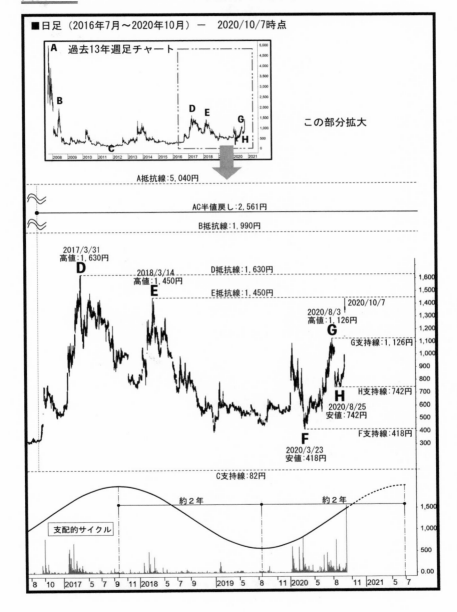

■日足（2016年7月～2020年10月）－　2020/10/7時点

過去13年週足チャート

この部分拡大

A抵抗線：5,040円

AC半値戻し：2,561円

B抵抗線：1,990円

2017/3/31
高値：1,630円

D抵抗線：1,630円

2018/3/14
高値：1,450円

E抵抗線：1,450円

2020/10/7

2020/8/3
高値：1,126円

G支持線：1,126円

H支持線：742円

2020/8/25
安値：742円

F支持線：418円

2020/3/23
安値：418円

C支持線：82円

約2年　　　約2年

支配的サイクル

突然ですが、ここで問題です。

　右ページには上下2つの図表が載ってますが、「下の図表5.4.11を手か紙で隠した状態」にして、次の問いに答えてみてください。

【問題1】　図表5.4.10に記したいくつかの抵抗線や支持線の中から、あなたならどれを「**上昇を阻む線**」と「**下落を防ぐ線**」に選びますか？

　いかがでしょうか。少し考えてみてください。

　このとき僕が選んだのが、下側の図表5.4.11に示したものです。

　「上昇を阻む線」は、それを超えると上昇トレンドが確認できる線であり、「**買い増し**」を検討できる線でもありましたよね。

　ここでは10/7に近い位置で、もっとも強い抵抗線となるものが望ましいです。AC半値とB抵抗線は、ちょっと遠いので候補はDかEの抵抗線ですが、Eは、10月7日の高値1,444円とほぼ同じなので除外、残ったD抵抗線を「上昇を阻む線①」にしました。

　「下落を防ぐ線」はそれを割ってしまうと、一旦、上昇終了と判断する線です。そのまま「**損切り**」の候補にもなる線でしたよね。

　最初、H支持線の742円に目が行きましたが、10/7終値1,375円から633円も下に離れています。高値1,444円から見てもH：742円は半額です。さすがにここまで下げてから上昇終了と判断するのはどうかな？と思ったので、もっと上に支持線となるものがないか考えました。

　今回、最初に「前提：地合いと市場テーマ」で、地合いは強気判断としましたよね。だから、大きく窓を開けているものの、株価はそれほど押さないのではないか、と思いました。そこで、抵抗線と支持線が逆転したG支持線を「下落を防ぐ線①」にしました。これを割ってしまうと完全に窓埋めです。さらにはHまで下げていく可能性も出て来そうだからです。

図表5.4.10　どれを「上昇を阻む線」と「下落を防ぐ線」に選ぶ？

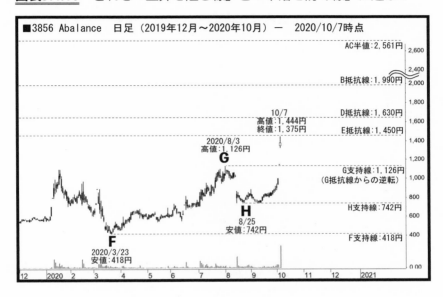

図表5.4.11　「上昇を阻む線」と「下落を防ぐ線」に選んだ線

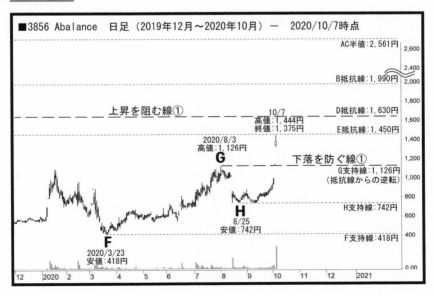

今度は「出発点から30日、60日、90日の位置」を決めます。

30、60、90日の線を引くには、その出発点を決める必要があるので、まずは出発点を決めましょう。右ページの図表5.4.12aを見てください。先程と同じく問題として考えてみましょう。

【問題2】 図表5.4.12aのチャートで、あなたなら「上昇の出発点」はどこにしますか？

いかがでしょうか？ ここのところは少し難しいので、一緒に考えてみましょう。

パッと見るとFが妥当に見えますよね。

確かに、今回の上昇を1年間ぐらいのスパンで見ればFから始まっています。しかし、F:2020/3/28から20/10/7までは、6カ月以上が過ぎています。この先、数日から数カ月先を読むための出発点として、Fはふさわしくはありません。むしろ10/7に近いHを出発点とした方が良さそうです。ただし、H:8/25から見ても10/7までは43日が経っています。

そこでもう少し詳しく見るため、H付近を拡大してみました。それが下の図表5.4.12bです。

この拡大した日足チャートを見れば、H付近は約1か月のボックス相場となっていて、底①②③はそこで付けたトリプルボトムの形になっています。そのような視点で見ると、底①はボックス開始の出発点という感じですよね。このボックスは底③をつけてからの上昇で終わっているので、問2に対する回答としては、底③が正解でしょう。

ただし、底③でも9/8、9/9、9/10と三日連続で同一の安値743円を付けているので、この中から選ぶ必要があります。

図表5.4.12a　上昇の出発点はどこ？

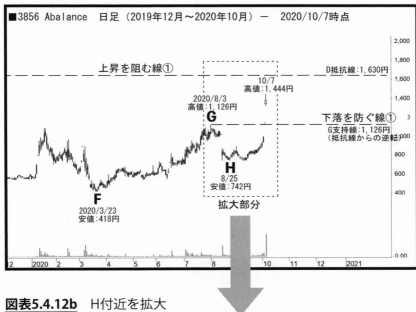

■3856 Abalance　日足（2019年12月～2020年10月）－　2020/10/7時点

上昇を阻む線①

D抵抗線：1,630円

10/7
高値：1,444円

2020/8/3
高値：1,126円

G

下落を防ぐ線①

G支持線：1,126円
（抵抗線からの逆転）

H

8/25
安値：742円

F

2020/3/23
安値：418円

拡大部分

図表5.4.12b　H付近を拡大

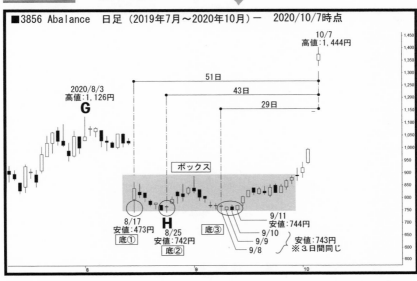

■3856 Abalance　日足（2019年7月～2020年10月）－　2020/10/7時点

10/7
高値：1,444円

51日

2020/8/3
高値：1,126円

G

43日

29日

ボックス

H

8/17
安値：473円
底①

8/25
安値：742円
底②

底③

9/11
安値：744円

9/10

9/9

9/8

安値：743円
※3日間同じ

このときの僕は、底③で最初に743円を付けた9/8を出発点としました（図表5.4.13a）。理由は、時間の波動で想定した日柄を付けることから、いち早く時間の波動を意識できるかなと思ったからです。9/8の30日後は10/8ですが、9/9では10/9なりますよね。

　ただ、第3章でも説明しましたが、時間の波動はピッタリ30日後、ピッタリ60日後というよりは、だいたい30日前後、60日前後という判断をすることが多いです。「そろそろ60日目だから波動が変化しないか気を付けよう」、「そろそろ上昇1年目だから急落に気を付けよう」といった感じです。30日、60日、90日という日柄は、あくまで目安なので、あまり厳格に考える必要はありません。僕は9/8としましたが、終値が一番低い9/10を出発点とするのもありです。

　底③のどの日付を選ぶにしても、30日後は10/8、10/9、10/10と、10/7のすぐ翌日からになるので、エントリーを検討している現在のチャート位置は、ちょうど波の動きに変化が起きる頃合いだというのは意識しておきましょう。

　以上から、Ⅰを「出発点①」としました。
　出発点が決まれば、そこから図表5.4.13bのように30、60、90日の線を引いてみましょう。

図表5.4.13a　上昇の出発点

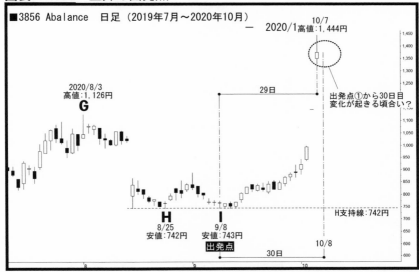

■3856 Abalance　日足（2019年7月〜2020年10月）

2020/10/7高値：1,444円

2020/8/3
高値：1,126円
G

29日

出発点①から30日目
変化が起きる頃合い？

H支持線：742円

H
8/25
安値：742円

I
9/8
安値：743円
出発点

30日

10/8

図表5.4.13b　出発点から30日、60日、90日の位置

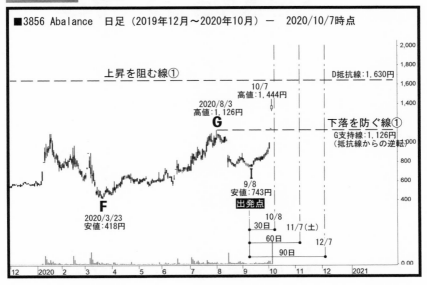

■3856 Abalance　日足（2019年12月〜2020年10月）　―　2020/10/7時点

上昇を阻む線①

D抵抗線：1,630円

10/7
高値：1,444円

2020/8/3
高値：1,126円
G

下落を防ぐ線①

G支持線：1,126円
（抵抗線からの逆転）

9/8
安値：743円
出発点

F
2020/3/23
安値：418円

10/8
30日

11/7（土）
60日

90日

12/7

◎手順④　戦略シナリオの作成　＜3856 Abalance＞

＜チェック項目＞

- 「楽観」、「中立」、「悲観」、３つの戦略シナリオ
- 「損切り額」と「保有株数」

　手順③までで、戦略作りに必要な線は全て引けました。次は、「楽観」、「中立」、「悲観」、３つの戦略シナリオです。

　図表5.4.14で、次のような予想シナリオを作り、それぞれ到達ポイントを設定しました。

・楽観シナリオ①…D抵抗線：1,630円を超えて上昇を想定
　　　　　　　　　　→ ⓐⓒ、ⓑが目標位置
・中立シナリオ①…D抵抗線とG支持線の間での保ち合いを想定
　　　　　　　　　　→ ⓓ、⑨がボックス内での反転位置
・悲観シナリオ①…G支持線：1,126円を割って下落を想定
　　　　　　　　　　→ ⑨が下へのブレイク位置

　30日、60日、90日目のいずれかに、これらの位置周辺に株価がいるのと予想したものです。あくまで戦略シナリオなので、可能性を検討したものにすぎません。ただ、それでも株価予想が具体的に見えてきた感じがしませんか？

　僕は最初、中立シナリオ①になるかな、と思いました。理由は10/7が出発点からほぼ30日だったので、ここで一度調整に入る可能性があったからです。また、すぐ下に大きな窓が開いていることも気になりました。時間の波動から見ると10/8前後に天井をつけると思われるし、価格の波動からは、下の窓埋めに向かうようにも見えます。

<u>図表5.4.14</u>　３つの戦略シナリオ

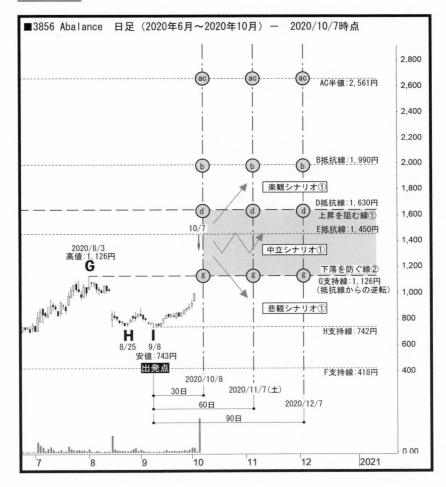

　ただし、上昇波が出来高を伴って勢いが強ければ、窓は埋めず、一気に上げていく可能性もあります。もし、窓をほとんど埋めずにⓑとⓓの間で保ち合いとなるようであれば、そのときはB抵抗線を上に抜けて、さらに上昇するかを見極めることになります。

次は「損切り額」と「保有株数」です。

悲観シナリオから損切り額を決め、そこから保有数を決めましょう。

今回は、「下落を防ぐ線①」をそのまま「損切りライン」として、そこから具体的な投入資金とポジションを決めました。

ここからの説明は具体的な金額を示さないと伝わりにくいので、第1章投資ルーティンのときと同じように「証券口座に100万円」入っているという前提で話を進めさせていただきます。また、Abalance以外には保有してないとします。

僕は、通常は複数の銘柄に同時進行で投資していて、この時期もAbalance以外にも幾つかの銘柄を同時に手掛けていました。ただ、それらを、そのまま書いていくと説明が非常に煩雑になってしまうので、説明の都合上、単純化させてください。

「損切り額」と「保有株数」の関係は、次ページ図表5.4.15に示した通りです。これらの関係をどのように決めたかを解説します。

まず、損切り額を決めるには、買値を想定しないといけませんよね。僕は通常、「当日の終値」か「夜間PTS取引で付けた高値」のどちらかにしています。

この日のPTS取引は、当日の終値付近をウロウロしていたのと、翌日以降、窓埋めに向かう可能性もあると思っていたので、10/7の終値1,375円を「想定した買付①」としました。損切りラインまでの下げ幅は1,375円−1,126円＝249円となります。100株当たりの損切り額は2.49万円になりますね。

これを参考にしながら、どのくらいの株数を買うかを決めます。

買付けは基本的に2回以上に分けて行うので、最初から、いきなりたくさん買ったりはしません。株数を多くとると、それだけ損切り額も大きくなるからです。

図表5.4.15　損切ライン

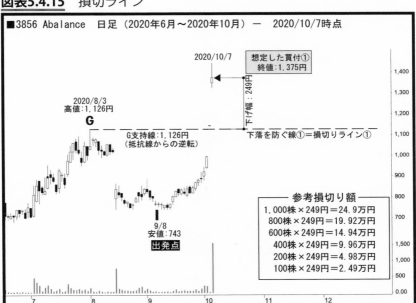

■3856 Abalance　日足（2020年6月〜2020年10月）―　2020/10/7時点

このときは、1回の損切り額は5万円ぐらいまでは許容できるとして、最初の買付①は200株と決めました。

　なお、買い注文は基本的に翌日朝の寄付きで成行にしています。「想定した買付①」よりも多少高く買うことになったとしても、確実にポジションを取れることを優先したいからです。

　もし朝の気配値から、あまりに高く寄り付きそうなときは様子見とするか、前日終値に指値を入れることもあります。指値に引っかからずに勢いよく上昇してしまったら、またチャートの様子からタイミングを見て、再度エントリー戦略を作るようにしています。

◎手順⑤　数回に分けた買付け　＜3856 Abalance＞

<要約ポイント>

- 1回目の買付け
  - →含み損：損切りラインで撤退
  - →含み益：上昇が見込めない場合は利確
  - →含み益：上昇が見込める場合は買い増し戦略
- 2回目以降の買付け（買い増し）

10/7の翌日10/8、始値1,405円で1回目の買付①を行いました。買付け後の株価の動きは次ページ図表5.4.16の通りです。

想定した買値1,375円より30円高くなりましたが、許容範囲として戦略通りに進めます。

買付①後、株価は「上昇を阻む線①」であるD抵抗線をそのままブレイクし、今度はそれを（逆転）D支持線としながら、楽観シナリオに入りました。買い増しを検討してもいいかなと思いましたが、このときは、11/3に米国大統領選が控えていました。トランプ現大統領とバイデン候補、どちらが勝つかによって、Abalanceの主力事業であるグリーン関連の今後がかなり影響されそうだったので、含み益の状態から、様子をうかがうことにしました。

僕は「トランプ勝利であれば、ポジションを外す。バイデン勝利なら買い増しのタイミングを計る」としました。

日本時間11/4の開票で、最初はトランプ大統領が有利だったことからか、その日のAbalanceはD支持線を割って引けました。ところが激戦区と呼ばれる幾つかの州では、何故か開票がなかなか進まず、3日間ぐらい開票速報が止まったままでした。

ようやく決着がついたのが日本時間の11/7（土）です。

図表5.4.16　買付①後の値動き

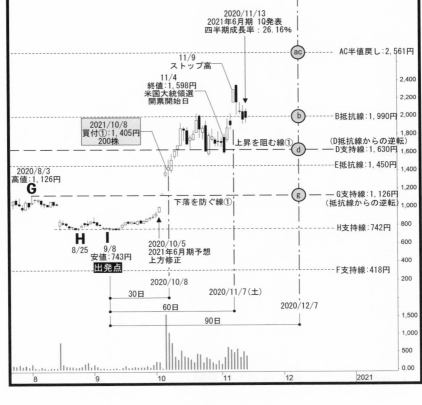

■3856 Abalance　日足（2020年7月～2020年11月）―　2020/11/13時点

2020/11/13
2021年6月期 1Q発表
四半期成長率：26.16%

AC半値戻し：2,561円

11/9
ストップ高

11/4
終値：1,598円
米国大統領選
開票開始日

B抵抗線：1,990円

2021/10/8
買付①：1,405円
200株

上昇を阻む線① ――――（D抵抗線からの逆転）
D支持線：1,630円
E抵抗線：1,450円

2020/8/3
高値：1,126円
G

G支持線：1,126円
（抵抗線からの逆転）

下落を防ぐ線①

H支持線：742円

H　I
8/25　9/8
安値：743円
出発点

2020/10/5
2021年6月期予想
上方修正

F支持線：418円

2020/10/8
30日

2020/11/7（土）

60日

2020/12/7

90日

結果はバイデン勝利となり、それを受けて翌日11/9はグリーン関連
に一斉に資金が向かいました。Abalanceもストップ高となりました。

11/7は、ちょうどI「出発点①」から60日目にあたるので一旦天井
という懸念があり、また直近2020/11/13には2021年6月期1Qの決算
発表が控えていたので、警戒はしました。

ただこのときは、既に前月10/5に通期予想の上方修正が出ていたこ
とから、1Qはそんなに悪い数字が出ないと思っていました。なによ

り市場全体はバイデン勝利によって上昇が加速し、世界的にグリーン銘柄が完全にテーマ化している状態でした。特に、米国株のテスラ社が全世界のリーディングストックになっていたように思います。僕のポジションも含み益が増えてきた状態だったので、利確はせずに１Ｑ決算は持ち越し、むしろ買い増しに意識が向いていました。

　そして、11/13に2021年６月期１Ｑ決算発表を迎えます。

　この１Ｑは、事前のコンセンサス予想を大きく上回っていました。かなりのサプライズな内容です。経常利益は335百万円で、これは10/5に上方修正された通期の560百万円に対して進捗率59.8％と１Ｑで既に通期の６割を達成しています。

　四半期成長率は26.16％で、これも前四半期の22.19％から伸びています。翌日はストップ高に張付いてもいいレベルの内容です。

ワンポイントアドバイス

　株式投資では「サプライズ」や「コンセンサス」という言葉が出てくることがあります。サプライズは「予想外のびっくり！決算」ってことですね。

　コンセンサスというのは、大体このくらいの数字は出すだろうと、投資家たちが「事前に共通認識として持っている予想」です。それを上回れば買われ、下回れば売られます。

　発表結果がコンセンサス予想通りであった場合は状況によって変わります。もし短期的に急騰している場合は、目標達成感から下げる傾向があります。いわゆる「出尽くし」とか「織り込み済み」なんて言われるものです。「こんな良い数字なのに、なんで下げるんだ？」なんて言葉を聞いたことありませんか？　こういうのは大抵、その数字に見合った価格まで、すでに上昇していることが多いからです。

　逆に、株価がそれほど上昇していない状況であれば、イベントリスク通過（不透明さの解消）で上げていくことが多いです。

　コンセンサス予想というのは会社の出してる予想などが基準になりますが、会社四季報や各証券会社の独自予想なども参考になります。

　ネット検索で「銘柄名　コンセンサス予想」と入力すれば（内容に程度の差はありますが）、大抵の銘柄は予想が出てきます。

　さて、発表された１Ｑ決算がサプライズな内容だったころから「→含み益：上昇が見込める場合は買い増し戦略」に入ることにしました。

　買い増しに重要なのは、「折角の勝ち戦を負け戦にしない」ということでしたよね。含み益だったのに下手な買い増しで含み益を飛ばし、挙句、損失を出して撤退するのは避けたいです。それを防ぐには次の関係を満たすように、買い増しを行う必要があります。

撤退ライン ＞ 平均買値

　「撤退ライン」というのは、買い増し後にここまで下がってしまったら、ポジションを解消する価格ラインでした。

　「平均買値」は、最初に買った価格と買い増し価格の平均値でした。この関係を満たすように買い増し戦略を作る方法は幾つかありますが、今回は、最初に「買い増し価格」を決め、そこから「平均買値」を想定するやり方をしてみます。

図表5.4.17 「買い増し価格」と「平均買値」の検討

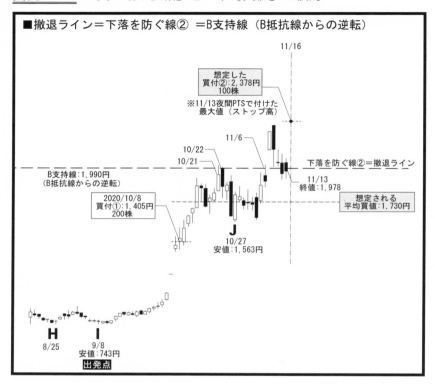

■撤退ライン＝下落を防ぐ線② ＝B支持線（B抵抗線からの逆転）

上図を見てください。既に「想定した買付②」、「想定される平均買値」、「下落を防ぐ線②＝撤退ライン」が書き込まれていますが、これらをどう決めたかを説明します。

まず、「想定した買付②」です。翌営業日11/16の寄付買いを想定しているので、もっとも悪い条件での約定を前提とします。11/13の夜間PTS取引は大きく値上がりし、ストップ高付近をウロウロしていました。この様子から、さすがに11/13の終値1,978円では買えないと思ったので、夜間PTS取引で付けたストップ高2,378円を、「想定した買付②」の価格としました。

　ただし、寄らずストップ高となるような場合は、数日は様子を見て、買い増しのタイミングを再度検討することにします。

　次は「想定される平均買値」です。買付①の1,405円に対して、「想定した買付②」は2,378円と1.64倍も高くなっています。同じ株数を買うと平均買値は（1,405＋2,378）÷2＝1,891.5円とかなり高くなります。そこで買付②の株数は、買付①200株の半分100株としました。

　買付①：1,405円を200株、買付②：2,378円を100株と、今回のように異なる株数の平均買値は、次の式で求めることができます。

$$平均買値 = \left\{ \frac{（株数① \times 買値①）+（株数② \times 買値②）}{株数①+株数②} \right\}$$

それぞれに代入すると、想定される平均買値は

$$\left\{ \frac{（200株 \times 1,405円）+（100株 \times 2,378円）}{200株+100株} \right\} = 1,729.33$$

≒ 1,730円となります（※小数点以下を切り上げています）。

　さらに「下落を防ぐ線②」を決めます。**これは上昇が継続するかを判断する線**でもあり、基本的には「撤退ライン」と同じだと考えてください。今の状況で、候補となるのは、10/27に付けたJの1,563円ですが、これは「想定される平均買値」よりも下なので、これを割ってから撤退すると損失となってしまいます。

　今回の材料は相当に強いと思われるので、想定した買値②に近いところのB支持線（B抵抗線からの逆転）1,990円を、「下落を防ぐ線②」としました。B抵抗線は10/21、10/22、11/6には抵抗線として機能し、ブレイク後の11/12、11/13にはB支持線として機能しています。

　もし窓を埋めて、さらにB支持線を割るようであれば、今回の1Q

内容はサプライズ評価されなかったと判断してもよいでしょう。

　1,730円は、下落を防ぐ線②の1,990円よりも260円も下なので、B支持線をそのまま撤退ラインとしても、負けトレードにはなりません。利益もそこそこ出せます。

　最後に「上値を阻む線②」を決めます。直近で大きな抵抗となりそうな価格は、上場来の高値Aと安値CによるAC半値戻しです。そこを「上値を阻む線②」としました。ここを越えれば、ⓐを目指すだろうと予想できます。

　以上、買い増しの流れを整理すると以下ようになります。これらをチャートに落とし込んだのが次ページ図表5.4.18です。

　　・楽観シナリオ②…AC半値戻し：2,561円を超えて上昇を想定
　　　　　　　　　　　→ ⓐ、ⓐⓒが目標位置
　　・中立シナリオ②…AC半値戻しとB支持線の間での保ち合いを想定
　　　　　　　　　　　→ ⓐⓒ、ⓑがボックス内での反転位置
　　・悲観シナリオ②…B支持線：1,990円を割って下落を想定
　　　　　　　　　　　→ ⓑが下へのブレイク位置

　時間の波動に関しては、Ⅰ「出発点①」からの90日の線をそのまま残しています。

図表5.4.18　買い増しのための３つの戦略シナリオ

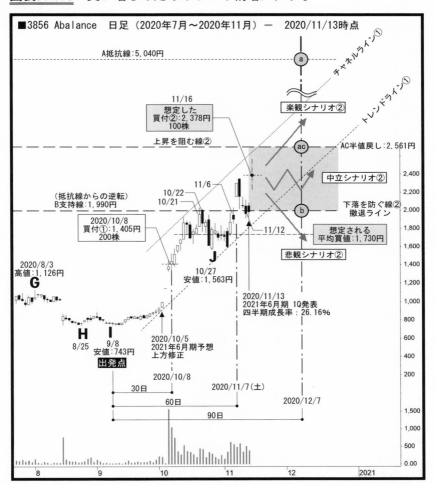

　ここまでの上昇チャートから、トレンドライン①とチャネルライン①も引いてみました。このトレンドチャネルの範囲で上昇が継続していくかどうかも注目です。

　買付②後の動きは図表5.4.19の通りです。

図表5.4.19　買付②後の値動き

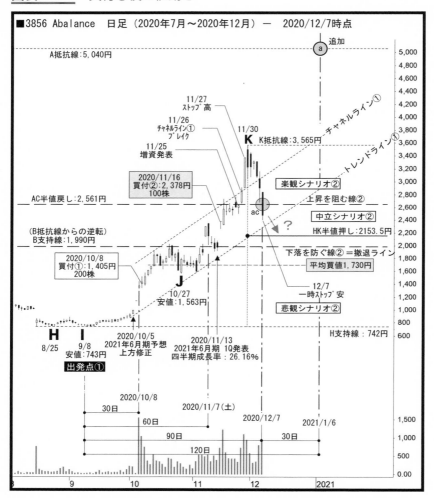

1Q発表の翌日、2020/11/16に寄成注文を入れましたが、買付②は想定通りというか、当日の最高値であるストップ高2,378円で約定していました。平均買値も想定通りの1,730円です。

買い増し後は、出来高も増えて上昇したと思ったのですが、11/25の大引け後に増資が発表されました。

　正直、「やられたっ!?」と思いましたが開示資料を読むと、増資は（運転資金にするものの）自己資本比率を高めるのが目的で、設備投資の際に銀行融資を受けやすくするためだそうです。

　希薄化率も２％程度だったので、夜間PTS取引などを見ても、それほど悪印象を持たれてはいなかったようです。そのせいか増資発表の翌日11/26から、株価はチャネルライン①をブレイクして上げていき、11/27にはストップ高になりました。

　11/30にはK高値3,565円まで付けます。I「出発点①」から90日は2020/12/7なので、もう少し上昇するかと思いました。そこで、Hから120（90＋30）日の2021/1/6のⓐも到達ポイントに追加します。勢いがつけば、このⓐまで一気に到達するかもしれない、と期待したのですが、しかし、このKが天井となって下落します。

　12/7には一時ストップ安にまでなり、終値では「上昇を阻む線②」（＝AC半値戻し）を下に割って「中立シナリオ」に入ってしまいました。

　あとから増資の悪印象がジワジワ効いてきたのかもしれません。増資が行われると、一度は払込金額までサヤ寄せする（適正と判断された目標価格まで近づく）ことが多いです。今回の例でも、「払込金額2,068円辺りまで下げる可能性があるかな」と思いました。

　なお、ⓐⓒは到達目標でもあるので、ここで一部利確してもよかったのですが、トレンドライン①か、HK半値押しが反発になるかと、ポジションはそのままにしました。

　HK半値のすぐ下に「下落を防ぐ線②＝撤退ライン」があるので、そのラインに、利確のための逆指値を入れておきました。割ってしまったらI「出発点①」からの上昇は一旦終了となるので、そこは潔く撤退です。

◎手順⑥　利確　＜3856 Abalance＞

> ### ＜チェック項目＞
>
> - 段階的に利確
> - 迷ったら一部利確
> - 青天井で倍返し

　12/7以降の動きは次ページ図表5.4.20です。

　結局、株価は、ほぼHK半値押し12/10のLまで下げました。その際、一時的にトレンドライン①を割りましたが、翌日12/11に増資払込完了の報告が出ると反転上昇します。そして、そのままK抵抗線をブレイク、2021/1/8のMまで上昇します。

　「価格の波動」で見てみると、高値Mは上場来高値であるA抵抗線に近く、IK上昇幅2,822円に対してLM上昇幅2,750円と、倍返しにも近い値です。

　「時間の波動」で見ると、2021/1/8のMはI「出発点①」から122日と、ほぼ120（90+30）日です。結構、日にちが経っています。

　そのため2020/12/10につけた押し目のLを「出発点②」として、そこから日柄をカウントするようにしました。このように大きな押し目を作った場合、そこを新たな「出発点②」として再度、30日、60日、90日と数えることもできます。Mは、L「出発点②」から29日です（ピッタリ30日目の1/9は土曜日）。この1/8は、戦略シナリオ的にも、図表5.4.19で想定した120日目の2021/1/6 ⓐに近いですね。

　つまり価格と時間と両方の波動から、M付近はほぼ天井と予測できます。ここは、ポジションの一部を利確が妥当であると判断しました。

図表5.4.20　その後の値動き

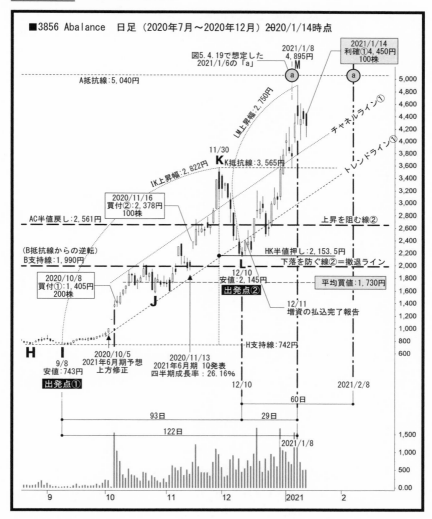

■3856 Abalance　日足（2020年7月〜2020年12月）2020/1/14時点

そこで、2021/1/14の始値4,450円で100株を利確（利確①）しました。平均買値1,730円なので、100株当たり27.2万円の利益です。

残りの保有は200株です。

1回目の利確後から1カ月ほどの値動きを、図表5.4.21に示しまし

た。チャート波動の読み通り、2021/1/8のMが一旦天井となって、株価は2/1のN安値3,310円まで下げます。

このNの前日1/29は終値で、LM半値押しを割りました。これによってL「出発点②」からの上昇トレンドは、やや怪しい感じになりました。

そこで、微調整した新たなトレンドライン②を引きました。

トレンドライン②以外の支持線は、HM半値押しがあります。これら２つの線を割らない限り、上昇トレンドは継続となりますが、もし、これらすら完全に割るようであれば、Ⅰ「出発点①」からの上昇トレンドは一旦終了と見ます。

半値やトレンドラインというものは、ちょっとでも割ってしまったら絶対にダメというわけでもないのですが、何度も割るような場合は、やはり上昇が弱まっている証になります。

結局この下落は、トレンドライン②とHM半値押しは割らずにすみました。このことは、Ⅰ「出発点①」からの大きなトレンドはまだ継続していることになります。

N以降は、2/15発表予定の２Q決算への思惑で、反発ジリ上げでしたが、再び上昇してMを抜くには、２Q決算の内容次第かと思いました。このときは、まだ環境銘柄は強いと思っていたのと、好決算という予感もあったので持ち越しました。

2/15大引け後に発表された２Qは、引き続き好決算でした。経常利益は累積で881百万円、単体では546百万円となり、四半期成長率は57.09％（１Qは26.16％）と伸びました。通期予想は560百万円→1,080百万円へ上方修正、それによって予想ローゼンバーグ年成長率も58.96％から111.91％へと修正されます（※「ファクター計算シート」に入力して確認してみてください）。

図表5.4.21　１回目の利確後の値動き

この調子なら、株価は目標価格ⓐあるいはそれ以上を目指しそうです。しかし一方で、チャートは乱高下のノコギリ型で、ここからのエントリーは、タイミングが難しい状況だと思いました。もはや買い増し検討はせずに、残り200株の利確に集中することにしました。

２Ｑ発表後の動きは図表5.4.22になります。

　２Ｑ発表後は、翌日寄らずストップ高を経て、上場来高値であるＡをブレイクし、Ｏまで上がりますが、すぐに下に向かい窓埋めします。後日、ＩＲや株式ニュースで知ったのですが、Ｏで増資引受け先が売却（3/10開示）、さらに大手証券会社が保有株を売却（3/4報告）などしていたようです。それらの売りがおさまると3/9のＰで底打ちし、今度は反転、上昇し始めます。

　４月は環境銘柄が物色される相場でした。4/22〜23の２日間、世界40か国が参加する気候変動サミットが開催予定だったからです。株価は4/9にＯ抵抗線をブレイクして新高値を更新、4/23の上場来の高値Ｑまで上昇します。青天井相場に突入です。

　上昇トレンド全体を改めて眺めてみると、3/9のＰはＮと同じような押し目を作っています。そこで、Ｐを「出発点③」とすると、Ｑまでに45日が経過していることになります。

　Ｐから60日目にあたるのは+15日後の5/8（土）です。この5/8（土）は、Ｉ「出発点①」から242（約240＝180+60）日目、Ｌ「出発点②」から149（約150＝90+60）日目です。それぞれの出発点から時間の波動の節目が被るので、この辺りは要注意です。

　最終的にはＩ「出発点①」から「365日（１年）後の2021/9/8ぐらいまで上げるかな？」という期待もあった反面、5/14に予定されていた３Ｑ発表の内容次第では、「大きな調整が入るかな？」という不安もありました。

　実際、５月に入ると、2021/5/14に予定されていた３Ｑ発表を意識した動きとなり、高値での保ち合いに入ります。

　地合いに注目しても、日経平均は2020/3/19の新型コロナウイルスショックの大底から、既に１年以上も上昇しています。日経平均は円建てもドル建ても2021/2/16に付けた高値を抜けていません。

図表5.4.22　２回目、３回目の利確

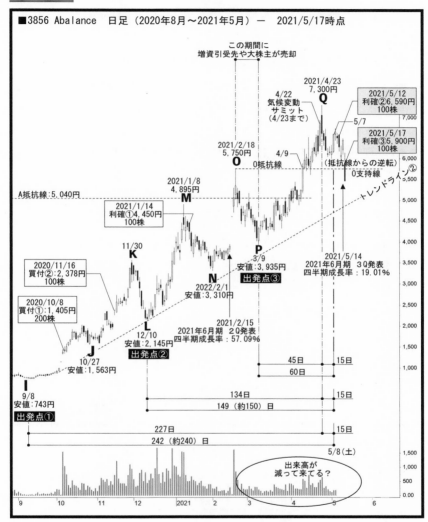

■3856 Abalance　日足（2020年8月〜2021年5月）－　2021/5/17時点

また、2020年11月から始まったバイデン勝利による環境銘柄の上昇も、６カ月が経過しています。既に地合いが上昇トレンドから変化していてもおかしくない頃合いです。

トレンドライン②は割っていないので、Ⅰ「出発点①」からの上昇トレンドは崩れていませんでしたが、出来高に注目すると、OPの上昇では、それまでに比べて減って来てる感じもしました。

　色々と悩んだ結果、「迷ったら一部利確」のルール通りに、３Q発表前に保有株半分の100株を外すことにして、5/12の始値6,590円で100株を利確しました（利確②）。利益は48.6万円です。

　残り100株は３Q発表まで持ち越すと決めました。そこで良い数字が出れば、残り100株は保有、イマイチなら利確です。

　5/14大引け後に出た３Qですが、経常利益は累積1,214百万円で通期予想に対する進捗率は112.4%と、予想は達成済みになりました。

　しかし、３Q単体では333百万円となり四半期成長率は19.01%（２Qは546百万円で57.09%）と下がっています。四半期単位の成長性は鈍化でした。

　しかも今回は、前回２Qで発表された現時点での「通期予想1,080百万円」は据え置かれました。この状況を「ファクター計算シート」に入力してみると図表5.4.23のようになります。

図表5.4.23　2021年６月期４Qの業績予想（2021/5/14時点）

3856		Abalance		※▲はマイナスを意味する			
期	四半期	発表日	経常利益（百万円）		四半期成長率	ローゼンバーグ年成長率
			累積	単体		
2021年６月期 R3	１Q	2020/11/13	335	335	26.16%	
	２Q	2021/2/15	881	546	57.09%	
	３Q	2021/5/14	1,214	333	19.01%	
予想	４Q	2021/5/14	1,080	▲ 134	▲ 17.43%	111.91%
2021/2/15発表の通期予想は据え置き				結果的に４Q単体の予想は悪化			

　予想される４Qは▲134百万円、四半期成長率は▲17.43%とマイナ

ス成長になっていますよね。3Qで既に通期予想を超えているのに、その通期予想を据え置かれると、このように次の4Q業績は悪化の予想になってしまいます。しかも、Abalanceの決算は6月末締めです。3Q発表日5/14の時点で4Qは半分が過ぎています。そういう状況で上方修正が無いのは、投資家心理をかなり悪化させます。

　一応、会社側の説明資料には、ベトナムの子会社で新型コロナウイルス感染拡大の影響が未知数であるためとありました。同日に発表されたベトナム工場新設による設備投資が足を引っ張るのではないか？との懸念もありそうでした。株式ニュースなどでも、「進捗率は良かったものの、売上と営業利益率は悪化」などと書かれていたことから、夜間取引のPTSも大きく売られます。

　僕も今回の内容はイマイチだと思ったので、残り100株も利確するための寄成注文をしました。翌日5/17は下に窓を下に開けての寄付となりましたが、始値5,900円で残り100株も利確しました（利確③）。利益は41.7万円です。

■結果とその後の動き

　では今回の結果をまとめます（手数料と税金は除く）。

- ・平均買値：1,730円（投入資金：51.9万円）
- ・平均利確：5,647円（取得利益：117.5万円）
- ・保有期間：249日（休日含む）

　今回の売買と利確した後のチャートの動きがどうなったかを図表5.4.25に示しました。価格と時間の波動、四半期成長率なども書き込んでいますので、改めて全体像を眺めてみてください。

　なお、この図表についても補足としてPDFでダウンロードできるようにしていますので、見づらい方はそちらもご確認ください。

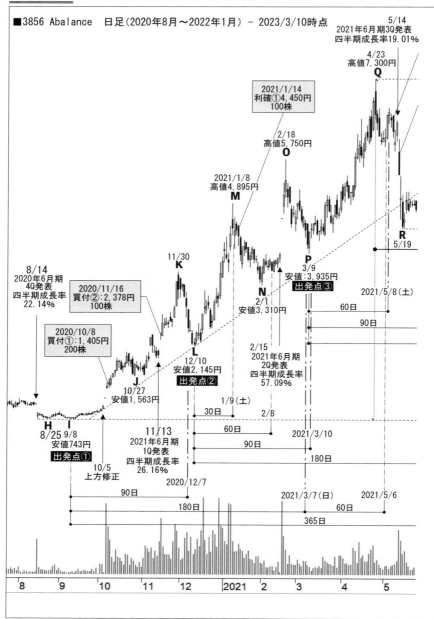

■3856 Abalance　日足（2020年8月〜2022年1月）− 2023/3/10時点

2021/5/12
利確②6,590円
100株

7/30
高値7,200円

2021/5/17
利確③5,900円
100株

T

トレンドライン②
(サポート)

11/15
2022年6月期1Q発表
四半期成長率　▲5.31%

Q抵抗線7,300円

10/19
高値5,930円

V

8/17　U
安値4,880円

U支持線4,880円

S
6/8

R支持線4,405円

HQ半値押し4,021円

8/18
2021年6月期4Q発表
四半期成長率　▲3.62%

2021/6/7

2021/9/5(日)

180日

2022/2/24
安値1,561円

W

H支持線742円

2021/6/8

2022/2/14
2022年6月期
2Q発表
四半期成長率
▲65.52%

2021/9/8

7,200
6,900
6,600
6,300
6,000
5,700
5,400
5,100
4,800
4,500
4,200
3,900
3,600
3,300
3,000
2,700
2,400
2,100
1,800
1,500
1,200
900
600
300
0

4,000

2,000

2,000

0.00

6　7　8　9　10　11　12　2022　2　3

361

利確③の後、株価はそのまま下落し、トレンドライン②も割ってしまいます。しかし、HQ半値押しの手前で、RとSのダブルボトムを付けてから一旦は反転しT（2021/7/30：7,200円）まで上昇します。

ただ、前回付けた高値Qには至らず、このTが二番天井となって、2021/8/17の2021年6月期決算発表の日まで下げてしまいます。実際、その日に発表された4Q業績は、図表5.4.25のようになりました。

図表5.4.25　2021年6月期4Qの業績（2021/8/17時点）

3856	Abalance		|	※▲はマイナスを意味する		
期	四半期	発表日	経常利益（百万円）		四半期成長率	ローゼンバーグ 年成長率
			累積	単体		
2021年6月期	1Q	2020/11/13	335	335	26.16%	
R3	2Q	2021/2/15	881	546	57.09%	
	3Q	2021/5/14	1,214	333	19.01%	
予想	4Q	2021/8/16	1,269	55	▲ 3.62%	122.49%

予想では1,080　予想よりは良いがそれでもマイナス

3Qで進捗率112.4%だったのにも関わらず、通期予想を据え置かれたので、4Q単体の予想は▲134百万円（図表5.4.23参照）とマイナスになりましたが、実際には55百万円とプラスで終えました。それでも前回3Qの333百万円と比べれば、大きく減益となっています。四半期成長率は▲3.62%であり、どうやら成長性は止まってしまったようです。

株価は2021年末まで保ち合いを維持したあと、U支持線、R支持線、HQ半値押し、と次々に節目を下にブレイクして行きます。

2022年に入ると、ほぼ今回売買した上昇トレンドの開始ごろにまで、価格が戻ってしまいました。こういう動きを見ると、やはり適切に利確していくのは大切だなと改めて思います。

ワンポイントアドバイス

　進捗率と予想について補足しておきましょう。Abalanceの2021年6月期3Qでは、経常利益の進捗率112.4%であるにも関わらず、通期予想は据え置かれてました。このように進捗率が高いのに通期予想が据え置かれるケースは度々ありますが、そこには3つほど理由が考えられます。

　(1) 売上が上半期に偏重した業態であるため
　(2) 何らかの出費を予定している
　(3) 会社が予想に対して慎重、保守的であるため

　(1)に関しては、過去の上半期と下半期を見比べればすぐに分かりますよね。(2)の場合、決定事項であれば短信か報告書に記載されます。(3)は下期の業績に自信がないのか、単に用心しているだけなのか、という感じですが、よほど大きな修正が確定していなければ慎重を期して据え置く場合も多いです。

　ところで通期予想が据え置きだと、1つ問題が起きます。既に述べましたが、残りの四半期業績の予想が、（理論上は）悪化するということです。今回の例でいうと、2021年6月期の予想4Qは▲134百万円とマイナスになりましたよね。

　もちろんあくまで数字上の話で、実際に確定したわけではありません。ただ、いやらしいのが、たまに株式ニュースなどでわざわざ「次の四半期は悪化の予想となる」などと書く場合があるんですね。そんなことを書かれたら、早とちりされて売られることもあります。その辺りは頭に入れておくとよいでしょう。

■ポジション保有中の背景

　Abalanceの売買ですが、実は保有中に延々と迷いを引き起こす問題がありました。それは2020年米国大統領選後のゴタゴタです。

　グリーン関連が大きく伸びたのは、バイデン勝利の影響が大きかったと思います。しかし、この大統領選に関しては「いくつかの州において、組織的に大掛かりな不正選挙が行われていたのではないか？」という疑惑騒ぎが起きていたのです。

　トランプも敗北宣言を行わないという異例の状況となっていて、選挙後のトランプ陣営は、疑いのあった各州での裁判所に不正を訴え続けるという状況が続いていました。

　この騒ぎは州同士の対立も生みました。12月に入るとテキサス州の司法長官が不正疑惑のある4つの州を、大統領選の結果から外すよう連邦最高裁判所に提訴します。結局、不正に関連した訴えは全て却下されるのですが、その結果、「テキサス州が独立？」「第二次南北戦争勃発！？」といった噂までが立ち始め、やや騒然としてきます。

　また、「トランプが非常事態宣言を発令！？」、「米軍立ち合いによる選挙票の数え直し？」なども噂されていました。

　ここで、万が一ですが…、もし本当に結果を覆すような不正行為があったとしたら…、当然バイデン勝利は無くなり、トランプ大統領継続という流れになります。そうなると、グリーン関連銘柄は一斉に暴落する懸念がありました（もっとも、そんなことになったら大騒ぎで、全銘柄が大暴落でしょう…）。

　したがって、含み益がどれだけ出ていたとしても、結構ビクビクしながらの保有となり、いつでも逃げられるように身構えていました。この騒ぎは最終的に2021年1月6日、連邦議事堂前の広場に抗議目的で、何十万人と集まったトランプ支持者たちによる米国連邦議会への乱入事件にまで発展します。事件では数名の死者までが出ました。

　色々な騒ぎが続きましたが、米国時間2021年1月20日、大統領就任

式を無事に終えたバイデンが、第46代米国大統領となって決着します。

　結局、本当に大掛かりな不正があったのかどうか、真相は分かりません。ただ世界では、2020年から本当に変なことが続いています。新型コロナウイルス世界的感染拡大、米国選挙の不正騒ぎ、ワクチン騒ぎ、ロシアによるウクライナへの武力侵攻。そして安倍晋三元首相の暗殺事件…。第5章の最初にも書きましたが、まるで80〜100年前の日本史、世界史をなぞっているかのようです。

　この先、まだまだ様々なことが起きると思います。こういった共通リスクを抱えながらの保有も多いと思いますが、歴史の流れを上手く読みながら生き残るよう、心掛けていきたいと思います。

5－5　実例②　2121 ミクシィ（思惑相場編）

　本節と次節では、2013年〜14年に大相場を演じた＜2121ミクシィ＞
の例をご紹介したいと思います。

　僕は、このときのミクシィの動きを「株式投資の教科書」と呼んで
います。何故なら、「思惑と業績」、「株価の波動」、「成長率」といっ
た要素がぎっちり詰まっているからです。これらは、銘柄探しから売
買パターンに至るまで、さまざまに応用が効きます。僕自身もスラン
プ時には、このときのミクシィ相場を振り返り、投資への取り組みを
メンテナンスするようにしています。

　このときのミクシィの上昇は、「思惑相場」と「業績相場」という
２つの相場が連続していました。

　「思惑相場」というのは、その名の通り、思惑で上昇する銘柄です。

　まだ業績は追い付いていませんが、なんらかの材料によって「これ
から業績が上がるのでは？」という期待感で株価が上昇します。だい
たい短期（１カ月ぐらい）で天井を付けることが多いです。

　「業績相場」は、業績の成長に伴って株価が上昇していくものです。
こちらの方は３カ月から半年、長ければ１年ぐらいにわたって上昇を
続けることが多いです。

　僕は基本的に業績相場を得意としていて、思惑だけの場合には、あ
まり手を出しません。でもミクシィの場合、思惑から業績への流れが、
（変な表現ですが）とても美しいと感じたのです。

　そういったことから、まず本節で「思惑相場」を、その後の次節で
「業績相場」へと、２つに分けてご紹介したいと思います。

　恐らく、あなたもミクシィの思惑相場からは、学べることがたくさ
んあると思いますよ。

■前提：2匹目のドジョウと銘柄の背景

2013年から2020年まで続いた、いわゆるアベノミクス相場では、定期的にゲーム株が活況になりました。その先陣を切ったのは第2章でもご紹介した＜3765 ガンホー＞です。

ガンホーは2013年に1年で株価100倍以上という、すさまじい大相場を演じたゲーム株です。そして、ミクシィもまた1年で30倍以上という大相場を演じたゲーム株です。

ところで「柳の下に2匹目のドジョウはいない」という格言を聞いたことがありませんか？　「一度うまくいったからといって、いつもうまくいくものではない」という意味ですが、面白いことに相場の世界では、柳の下には2匹目のドジョウがいたりします。

ある銘柄が大相場をやると、それと似たような銘柄に注目が集まり大相場を再現するのです。このときは、1匹目がガンホーで、2匹目がミクシィだったというわけです。

なぜ2匹目が居るのかと言うと、1匹目が上昇への道筋を作ってくれているからです。2匹目はそのレールに乗っかっていればいいので、投資家が買いやすいわけです。

ミクシィは、もともとインターネットのSNSサイト「mixi」の広告収入が収益の主体でした。mixiは会員制による実名同士による情報交換や交流を行えるSNSサイトで、2004年のサービス開始以来、順調に会員数を増やし続け、会社も急激に業績を拡大しました。2006年9月にはマザーズ（現グロース）上場を果たしました。

今でこそFacebookなどでは普通に実名で個人が交流していますが、当時はネット上での実名によるSNSは画期的でした。そのため、会員になるには既存会員からの紹介が必要という厳しいルールが必要であり、セキュリティーに関しては、高い安全性も謳っていました。

僕も上場する少し前にmixi会員になってましたが、会員になって

一番驚いたのは、小、中、高校とそれぞれ年代別の卒業生コミュニティーが立ち上がっていたことでした。僕の高校時代はまだネットなど普及していなかったので、卒業すると仲の良かった友達以外とは連絡が途絶えてしまい、10年以上も音信不通となった同級生も多かったのです。

　なので、なつかしい友人との再会は嬉しかったですね。そもそも利用者が多くなければ、こういうのは成り立たないわけで、そういう意味でも、当時のmixiはすごく流行っていたのです。

　そんなミクシィが2006年に上場することになったのですから、投資家の期待度は凄く高かったと思います。2006年９月の上場で初寄付のときには、時価総額2,000億円を超えました。新興市場のIPOとしてはかなりデカいです。

　ライブドアショックから半年以上が過ぎて、そろそろ新興市場も復活する頃合い、アナリストの中には、ミクシィがそのリーディングストックになると期待している意見もありました。

　しかしその翌月、mixiを通じた個人情報の拡散に絡んだ嫌な事件が起きます。これによってmixiの安全神話は崩れ、その安全性に疑問が生じたことから株価は大きく下落します。その後、ミクシィは上場から丸１年にわたって下げていきました。

　2007年10～12月に、業績が非常に良い時期があったことから、短期的な上昇相場が起きて上場来高値を付けますが、その後は、パッとせずに、リーマンショック、民主党政権といったネガティブな環境の中、延々と株価は下げ続けます。

　SNSユーザーもLINEやFacebookに移行し、mixi離れも起きました。サイト内もどんどん過疎化していき、当然、mixi上での広告収入は減少します。

　転機が訪れたのは、2013年５月です。突然、代表取締役社長の交代

が発表され、新社長は新規事業への参入を宣言しました。

　企業が業種や業態を変化させるときには要注目です。先にご紹介した＜3856　Abalance＞も、もともとのソフト企画販売からグリーン関連への進出で大きく化けましたよね。

　長らく低迷し続けた会社においては、経営陣の交代などで業態に変化が起きるとき、株価が大きく化けることがあります。

　この時点では、まさかミクシィがガンホーの「パズドラ」に匹敵する大ヒットゲームを生み出すとは夢にも思いませんでした。いずれにしろミクシィの大化けは、ここから始まることになります。

　なお、ミクシィがスマホゲームに参入というのはいきなり出た話でもなく、当時の決算資料などを見ると兆候はありました。2012年ころのミクシィは広告収入が激減し、その代わりSNSサイト内に用意したゲーム課金が増益傾向にあったのです。新経営陣は、利益が生まれそうな領域に資金投入をして会社再建、事業攻勢に出たのでしょう。良い着眼だったと思います。

　「業態が変化する会社には注目」と言いましたが、単に変化しさえすればよいわけではありません。マーケティングの鉄則「ハンバーガーは空腹の群衆の中で売れ」の通り、需要の高い領域に展開していくビジネスモデルの会社は伸びます。時流に乗ったもの、需要の高いものに資金を投じていくから業績が伸びるのです。

◎手順①　銘柄を探す　＜2121ミクシィ＞（思惑相場編）

　ここからは手順は省き、流れを追っていきます。

　2013年11月、「値上がり率ランキング」に＜2121　ミクシィ＞が登場しました。11/20が24位、11/21が9位と2日連続です。それでも、11/20、11/21までのチャートはまだ何とも言えない感じだったので、僕のチェックはそこで終わってしまい、様子見をしていました。

　そうしたら、それから2営業日後の11/25、三度目のランクインをしているではないですか？　しかもストップ高です！

図表5.5.1　2013/11/25の値上がり率ランキング

順位	コード	名称	市場	年月日	終値	値上幅	前日比	出来高
1	3845	アイフリークモバイル	ＪＱ	2013/11/25	123	30	32.26%	1,739,600
2	3843	フリービット	東1	2013/11/25	1,330	300	29.13%	833,400
3	6658	シライ電子工業	ＪＱ	2013/11/25	230	49	27.07%	2,081,700
4	5964	東洋刃物	東2	2013/11/25	147	29	24.58%	2,811,000
5	8783	ＧＦＡ	ＪＱ	2013/11/25	410	80	24.18%	60,300
6	2121	ミクシィ	東1	2013/11/25	2,107	400	23.43%	1,593,900
7	3836	アバント	東1	2013/11/25	2,133	400	23.08%	99,500
8	3187	サンワカンパニー	東マ	2013/11/25	3,885	700	21.98%	151,900

（■2013年11月25日　値上がり率ランキング）

　「順位」は6位、「出来高」は1,593,900株、「市場」はマザーズと、悪くありません。

　もう一度「チャートの形」を確認しました。

図表5.5.2　11/25大引け後の日足チャート

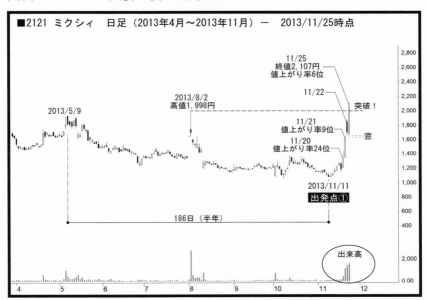

■2121 ミクシィ　日足（2013年4月〜2013年11月）ー　2013/11/25時点

パターンとしては、11/22に小さな窓を開けて「上放れ」後、11/25に、直近半年以内につけた高値である2013/8/2の1,998円を「ブレイク」した感じですね。

　ちなみに、この2013/8/2の急騰は、「ノハナ」というフォトブック作成サービスの利用者が急増したというニュースによるものでした。既存事業のサービスに絡んだ材料であり、材料としては弱かったためか、短命に終わっています。

　さて、出来高をともなって、この1,998円を突破したのが、まさにランキング6位に登場した11/25です。出来高も増えて理想的な形です。もし、上昇トレンドが発生するとすれば、「出発点①」は11/11になりますね。しかも、この出発点は2013/5/15の高値から186日（約6カ月）と波動的にも収まりがよいです。

　銘柄の基本情報（時価総額、予想PER、材料）については、図表

5.5.3にまとめました。

図表5.5.3　銘柄の基本情報（2013/11/25大引け時点）

株価（円）	時価総額 （億円）	予想PER （予想１株益： ▲174.12円）	材料
2,107	327	－	スマホゲーム「モンスト」 のリリース

　「時価総額」は330億円弱ですが、上場時には2,000億円超えていたので随分と下がった感じです。

　「予想PER」は、2013/11/25時点での予想１株益▲174.12円と、赤字予想なので意味無しですね。

　「材料」はまさに半年前（前述した2013年５月）の経営陣の交代によって、新たに参入した新規事業、自社IP（自社で作ったキャラクターやタイトル）のスマホ向けゲーム配信です。2013年９月末にミクシィは「モンスターストライク（通称モンスト）」をリリースしましたが、そのモンストが３週間で10万ダウンロードを達成し、スマホアプリのランキングを表示するサイト内でのセールスランキング（通称セルラン）がジワジワ上げ始めていたのです。

　セルランはiOS版とAndroid版の２種類（集計方法は異なる）がありますが、そこで上位に入っているゲームは、運営会社の業績が伸びるという思惑に直結します。

　通常、セルランは、テレビCMなどの大規模プロモーションで一時的に上位に入って来るのですが、この時点のモンストでは、まだその手の大掛かりな宣伝はなく、ほぼ口コミでユーザーが急速に広まった状態でした。ゲーム自体の面白さ、実力でランキングを上げてきたのです。このことはゲーム売上の大きな期待になったと思われます。

◎手順②　成長性を調べる　＜2121ミクシィ＞（思惑相場編）

ここまで調べて、業績が伴っていれば有力なエントリー候補です。「年成長率」と「四半期成長率」を求めてみます。

図表5.5.4　年成長率と四半期成長率（2013/11/25時点）

2121		ミクシィ	※▲はマイナスを意味する			
期	四半期	発表日	経常利益（百万円）		四半期成長率	ローゼンバーグ 年成長率
			累積	単体		
2011年3月期 H23	1Q	2010/8/4	1,029	1,029		
	2Q	2010/11/5	1,583	554		
	3Q	2011/2/4	2,583	1,000		
	4Q	2011/5/10	2,989	406		
2012年3月期 H24	1Q	2011/8/4	279	279	▲ 33.50%	
	2Q	2011/11/2	708	429	▲ 5.91%	
	3Q	2012/2/3	1,226	518	▲ 29.53%	
	4Q	2012/5/11	2,107	881	22.54%	▲ 34.62%
2013年3月期 H25	1Q	2012/8/3	871	871	21.93%	
	2Q	2012/11/2	1,583	712	9.49%	
	3Q	2013/2/6	2,349	766	7.68%	
	4Q	2013/5/15	2,629	280	▲ 22.86%	22.04%
2014年3月期 H26	1Q	2013/8/9	▲ 193	▲ 193	▲ 54.54%	
	2Q	2013/11/8	▲ 525	▲ 332	▲ 66.45%	
	3Q					
予想	4Q	2013/10/1	▲ 1,700			▲ 200.00%

2013/10/1に出された来期予想

　図表5.5.4は、注目した日である2013/11/25時点から、過去３年分の経常利益を「ファクター計算シート」に入力したものです。この時点で業績は2014年3月期２Qまで発表されていました。

　前回Abalanceのときは、年成長率と四半期成長率分けて入力したものを図表として貼ってましたが、慣れて来れば、今回のように一括

して入力し、年と四半期を両方まとめて求めて構いません。その方が
サクサクと素早く分析できるかと思います。

「年成長率」ですが、直近2013年3月期決算は22.04%です。前期
2012年3月期は▲34.62%だったので、実績ではプラス成長になって
います。一方で、進行中の2014年3月期予想はどうかというと、
2013/10/1に▲1,700百万円へと大幅な下方修正（赤字転落）が出てい
ました。どうしようもない予想数字ですね。この時点で会社は大幅な
赤字によるマイナス成長を予想しているようです。

「四半期成長率」も2013年3月期4Q以降から▲22.86%→▲54.45%
→▲66.45%とマイナス成長が続き、良い数字ではありません。とい
うよりも段々悪化してます。

例えば、ここで四半期成長率がそれなりに良い数字であるにも関わ
らず、株価が低迷していたならば、「話題性のある材料がきっかけと
なって上昇していく」という第1章「私の投資ルーティン」で書いた
黄金パターンになったのですが…。

現状の業績は、年も四半期もボロボロ。少なくとも既存事業に関し
ては、過去の成長性と予想数字の両方ともに、投資対象にはなりませ
ん。

普段の僕は、四半期成長率が悪ければ投資対象から外すのですが、
このときは「2匹目のドジョウ」という言葉が強く頭にありました。
というのも、僕は、ガンホー相場には中盤を過ぎてからの参加だった
ために、大相場の一部しか取れませんでした。その口惜しさもあって、
ミクシィに、かなり興味をそそられたのです。

この上昇はモンストへの業績期待による買いで、既存事業の業績で
はありません。まだモンストの業績は反映されていませんから、成長
率が悪いのは当たり前です。

つまり、思惑相場と割りきってエントリーするのもアリかなと思い

ました。さらにこのスマホゲームの事業が順調であれば、そのまま業績相場に移行するかもしれません。

　ただし、ダウンロード数やセルランが下がってきたら要注意です。思惑が消え、売りが殺到することになるからです。

　ちなみに前述した「ノハナ」や、婚活マッチングサービスの「YCC」なども材料視されていたようですが、なんといっても期待は「モンスト」。これが、ガンホーの「パズドラ」みたいになれるかでした。

　最後に「情報の最終確認（増資、大量報告、業績修正などの有無）」をしておきました。ざっと、直近2013年の開示情報などを調べた感じでは、子会社アイ・マーキュリーキャピタル社の設立、不動産仲介サイト運営ietty社の第三者割当増資の引受、結婚相談事業の株式会社Diverseを子会社化などありました。既に述べたように2013/10/1には大きな下方修正が起きています。ただ、この時点では、後々に悪影響を与える時限爆弾のようなものはなさそうでした。

◎手順③　チャート波動の分析　＜2121ミクシィ＞（思惑相場編）

　図表5.5.5は、約７年分の週足チャートです。
　「支配的サイクル」と、2013/11/25以降の相場に影響を与えそうな
以下の線を描いています。

・上場来高値からの「A抵抗線」
・上場来高値Aと上場来安値Gの半値「AG半値戻し」
・Aからの下落トレンド、戻り高値Bからの「B抵抗線」
・Bからの下落トレンド、戻り高値Cからの「C抵抗線」
・高値Bと上場来安値Gの半値「BG半値戻し」
・Bからの下落トレンド、戻り高値Dからの「D抵抗線」
・底打ち反転で付けた高値Eからの「E抵抗線」
・上場来安値Gからの「G支持線」

　「支配的サイクル」は、B、D、Eの高値辺りに正弦波の頂点を合わ
せてから微調整しました。Aの位置は多少ズレますが、支配的サイク
ルは、あまり全体で整合性を持たせようとせずに、直近の波の動きを
つかむようにすれば問題ありません。描いた正弦波を見ると、１周期
が約１年半、１波動は約９カ月ですね。
　１波動の天底が９カ月程度ではありますが、今回は思惑相場なので、
何か月も長期的に上げて行くとは考えにくいです。

図表5.5.5 線の洗い出しと支配的サイクル

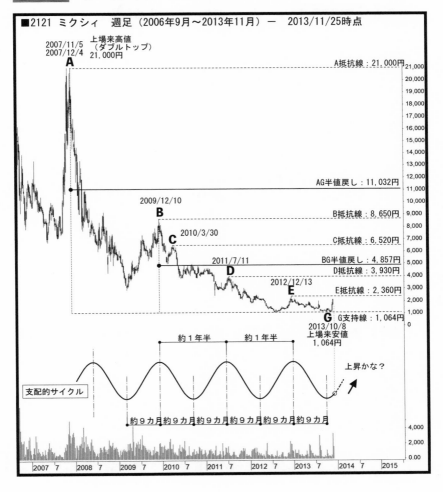

経験上、思惑相場は、出発点から30日前後で天井をつけることが多いです。今回も一旦、12月の半ばぐらいで天井かな、という感じも持っていました。

チャート勝負になりそうなので、さらに分析を進めました。

「上昇を阻む線」と「下落を防ぐ線」、そして「出発点から30、60、

90日の線」を決めます。

　出発点は2013/11/11としました。この縦と横の両方の線を引いたものが次ページ図表5.5.6です。

　「上昇を阻む線①」は、2012/12/13につけた高値2,360円のE抵抗線にしました。これを越えれば2011/7/11につけた高値3,930円のD抵抗線に向かって上げて行く可能性が高いです。

　「下落を防ぐ線①」ですが、チャートをパッと見た感じでは、上場来安値からの支持線Gが候補になりそうです。しかし、これは「損切りライン」の候補にもなるので、ストップ高した11/25終値（高値）2,107円から見れば、さすがに価格が離れすぎていますよね。

　そこでチャートをよく見ると、11/21と11/22に、20円の幅ですが小さな窓が開いています。今回は勢いがあるので、この窓下となる1,640円から引いた線を「下落を防ぐ線①」としました。

　窓埋めから再上昇というパターンもよくあるので、窓下というのは強い支持として働きやすいです。ただ、思惑相場の初動では窓を開けずにそのまま上にすっ飛ぶことも多いので、今回は埋めない気もしました。

　ちなみにこの窓下の線1,640円ですが、11/25の終値（高値）2,107円をIとした場合、このIとHのHI半値押し：1,593.5円にも近いですよね。つまり別の切り口から見ても、この価格帯は支持として強く働くことになります。

　なお、「出発点から30、60、90日の線」は、2013/11/11のH「出発点①」を既に決めていることから簡単に引けますよね。30日が2013/12/11、60日が2014/1/10、90日が2014/2/9（日）となります。

図表5.5.6　縦と横の重要な線

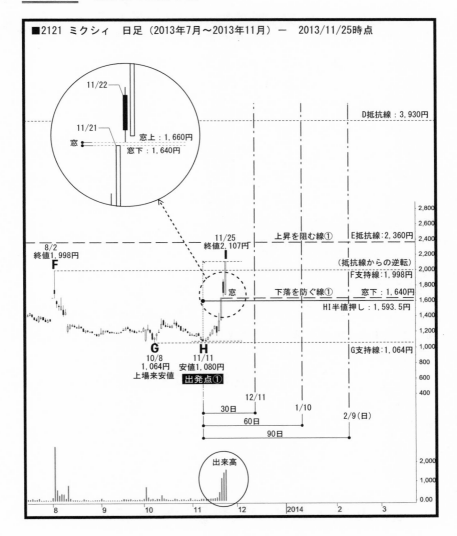

■2121　ミクシィ　日足（2013年7月〜2013年11月）－　2013/11/25時点

11/22

11/21

窓

窓上：1,660円

窓下：1,640円

D抵抗線：3,930円

8/2
終値1,998円
F

11/25
終値2,107円

上昇を阻む線①

E抵抗線：2,360円

（抵抗線からの逆転）

F支持線：1,998円

下落を防ぐ線①

窓

窓下：1,640円

HI半値押し：1,593.5円

G
10/8
1,064円
上場来安値

H
11/11
安値1,080円

出発点①

G支持線：1,064円

12/11

30日

60日

90日

1/10

2/9（日）

出来高

2,800
2,600
2,400
2,200
2,000
1,800
1,600
1,400
1,200
1,000
800
600
400

2,000
1,000
0.00

8　　9　　10　　11　　12　　2014　　2　　3

◎手順④　戦略シナリオの作成　＜2121ミクシィ＞（思惑相場編）

　「楽観」「中立」「悲観」の３つの戦略シナリオと、株価の到達目標は図表5.5.7の通りです。横と縦の線が交差する位置に記号をふって、それぞれのシナリオと到達ポイントを次のように想定しました。

・楽観シナリオ…E抵抗線：2,360円を超えて上昇を想定
　　　　　　　　→ ⓓ が目標位置
・中立シナリオ…E抵抗線と窓下の間での保ち合いを想定
　　　　　　　　→ ㊟とⓔ がボックス内の反転位置
・悲観シナリオ…窓下：1,640円を割って下落を想定
　　　　　　　　→ ㊟ が下へのブレイク位置

　思惑相場というのは、その思惑を一気に織り込んでいくことから勢いよく上げることが多いです。そのため中立シナリオでダラダラするようであれば、一度ポジションを外そうと思いました。
　楽観シナリオに進むなら、ⓓまでは案外と早いかもしれません。そうなれば、さらに上にある過去の高値を取りに向かう可能性もあります。もし悲観シナリオになったならば思惑は弱かったということです。ただ、「１匹目のドジョウ」ガンホーのパズドラ相場は、相当大きなインパクトを残していたので、モンストへの期待はそんなすぐに終わるものでもないとは思っていました。事実、モンストのセルランはどんどん上昇し続けていました。

図表5.5.7　楽観、悲観、中立―３つのシナリオ

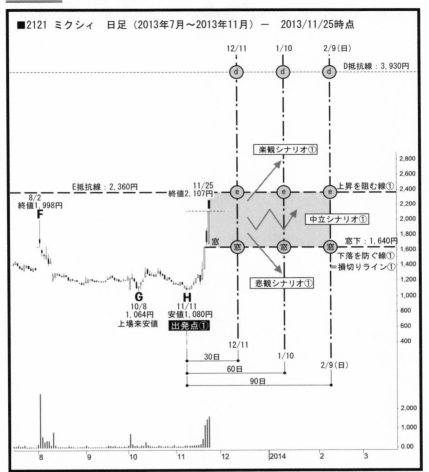

個人的にモンストは悪くないと思いました。アイドル系などの特定
ニッチを狙ったものだと、ゲームの収益となる課金はファンの熱狂度
に依存します。しかしモンストはパズドラ同様に幅広いユーザー層を
対象にしているので、それだけ課金対象も広くなります。

「損切り額」と「保有株数」は図表5.5.8のように考えました。

図表5.5.8 損切ライン

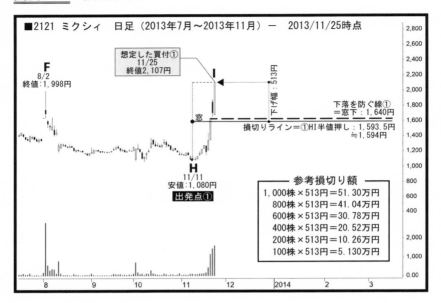

「損切りライン」は、窓埋め反転上昇の可能性もあるので、「下落を防ぐ線①」の1,640円ではなく、そのすぐ下にあるHI半値ラインの1593.5円≒1594円にしました。窓埋めしてここを割るようであればH「出発点①」の近くまで下げる可能性があります。

「想定した買付①」は、開示材料もなく、夜間PTSも特に動きはなかったので、11/25の終値2,107円にしました。

以上から、証券口座に100万円が入っている前提で考えれば、許容できる「損切り額」は、せいぜい100株の5.13万円ですね。したがって「保有株数」は100株です。もし上手く上昇に乗れて含み益が出れば、もう100株ぐらい買い増ししてもいいかなと思いました。

382

◎手順⑤　数回に分けた買付け　＜2121ミクシィ＞（思惑相場編）

　1回目の買付けは、翌日11/26の寄成で注文しました。約定時の状況は図表5.5.9に示した通りです。

図表5.5.9　最初の買付①

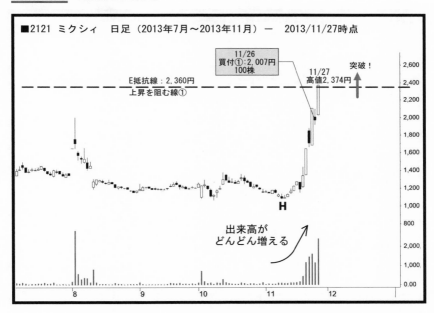

　11/26の買付①は、ギャップダウンとなり想定した2,107円よりも下の2,007円で約定しました。引けてみればあまり強い動きではなく、その日のローソク足は陽線にはらんだ短い陰線でした。

　「このまま窓埋めで損切りかな」と思いましたが、翌日11/27はストップ高、大きな陽線（陽の丸坊主）となります。しかも終値2,374円と「上昇を阻む線①」であるE抵抗線の2,360円を越えました。これはメチャクチャ強い足です。出来高も増えているので、勢いを増していると実感し、「→含み益：上昇が見込める場合は買い増し戦略」という

ことで、最初の買付①と同数の100株追加することにしました。まだ初動だと思ったので、とにかく勢いに飛び乗ろうという感じです。

11/28の寄付き始値で買付②を予定しましたが、そのときに立てた戦略は図表5.5.10です。

図表5.5.10　買い増し戦略

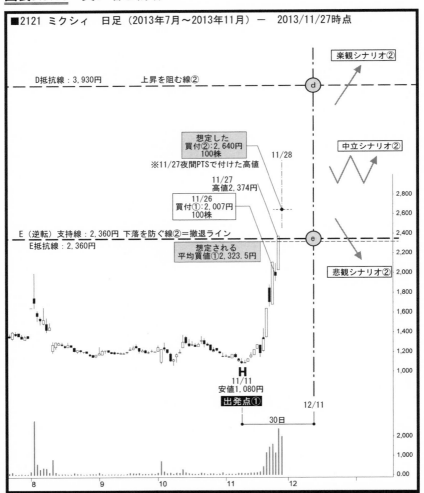

　価格の波動については、D抵抗線を「上昇を阻む線②」として、これを越えてきたらと「楽観シナリオ②」としました。

　問題は「下落を防ぐ線②」です。これは「撤退ライン」にもなるのですが、買付①から2日しか経っていないので、設定が難しかったです。買い増しで重要なのは、「せっかくの勝ち戦を負け戦にしない」でしたよね。買付①の含み益を吹き飛ばして、含み損となった状態で損切りするような状況は愚策です。

　そのためには、「撤退ライン＞平均買値」とならなければなりません。まず、翌日11/28に予定してる「買付②」が幾らぐらいになるかを考えてみます。

　その日11/27の夜間PTSでは、出来高が多く活発に取引されていたので、翌日は窓開け上放れは確実と思いました。そのPTSは（当時のメモによると）取引終了間際の23：59時点で、最大で2,640円を付けています。ザラ場終値が2,374円だったので+266円も上です。

　そういうわけで、PTSで付けた高値2,640円を「想定した買値②」とすると、「想定される平均買値」は、次の計算で求まります。

$$想定される平均買値＝（買付①＋想定した買付②）÷2$$
$$＝（2,007円+2,640円）÷2＝2,323.5円$$

　「撤退ライン＞平均買値」を満たすような線を探すと、E抵抗線が逆転したE支持線2,360円があります。これを「撤退ライン＝下落を防ぐ線②」としました。

　ところで、「撤退ライン＞平均買値」となる「買値②の上限」は2,713円です。※2,360円＞（2,007円＋買値②の上限）÷2ということは、11/28に予定している買付②の約定価格は2,713円未満にしないとダメなわけですよね。ということで、11/28の買い注文は、「想定した買付②」の2,640円に指値を入れることにしました。

この本では、これまで買い注文を始値での寄成としてきましたが、今回の買い増しのように、特定の価格を超えて買いたくない場合には指値注文がオススメです。ただし、指値を使うときは「約定しなかったら見送りでいいや…」という「余裕を持った」気持ちが大切です。

　翌日11/28は予想通り、上に窓を開けて始まり、寄付から一気に上昇、ストップ高となります。やっぱ強いなぁ…と思いました。

　買付②は始値2,624円で約定したので、想定した2,640円に近い値です。これで「平均買値①」は2,315.5円となります。そのときの様子を次ページ図表5.5.11に示しました。

　なお、約定した後は、すぐに「撤退ライン」2,360円に逆指値を入れておきます。

ワンポイントアドバイス

　この「約定したらすぐに別の注文を行う」ですが、会社勤めの兼業投資家の場合、「特殊注文」がお勧めです。

　特殊注文というのは、複雑な注文を自動で発注する機能です。証券会社によって対応の有無がありますが、ザラ場を見れないサラリーマン投資家にとっては、とても便利な機能です。

　僕はIFDという注文をよく使います。IFD注文（イフダン「If done」）は、指値（逆指値）が約定した後、直ちにあらかじめ待機させた別の注文を発注することです。

　今回の例では、まず2,640円に指値を入れます。そして待機させる注文は2,360円の逆指値です。「もし、2,640円以下で寄付けば、約定後は直ちに2,360円に売りの逆指値が発注」されることになります。

図表5.5.11　実際に約定した買付②と平均買値

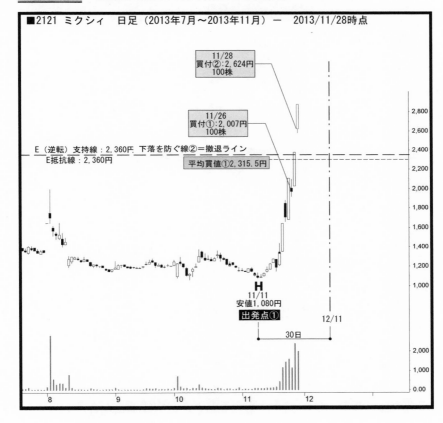

■2121　ミクシィ　日足（2013年7月〜2013年11月）　−　2013/11/28時点

11/28
買付②：2,624円
100株

11/26
買付①：2,007円
100株

E（逆転）支持線：2,360円　下落を防ぐ線②＝撤退ライン
E抵抗線：2,360円

平均買値①2,315.5円

H
11/11
安値1,080円

出発点①

12/11

30日

◎手順⑥　利確　＜2121ミクシィ＞（思惑相場編）

　買い増し後のチャートの動きは、次ページの図表5.5.12に示しました。買い増し後、株価上昇はさらに加速しました。

　このころモンストのダウンロード数30万人超え、Android版へのリリース発表などもあり、あれよという間に想定した過去の高値抵抗線を次々と突破します。

　12/10のJは寄らずストップ高です。B抵抗線をも超えます。この日の時点で、窓が7つも開いていおり、さすがにいくら何でも短期的に加熱し過ぎだと思いました。

　翌日12/11でH「出発点」から30日ということもあって、その12/11に利確しよう考えたのですが、12/10の引け後、ゴールドマン・サックスが、選りに選ってミクシィの投資判断を「売り」へ引き下げたことを発表します。

　過熱感があるところに、こういうのを投下されると惨劇となります。案の定、翌12/11は朝から大量の成り売りで、今度は寄らずのストップ安が12/11から12/13まで続きました。

　一瞬でパニック買いからパニック売りです。短期的に急騰した思惑相場の怖いところは、こういうサドンデス（突然死）があるのことです。正直「ふざけんな…」という感じで、かなり憤りました。29日で天井を付けたので、典型的な思惑相場の日柄、ほぼ30日波動でしたが、1日判断が遅れたために、この有様です。

図表5.5.12　買い増し後の値動き

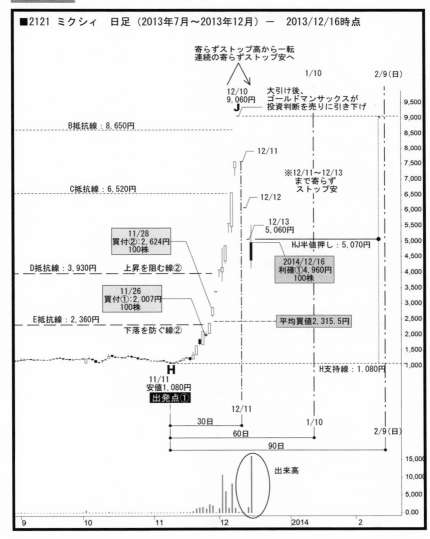

ただ、会社側からネガティブ材料が発表されたわけでもなく、単に
投資会社の予想にすぎなかったので、モンストのセルラン、ダウンロ
ード数が下がらない限り、二番天井を付けに行くと思っていたので、

その辺りはあまり気にしないでいました。

　それでも３日間寄らなかったので、段々と不安が募ります。しかも12/13の終値は5,060円で、H「出発点①」から天井JまでのHJ半値5,070円を10円割ってしまいました。その日は夜間PTS取引でも4,900円前後をウロウロしています。

　さすがに今回の思惑相場は終了と判断しました。

　基本的に、上昇相場の押し目というのは、押しが浅いほど、再び高値を更新する可能性があります。その押し目の限度は半値までです。半値を割ってしまうと思惑は終了で、出発点に戻る「全戻し」になる可能性が出てきます。ここから高値を更新していくには、今度は業績という実のある材料が必要になるでしょう。

　そういうわけで取りあえず200株の内100株は、連続ストップ安の後にやっと寄付いた12/16の始値4,960円で利確しました。

　残り100株ですが、もともと思惑相場にエントリーしたのは業績相場が始まるかの偵察目的もありました。思惑は生きているので、株価が出発点に全戻しすることはないだろうと判断し、その100株は、そのまま保有し続けることに決めました。

　今回の結果はこんな感じでした（手数料と税金は除く）。

・平均買値：2,315.5円（投入資金：23.155万円）
・利確：4,960円（取得利益：26.445万円）
・保有期間：20日（休日含む）

　今回のように含み益を大きく棄損してしまうと、「天井付近で利確できなかった…」と悔やみますが、利確に関してはとにかく「無心に淡々と」作業することをお勧めします。株価は毎日変化します。一喜一憂しても虚しいだけです。口座の金額を単なる数字として見てくだ

さい。今回のように1日の差で利益に違いが出たとしても、シナリオ通り最善を尽くした結果なのです。

　なお、いま現在のゲーム株は思惑段階でかなり先の業績までを織り込んでしまうことが多く、独特の読みが必要なジャンルになっています。この売買実例でお伝えしたいことは、「思惑相場から業績相場への流れ」であって、「ゲーム株に特化した説明」をしたいわけではありません。

　ちなみに思惑相場は、ゲーム株以外でもバイオ関連株などでよく起こります。特にバイオ株は思惑相場で投機化しやすいです。また、いわゆるオタク的なファンの多いアイドル関連の秋元康銘柄などでも思惑がよく起きました。さらに上場廃止寸前のボロ会社に再生ファンドが出資したりするときにも起きます。

　これらは短期的に急騰しますが、それ故にひどい乱高下を繰り返して、最終的には大量の凍死家（高値で捕まり塩漬けになった個人投資家を揶揄する言葉）を生んで終わるので、引き際には注意が必要です。

　ところで、ごく稀にですが…、社長が思わせぶりなことを発信するなど、わざと思惑を誘発して株価を吊り上げるといったケースもあります。発信の目的は、増資目的の吊り上げだったり、単なる虚言であったりと色々ですが、ほとんどの場合、短期的に株価は上がるものの業績は伴わないことから短命に終わります。その後は大した続報もなく、株価は延々と下げていくというパターンが多いです。そういうことを繰り返す会社は、最終的に収拾がつかなくなって社長がトンずら（退陣）することもあるので注意しましょう。

　ただ思惑の場合、短期的に株価が大きく化けることが多いのも確かです。思惑がちゃんと業績に結び付くような「地に足の着いたもの」であれば、狙ってみるのもよいと思います。特に「2匹目のドジョウ」であれば売買しやすいでしょう。

5−6　実例③　2121 ミクシィ（業績相場編）

　思惑相場についてもきちんと順を追って解説しましたが、先にもお伝えした通り、僕はあまり思惑相場には手を出しません。手を出したとしても、保有株数は少なめです。本書の趣旨「四半期成長率の高いものを狙って売買する」ということとも異なっていますよね。

　「じゃあ、なぜ趣旨と違うことを読ませたんだ」と思われるかもしれませんが、実は「思惑相場が終了したあとに、業績相場に移行する瞬間を狙う」というのも、黄金ルールの１つなのです。しかも事前準備ができ、再現性も高いです。ただし正しく活用するには、思惑相場についての理解も深めておく必要があるのです。そのため皆さんにぜひ、この流れをご紹介したいと思い、実例に選びました。

　僕は、思惑相場を演じたあとに、数カ月ヨコヨコ状態のものがあれば、片っ端から監視銘柄として登録しています。

　その概念を図表5.6.1に載せたので見てください。

図表5.6.1　思惑相場から業績相場への基本パターン概念

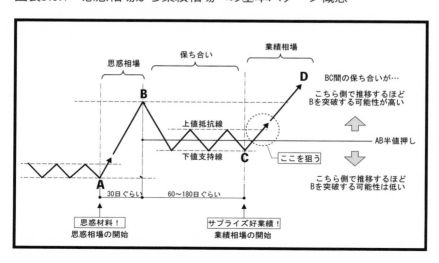

　狙うのは、好業績の発表でCD業績相場が開始する瞬間（丸で囲んだ部分）です。ただし、注意すべき点もあります。

　それは、調整期間であるBC保ち合いが、AB半値押しの「上下どちら側で推移しているか」です。AB半値の上側は押しが浅いのでBを突破するような強い上昇が期待できますが、下側は押しが深いのでBを突破する上昇が起きる可能性は低くなります。

　以上のことを前提として、ミクシィの業績相場の話に入ります。

■ミクシィ思惑相場その後

　前節の思惑相場から持ち越した100株は、偵察用として保有したままでした。株価の動きは、ほぼ毎日チェックしています。

　この、偵察用の株（＝偵察株）というのは便利です。どれだけ注目した銘柄でも、ノンホルダーだと1カ月もすれば忘れてしまい、「ある日、ふと思い出したら、えらい上昇していた」なんてことありますよね。そうならないために、僕は気になる銘柄があれば取りあえず偵察株を保有することがあります。保有は最小単位の100株です。ただし100株でも高額となってしまう場合、監視銘柄を登録できるポートフォリオ機能がほとんどのネット証券には備わっているので、そういうものを利用するとよいでしょう。

　もし、新たに偵察株を買うとしたら、タイミングとしては、保ち合い状態での下値支持線付近がよいです。支持線を割ったら外すという感じです。上値抵抗線付近で買ってしまうと、含み損のまま保有し続けるハメになるので、結構ストレスになります。

　それでは、思惑相場が終わってからのミクシィが、どのような動きをしたのか見てみましょう。次ページ図表5.6.2に思惑相場のおさらいを踏まえて、その後の保ち合い相場までのチャートを載せました。

図表5.6.2 ＜2121ミクシィ＞思惑相場後の保ち合い相場

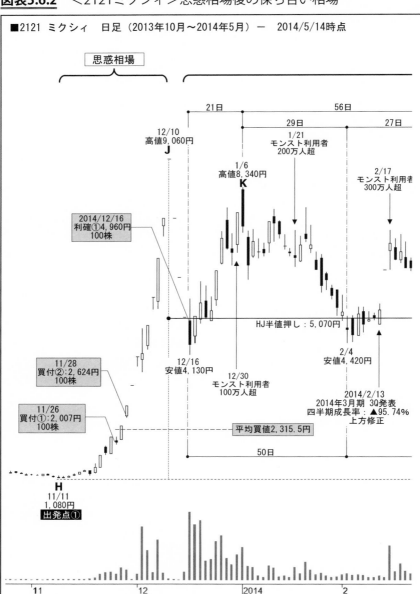

■2121 ミクシィ　日足（2013年10月～2014年5月）－　2014/5/14時点

思惑相場

21日　　　　　　　　56日

29日　　　　　27日

12/10
高値9,060円
J

1/21
モンスト利用者
200万人超

1/6
高値8,340円
K

2/17
モンスト利用者
300万人超

2014/12/16
利確①4,960円
100株

HJ半値押し：5,070円

11/28
買付②：2,624円
100株

12/16
安値4,130円

2/4
安値4,420円

12/30
モンスト利用者
100万人超

11/26
買付①：2,007円
100株

2014/2/13
2014年3月期 3Q発表
四半期成長率：▲95.74%
上方修正

平均買値2,315.5円

50日

H
11/11
1,080円
出発点①

'11　　　　12　　　　2014　　　　2

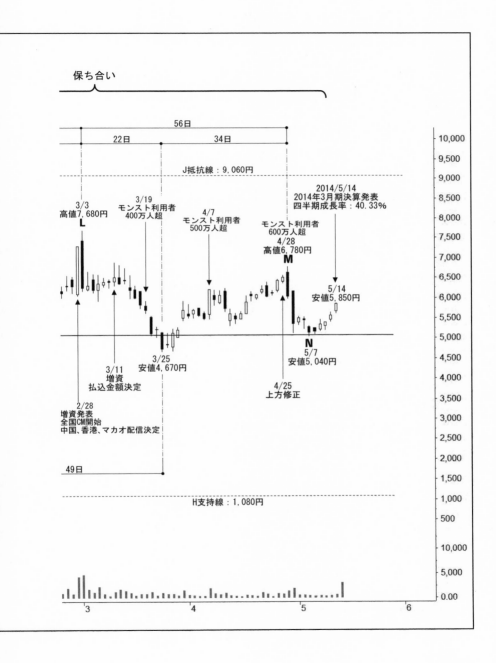

保ち合い

56日

22日　34日

J抵抗線：9,060円

3/3
高値7,680円
L

3/19
モンスト利用者
400万人超

4/7
モンスト利用者
500万人超

2014/5/14
2014年3月期決算発表
四半期成長率：40.33%

モンスト利用者
600万人超
4/28
高値6,780円
M

5/14
安値5,850円

N
5/7
安値5,040円

3/25
安値4,670円

3/11
増資
払込金額決定

4/25
上方修正

2/28
増資発表
全国CM開始
中国、香港、マカオ配信決定

49日

H支持線：1,080円

10,000
9,500
9,000
8,500
8,000
7,500
7,000
6,500
6,000
5,500
5,000
4,500
4,000
3,500
3,000
2,500
2,000
1,500
1,000
500

10,000
5,000
0.00

3　　4　　5　　6

株価は半年近く、J（2013/12/10：9,060円）を超えずに保ち合い状態でした。天井や底をつける正確な日数を測ると、天天は56日、底底は約50日です。天底では22〜34日ぐらいで付けているようですね。

　さて、保ち合い時に注意して見ていたのは次の2点です。

⑴チャートが思惑相場の半値戻し上側で推移する
⑵業績が四半期の成長性に現れる。

　基本的に保ち合いはHJ半値押し上側で推移していますよね。⑴は概ねクリアしていたと思います。⑵に関しては、2014/5/14の2014年3月期決算発表で現れてきますが、そこに至るまでの過程を簡単に振り返ってみましょう。

　2014/2/13に発表された2014年3月期第3四半期では、前年同期比▲95.74％で、四半期の成長性はまだまだでした。しかし、今期予想が100百万円（修正前▲1,700百万円）に上方修正されたことで、翌日はストップ高します。しかし前期に比べまだ大幅減益なので、上昇は2日間と限定的でした。

　2/28朝の寄付き前に、モンストの大規模広告を打つための資金確保として増資が発表されました。増資は希薄化を招くネガティブ材料ですが、売上を伸ばす目的であることと、同時に全国CM開始、海外配信などのニュースリリースも出たことから、それほどネガティブな評価はされなかったようです。その日はストップ高となります。

　3/11に増資の払込金額5,785円が決まります。＜3856 Abalance＞のところでも書きましたが、増資が行われると払込金額までサヤ寄せすることが多いです。このときは地合い悪化による換金売りも重なって、株価は払込金額5,785円よりも下、HJ半値を少し割り込んだ3/25の安値4,670円で下げ止まりました。

　4/25に、再び上方修正が出ました。2014年3月期における経常利益の今期予想は250百万円（修正前100百万円）と増加です。しかしまだインパクトが足りなかったようで、株価は5/7のNまで下げます。HJ半値は割らずに済みましたが、市場は確実な業績を求めていたと思います。このころになると、モンストの利用者数は600万を超えていました。

　5/14には、2014年3月期決算発表がありました。経常利益は263百万円と、250百万円の上方修正を多少上回った程度でしたが、ビックリしたのは2015年3月期の通期予想です。経常利益が10,000百万円と、今回発表された263百万円の実績に対して38倍です。中間予想も4,600百万円と17.5倍です。業績が良くなることは予想していましたが、ここまでとは思いませんでした。

　四半期成長率も40.33％と大きく改善されて、モンストの影響が強く反映され始めていました。さらに、この日は追加で1：5の株式分割も発表されました。通常、株式分割は株価上昇に対する会社側の自信の表れなので好感されることが多いです。

　5/14時点での株価は5,850円なので、100株でも58.5万円必要になります。これ以上、値上がりしてしまうと、個人投資家の多くは手を出しにくくなるでしょう。分割後は、100株当たり5分の1の価格で取引ができるようになるので、売買を増やすためにも今回の分割は好材料です。分割実施は2014/6/30で、権利落ち日が6/26です。

　今回の決算発表は、業績が具体的な数字として見えて来たことから、業績相場へ移行したという大きな確信をもちました。

　すぐにでも買付けを行いたいと思いました。

◎手順① 銘柄を探す ＜2121ミクシィ＞（業績相場編）

　これまで手順①は、値上がり率ランキングなどで見つけた銘柄に注目していましたが、2014年3月期決算発表のあった2014/5/14の当日にミクシィは、値上がり率ランキングに入っていません。

　もともと、値上がり率ランキングというのは銘柄を探るきっかけにすぎないので、きちんとした理由から上昇するという確信が持てているのであれば、そこから売買の検討を始めるのは何も問題ありません。

　改めて「チャートの形」を見てみましょう。

　次ページ図表5.6.3を見てください。直近6カ月以内で超えていない高値はJ、K、L、Mと4つありますよね。K＞L＞Mと少しずつ上値を切り下げているので、嫌な感じはありますが、保ち合い中の大半は、HJ半値押しよりも上で推移していることが多いようです。

　さらに、よく見ると三角保ち合いの形になっているのが分かるでしょうか。上値を切り下げているので形としては弱いですが、JとMを結んだJM抵抗線を突破すれば、新しい上昇波動に入ると見ることもできそうです。

　慎重に行くならこのJM抵抗線を完全にブレイクしたのを確認してからエントリーになりますが、凄い業績予想が出ているので恐らく翌日にはJM抵抗線を突破すると思いました。

図表5.6.3　5/14までの直近チャート

ところで5/14を含め、陽線が４本連続で出現しているのが分かりますか。これは３つの基本パターンの「ジリジリ上げ」に当たりますが、このように陽線が連続して出現すると、近々の上昇暗示になります。

ちなみに陽線３つが連続すると「赤三兵」などとも呼ばれ、底値圏での出現は上昇サインでもありますが、今回は４本も連続していますよね。JM抵抗線をブレイクしていないものの、日足では買いサインが出ているとも言えます。

なお今回、上昇トレンドが始まるとしたら「出発点②」は5/7のNでしょう。

次に、銘柄の基本情報（時価総額、予想PER、材料）です。

図表5.6.4　銘柄の基本情報（2014/5/14大引け時点）

株価 2014/5/14	時価総額	予想PER （予想1株益：373.3円）	材料
5,850円	973億円	16.22倍	モンストによる収益拡大 今期予想が大幅増益

　「時価総額」は973億円と1,000億円に近いですね。

　「予想PER」ですが、5/14発表の決算短信には1：5分割後の予想1株益74.66円が記載されています。これを分割前に換算すると373.3円になるので、予想PER＝5850円÷373.3円＝16.22倍となります。収益拡大の入り口と見れば、充分に買える数字です。

　「材料」は既に述べたようにモンストによる収益拡大ですね。なお、2匹目のドジョウを狙った相場を予想するには、1匹目のドジョウと比較してみると色々と見えてくるものがあります。もちろん単純比較はできませんが、1匹目のたどった道筋と現在を知っておくと、ある程度、上昇に対する目安が見えて来ます。

　今回の例では、1匹目ガンホーと2匹目ミクシィを比較したものを、図表5.6.5にまとめました。

図表5.6.5　ガンホーとミクシィの比較（2014/5/14大引け時点）

	期 （発表日）	時価総額 （株価）	PER （1株益）	経常利益
2121ミ クシィ	2015年3月期 （2014/5/14）	973億円 （5,850円）	予想 16.22倍 （373.3円）	予想 10,000百万円
3765ガ ンホー	2013年12月期 （2014/2/3）	6,037億円 （524円）	実績 11.02倍 （47.54円）	実績 90,104百万円

　ミクシィとガンホー、いずれも5/14に最も近い日に発表された通期決算の数字です。ただしガンホーは会社予想を出していないので、予想ではなく実績の値を使っています。予想同士の比較じゃないと意味

ないのでは？と思われたかもしれませんが、ここではむしろ実績と比べた方がいいです。

このころのガンホーは、収益の主力となっているパズドラの売上は成長から安定に入っていて、既にグロースよりもバリュー株としての評価に移っていました。

そもそも2012年から始まったガンホーのパズドラ相場は、2013年5月に終了して株価の上昇も終わってました。その後はバリューに対する適正位置に落ち着いてしまった状態です。そんなわけで、次の2014年12月期も2013年12月期の実績と同じぐらいか、少し良いぐらいの数字というのが市場コンセンサスでした（実際に、2014年12月期の経常利益は93,524百万円と微増止まりです）。

つまり、ミクシィの未来はガンホーの現状ぐらいと、ざっくり予想しておくことができます。

そういう前提で、改めて図表5.6.5を眺めてみましょう。

時価総額ですが、ガンホーの2014/5/14大引け時点524円で、時価総額は6,037百億円でした。ミクシィの6倍以上ありますね。仮に、モンストがパズドラ並みのヒットを飛ばせれば、最低でもここから株価6倍ぐらいは狙えることになります。株価が一時的にオーバーシュートすれば、10倍もあるかもしれません。

PERの比較ですが、ガンホー2014年12月期の実績数字は、経常利益は90,104百万円、1株益は47.54円なので、実績PERは524円÷47.52円＝11.02倍となります。かなり割安に思える数字ですね。そのことからミクシィも成長が止まったと判断されると、そのレベルのPERまで売り込まれる可能性がありそうです。

◎手順②　成長性を調べる　＜2121ミクシィ＞（業績相場編）

　成長率に関しては、既に先の図表5.6.2のチャートに書き込んでいますが、ここで改めて、図表にまとめて整理、考察しておきます。

　「年成長率」から見てみましょう。2014年３月期の通期予想は上方修正を２回出しています。そのときの状況は図表5.6.6aの通りです。

図表5.6.6a　2014年３月期予想の修正まとめ

2121	ミクシィ		※▲はマイナスを意味する			
期	四半期	発表日	経常利益（百万円）		四半期成長率	ローゼンバーグ 年成長率
			累積	単体		
	4 Q	2013/5/15	2,629	280	▲ 22.86%	22.04%
2014年3月期	1 Q	2013/8/9	▲ 193	▲ 193	▲ 54.54%	
H26	2 Q	2013/11/8	▲ 525	▲ 332	▲ 66.45%	
	3 Q					
予想	4 Q	2013/10/1	▲ 1,700			▲ 200.00%
			2013/10/1に出された下方修正			
	3 Q	2014/2/13	▲ 636	▲ 111	▲ 95.74%	
予想	4 Q	2014/2/13	100	736	33.24%	▲ 185.34%
			2014/2/13に出された上方修正			
	3 Q	2014/2/13	▲ 636	▲ 111	▲ 95.74%	
予想	4 Q	2014/4/25	250	886	39.82%	▲ 165.27%
			2014/4/25に出された上方修正			

　2013/10/1に▲1,700百万円に下方修正された経常利益は、2014/2/13には100百万円に、2014/4/25には250百万円に上方修正されます。年成長率も▲200％（赤字化）→　▲185.34％→▲165.27％と、わずかずつですが修正されていきました。そして、実際に発表された2014年３月期決算は、図表5.6.6bの通りです。

図表5.6.6b　2014年３月期決算の実績と来期予想（2014/5/14時点）

2121		ミクシィ	※▲はマイナスを意味する			
期	四半期	発表日	経常利益（百万円）		四半期成長率	ローゼンバーグ 年成長率
			累積	単体		
	4Q	2013/5/15	2,629	280	▲ 22.86%	22.04%
2014年3月期 H26	1Q	2013/8/9	▲ 193	▲ 193	▲ 54.54%	
	2Q	2013/11/8	▲ 525	▲ 332	▲ 66.45%	
	3Q	2014/2/13	▲ 636	▲ 111	▲ 95.74%	
	4Q	2014/5/14	263	899	40.33%	▲ 163.62%
2015年3月期 H27	1Q		実際に出た決算			
	2Q					
	3Q					
予想	4Q	2014/5/14	10,000			189.75%

2014/5/14に出された来期予想

　2014年３月期の経常利益は263百万円で、年成長率は▲163.62%となりました。上昇修正が繰り返されたものの実績ではマイナス成長でした。これだけ見るとイマイチです。

　しかし、前述の「■思惑相場その後」で説明した通り、次期2015年３月期予想が10,000百万円と物凄く、これが大きなサプライズでした。これにより予想年成長率は189.75%へと大きく伸びた数字となります。

　次に「四半期成長率」を見てみましょう。

　2014年３月期４Qは、2013年３月期４Qから４連続のマイナス成長でしたが、ようやくプラスとなりました。

　既存事業でボロボロの業績が続く中、新規事業のスマホゲーム「モンスト」による成長性が、やっと具体的な数字として現れて来たのが分かります。

　このあたりの変化をグラフ化したのが図表5.6.7です。

図表5.6.7　2014年3月期予想の修正

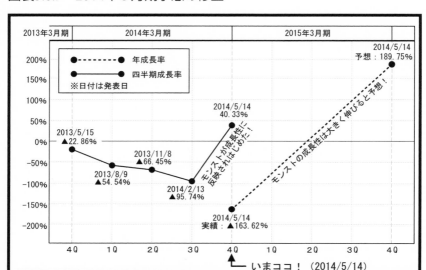

　成長率の推移をグラフにすると、よりイメージしやすくなると思います。直近の2014年3月期4Qでモンストの成長性が反映され始め、2015年3月期はその成長がさらに大きく伸びることが予想されていますよね。

　「情報の最終確認（増資、大量報告、業績修正などの有無）」ですが、これも、既に述べたように2/28に増資発表がありました。一般募集の新株発行113万株、会長と社長の保有株55万株放出、さらに追加需要がある場合に**オーバーアロットメント**(※)25万株です。

　ただ、5/14発表の決算短信を読み込むと、既に一般募集分113万株が行使されていて、目標資金も調達されているようです。この増資も既に懸念材料ではなさそうです。

　もう一つ影響しそうな事柄は、2014/5/14の2014年3月期の決算と同時に発表された1：5の株式分割（基準日2014/6/30）です。株式分割後は出尽くしで下げたり、流動性が増して上昇したりと、チャート

の波に変化が起きやすいので注意が必要です。

　さて今回ですが、成長性からは業績相場が始まろうとしていることが強く感じられます。

　図表5.6.3のチャートを見た感じだと、三角保ち合いのJM抵抗線を突破していくかどうかですね。ただ、業績にこれだけの成長性が現れてきたことから、恐らく5/7翌日にはそこを突破、新しい上昇波動入りすると見ました。下手したら上昇に置いてきぼりを食らいそうでした。そこで翌日に買付けを行うことに決め、そのための戦略を立てることにしました。

※オーバーアロットメントとは

　当初予定していた株式の公募数量を超える需要があった場合、対象企業の大株主等から一時的に株券を借りて、公募と同一の条件で追加販売することをいいます。

◎手順③チャート波動の分析　＜2121ミクシィ＞（業績相場編）

　「支配的サイクル」ですが、既に週足による長期的なものは、図表5.5.5で示しましたよね。その図表5.5.5では長期週足の場合、約9カ月で天底を繰り返すような動きでした。そして、今の上昇が上場来安値Gの2013/10/8辺りから上向いていると考えると、大きな流れではGから9カ月後の2014年7～8月辺りまでは上昇するのかもしれません。

　また、思惑相場が終わった後の保ち合い期間を示した図表5.6.2では、天天は56日、底底は約50日。天底では22～34日ぐらいで付けていましたね。この保ち合い時期においても、日足で支配的サイクルを求めてみました。

　次ページ図表5.6.8を見てください。今回は、保ち合い時に何度か付けている底の位置を、正弦波の底と合わせて微調整しました。そうして支配的サイクルを眺めると、1周期は約50日、天底の1波動は約25日です。今回のN「出発点②」から、25日後の6月の頭ぐらいまでは一気に上げていく可能性もありそうです。

　支配的サイクルはあくまでイメージ的な話だというのは何度も書いていますが、この時点でのチャートの波が持つ感じはつかめるかと思います。

図表5.6.8　日足の支配的サイクル

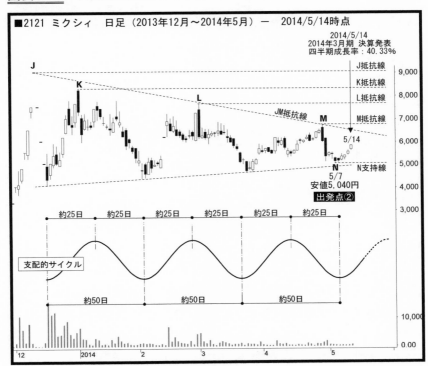

　次に、「上昇を阻む線③」と「下落を防ぐ線③」を決めてみましょう
か。図表5.6.8には、保ち合い中に出て来た高値を記しています。三角
保ち合いから上昇トレンドに移行する場合、まず高値同士を結んだ抵
抗線をブレイクすることが前提条件となります。ここでは、まだJM
抵抗線をブレイクしていませんよね。

　その辺りを踏まえて、5/14以降に影響を与えそうな線を洗い出して
みましょう。次ページ図表5.6.9に思惑相場でまだ超えられていない高
値や半値戻しも含めて整理しました。

図表5.6.9 5/14以降に影響を与えそうな線の洗い出し

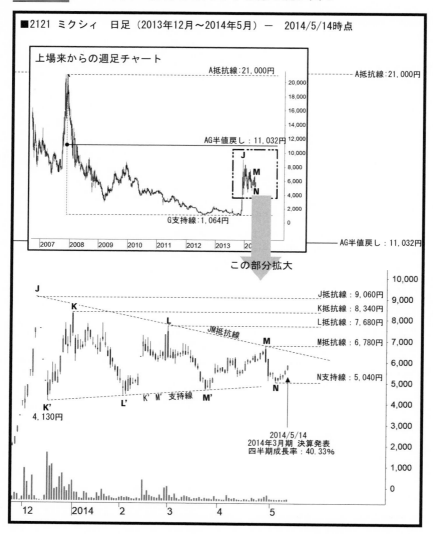

■2121 ミクシィ 日足（2013年12月～2014年5月）― 2014/5/14時点

5/7以降の上昇に影響を与える線は次の8つです。上から順番に並べましたが、今回は三角保ち合いの抵抗線も加えています。

・上場来高値Aからの「A抵抗線」

・Aと上場来安値Gとの「AG半値戻し」

・思惑相場でつけた「高値J」

・保ち合い中の高値Kからの「K抵抗線」

・保ち合い中の高値Lからの「L抵抗線」

・保ち合い中の高値Mからの「M抵抗線」

・出発点Nからの「N支持線」

・三角保ち合いの上辺となる「JM抵抗線」

　これらの線の中から「上昇を阻む線③」と「下落を防ぐ線③」を選んでみましょう。

　今回は、ちょっと複雑で難しいと感じるかもしれませんが、図表5.6.9を見て、最初に「あなた自身ならどうするか？」を考えてみてください。

　ヒントですが、僕はどう考えるか、書いてみます。

　図表5.6.9では、三角保ち合いの各高値をJ、K、L、Mとしています。JM抵抗線は三角形の上辺です。各安値も、それぞれダッシュ記号を付けて、K'、L'、M'としました。K'、M'支持線は三角形の底辺になります。

　今回の場合、JM抵抗線を突破すると上昇波動に入った可能性が高くなりますが、完全に新しい上昇トレンドに入ったことが確認できるのは、高値J：9,060円を超えたときです。逆に下落トレンド入りしてしまうと判断するのは最安値K'：4,130円を割ったときです。

　しかしこの2つの線には、9,060円－4,130円＝4,930円と結構な価格差があります。そこで、今回の三角保ち合いのように近い価格帯に高値が階段状に出て来たときには、各高値の出来高に注目してみましょう。

図表5.6.10　保ち合い時の高値と出来高

日付	J 2013/12/10	K 2014/1/6	L 2014/3/3	M 2014/4/28
出来高	196,200	6,592,700	4,719,000	1,354,600

　第3章でも説明しましたが、高値や安値で抵抗や支持が強く働くものは出来高を伴ったものでしたよね。Jは最高値ですが、出来高が非常に少ないです。このときは寄らずストップ高だったために、比例配分でしか出来高がありません。逆に、出来高が一番あるのがKです。つまり単純に出来高から見ると、抵抗線の強さは、K＞L＞M＞Jとなります。

　ということで、K抵抗線が最も強い抵抗と仮定して、それを「上昇を阻む線③」としました。

　続いて、「下落を防ぐ線③」を決めます。これは思惑相場の上昇で付けたHJ半値押しと価格の近いN支持線にしました。節目が重なっているところは強い支持の価格帯になります。

　「出発点から30日、60日、90日の位置」ですが、これは出発点Nからそれぞれ30、60、90日目に縦の線を引けば問題ありません。

　横と縦の線を引いて整理したものが、次ページ図表5.6.11です。

　今回は三角保ち合いで高値が切り下がっているタイプなので、まず超えなければならないのはJM抵抗線となりますが、それを超えれば、K抵抗線が上昇トレンドに移れる可能性が高くなります。

　本来であれば、JM抵抗線を終値で超えたことが確認できてから戦略を作るのですが、5/14に発表された2014年3月期の決算発表の内容が非常に良かったことから、先回りして戦略を立てています。

図表5.6.11　縦と横の重要な線

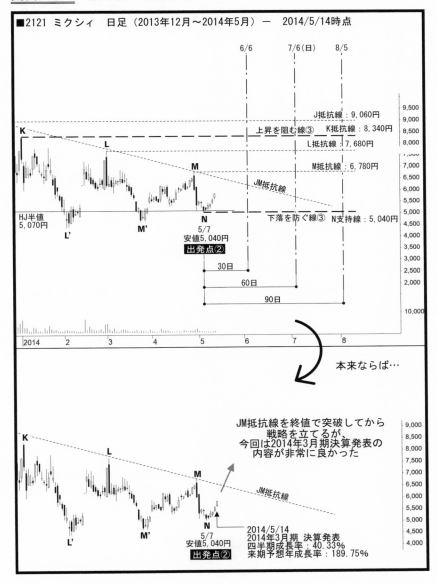

◎手順④戦略シナリオの作成　＜2121ミクシィ＞（業績相場編）

　「楽観、中立、悲観」の３つの戦略シナリオは、図表5.6.12の通りです。ここでは、次のような３つのシナリオを作りました。

・楽観シナリオ③…K抵抗線：8,340円を超えて上昇を想定
　　　　　　　　→ ⓐ、㉖が目標位置
・中立シナリオ③…K抵抗線とN支持線の間での保ち合いを想定
　　　　　　　　→ ⓚとⓝがボックス内の反転位置
・悲観シナリオ③…N支持線：5,040円を割って下落を想定
　　　　　　　　→ ⓝが下へのブレイク位置

　思惑相場後には、半年近くも保ち合いが続きましたよね。保ち合いが長ければ長いほど、その高値を越えると大きな上昇が望めます。今回は保ち合いを上に抜けるまでには、その保ち合い範囲の中にはMとLといった高値が節目となっているので、これらが上昇を妨害してくることが予想されます。逆にいえば、これらの高値に対して株価がどのように動くかで、業績相場の初動の強さが推し量れます。もしMやL、Kに対して、なんの躊躇もなく一気に抜いてくるようであれば、相当強い。そのときは買い増しを検討しようと思いました。

　ただ、それでも楽観は禁物です。もし、MやLといった抵抗線でいちいち引っかかるようであれば、保ち合いを抜けた後の上昇はそれなりに乱高下する動きになるかと思います。

図表5.6.12 楽観、悲観、中立　３つのシナリオ

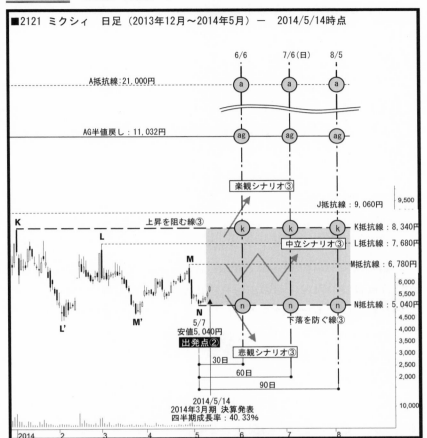

　株価の動きというのは、なにか特殊なイメージを持ってしまいますが、僕たちが普段の日常でみる物理運動と似たところがあります。

　例えば、ボールを床に転がしたとき、摩擦や障害物といった抵抗が少ないと勢いよく進みますが、それらの抵抗が強いとあまり進みません。それと同じです。

　それでは、「損切り額」と「保有株数」を決めましょう。今回も、

証券口座に100万円が入っているとします。

　5/14の決算発表はサプライズな内容でしたので、案の定この日の夜間PTSでは、翌日ストップ高となる6,850円まで買われました。したがって、想定される買付価格は「ストップ高の6,850円」というもっとも悪い条件を想定しました。

　もし5/15が、寄らずストップ高で買えない場合は、5/16以降で寄り付いたあとに最低でも1日は株価の動きを見ながら、再度、戦略を立て直して臨むこととしました。

　さて、5/15にストップ高6,850円で買ったとします。下落を防ぐ線③の5,040円を損切りラインとすると、下げ幅は6,850円－5,040円＝1,810円となります。

　これは100株でも18.1万円という結構な金額です。投資資金がそれなりに豊富であれば問題ない額ですが、ここでは証券口座に100万円という前提でした。1回の損切りで18％超える口座資金のドローダウンは、精神的にキツイですよね。

　僕が行っていた実際の売買では、思惑相場からの含み益があったので、この下げ幅に相当するドローダウンは許容できましたが、新たにポジションを取るという前提であれば、とても許容はできなかったでしょう。ここからは、「思惑相場からの含み益はない」、つまり新たにポジションを取ることを前提とします。

　では、チャートから決めた損切り額が許容できない場合はどうしたらよいでしょうか？

　そういう場合、僕は「**8％損切りルール**」を使います。買値から8％下がったら損切りというものです。何故8％かというと、「10％では大きすぎ、5％では小さすぎる。だからあいだを取って8％」という単純な理屈です。

　これは、『オニールの成長株発掘法』（パンローリング）のなかで著

者のウィリアム・オニール氏が提唱している損切り％と同じです。同
書では、損切りを％で考える際の重要なヒントが記されていますので、
未読の方は、ぜひお読みになることをお勧めします。グロース株を主
戦場とする投資家にとって、バイブル的な名著です。

図表5.6.13　８％ルールによる損切り額

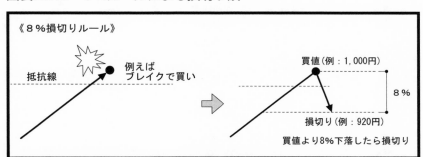

　今回、この８％ルールを適用すると、想定した買付額は6,850円な
ので、損切り額は100株当たり5.48万円（6,850円×８％×100株）とな
ります。

　まぁこのくらいなら、なんとか許容できるそうですね。ここではス
トップ高での約定を前提としましたが、もし、もっと手前で寄付いた
ならば、想定される損切り額はもっと小さくて済むでしょう。

　次ページの図表5.6.14は、この「８％ルール」による損切り額5.48
万円と、従来の「下落を防ぐ線③＝損切りライン」による損切り額
18.1万円を比較したものです。

　それぞれ「想定される損切り額　その１」、「想定される損切り額
その２」としていますので、見比べてみてください。

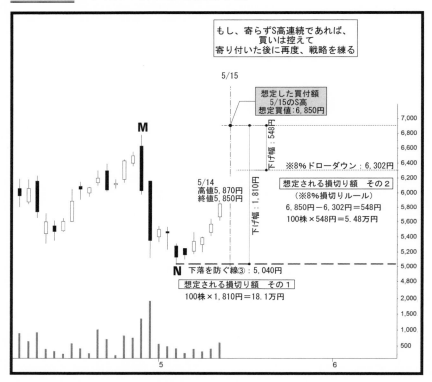

もし、寄らずS高連続であれば、
買いは控えて
寄り付いた後に再度、戦略を練る

5/15

想定した買付額
5/15のS高
想定買値：6,850円

下げ幅：548円

M

※8％ドローダウン：6,302円

想定される損切り額　その２
（※8％損切りルール）
6,850円－6,302円＝548円
100株×548円＝5.48万円

5/14
高値5,870円
終値5,850円

下げ幅：1,810円

N　下落を防ぐ線③：5,040円

想定される損切り額　その１
100株×1,810円＝18.1万円

　ただし、この８％ルールにも欠点があります。「買値から８％下が
った位置というのが、チャートの節目と無関係な場所になる」という
点です。値動きの激しい銘柄であれば８％ぐらい上下はしますので、
損切りに引っかかった後、反転して上げてしまったなんてことは普通
に起きます。そういう場合は仕方ないですね。

　ただ、この８％ルールは「下落を防ぐ線」よりも上、つまり下落ト
レンド入りの前で損切りすることになるので、まだ上昇のチャンスは
残っています。損切り後、もし下落を防ぐ線の辺りにまで下げたら、
再度エントリーすることもできます。

　しかし何度も損切りになるようなら、銘柄と相性が悪いと思って触

らない方がいいです。実際、何度も損切りに引っかかる場合はチャートがジグザグと乱高下してることが多く、難易度の高いものになっているはずです。僕は同じ銘柄で2回連続で損切りになったら、もうそれには触りません。

　また寄付で上放れした場合、一度、窓を閉めてから上昇することもあります。それを期待して、窓を埋める5/14の高値5,870円に指値を入れ、この価格以下でないと買わないと決めてしまうのも一つの作戦です。

　僕自身の判断として、今回は材料も強そうで勢いも出そうだったので、まずは確実に買えるように考えました。が、材料やチャートの勢いが弱そうに見える場合、前日の終値に指しておくことはよくします。

　いずれにしろ、想定される「損切り額」から、100万円という手持ち資金に対して「保有株数」は100株が限度でしょう。現物取引であれば100万円の内、60万円以上のポジションを取ることになるので、これ以上の買い増しはせず、この100株を丁寧に運用することになります。

　6/26から5分割された価格になるので、その後は買い増しや段階的な利確がやりやすくなりますが、もし分割前の買い増しを視野に入れるのであれば、証券口座の100万円は証拠金として信用取引で100株の買付けを行うのもアリです。その100株に充分な含み益が出てくれば、レバレッジをかけてもそれほど危険を冒さずに、もう100株ぐらいは追加で買うことができるからです。

　この信用取引の考え方は第4章で説明していますので、まだ理解が怪しいと感じた方は、もう一度読み返してみてください。

◎手順⑤　数回に分けた買付け　＜2121ミクシィ＞（業績相場編）

その後の株価の動きは次ページの図表5.6.15です。

5/15はストップ高6,850円で引けましたが、幸いにも寄付の始値は6,550円でした。買付③はその始値で約定しました。

しかも、上昇に追い風として、この日はモンストのセルラン（iOS版）が、ついにガンホーのパズドラを抜いて初の１位になりました。これ以降、モンストは、数年にわたり１位の座をパズドラと争うことになります。

5/19にはモンストのダウンロード数700万を突破します。

5/21は場中に三菱UFJモルガンスタンレーによる目標価格引き上げ（7,800円→12,500円）が追加材料となって、一時ストップ高にまでなりました。

その間、出来高を伴いながらM、L、Kさらにと、４つの抵抗線を一気に突破してあっという間に保ち合いを上抜け、楽観シナリオ③に突入します。

5/21、決算発表からわずか５営業日後で終値9,400円、高値9,730円を付けました。

出発点から30日後の6/6はまだ先です。この勢いだと一気に次のAG半値戻しまで上げると思い、買い増しを検討することにしました。

図表5.6.15　買付①後の値動き

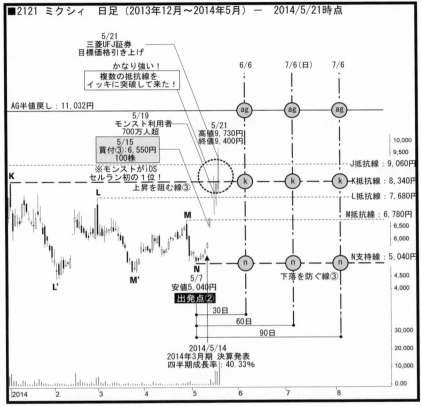

前述しましたが、証券口座100万円で現物取引の場合は、余力がないので買い増しはできません。買い増しできるのは信用取引を使っている場合です。金額を考えれば買い増しできる株数は100株ですが、それでも100万円近い金額がかかります。

5/21の終値9,400円なので、この時点で含み益は（9,400円－買値6,550円）×100株＝28.5万円です。それなりに余裕がありますよね。信用取引で買い増しをしても大丈夫そうです。

買い増しの戦略は、図表5.6.16になります。

ここでも、まずは「上昇を阻む線④」と「下落を防ぐ線④」を決めます。

　「上昇を阻む線④」は、上場来の高値Aと安値GによるAG半値戻しにしました。半値戻しは全値戻しと言われるぐらいですので、抵抗線としても支持線としても強いです。

　「下落を防ぐ線④」は、K抵抗線が逆転したK支持線としました。これを完全に割ると、三角保ち合いで付けた値幅を長期的に行き来する可能性が高くなります。このK支持線をそのまま「撤退ライン」として構わないでしょう。

・楽観シナリオ④…AG半値戻し：11,032円を超えて上昇を想定
　　　　　　→ⓐが目標位置
・中立シナリオ④…AG半値戻しとK支持線の間での保ち合いを想定
　　　　　　→ⓐⓖとⓚがボックス内の反転位置
・悲観シナリオ④…K支持線：8,340円を割って下落を想定
　　　　　　→ⓚが下へのブレイク位置

　補足すると、中立シナリオは保ち合い相場が一段上に積み上がった「ボックスの積み上がり」、悲観シナリオは思惑相場終了後に続いた保ち合いへの逆戻りという感じです。

　なお時間の波動については、買付③から時間も経っていないので、N「出発点②」から30、60、90日で変更はありません。

　買い増しの場合、「せっかくの勝ち戦を負け戦にしない」ことが絶対条件でしたよね。今回は「K支持線＝撤退ライン」と先に決めたので、損益分岐となる「想定される平均買値②」から買い増し価格を考えてみたいと思います。

図表5.6.16　買い増し戦略の検討

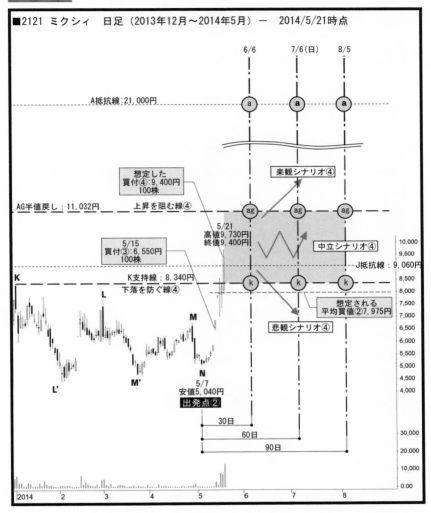

■2121 ミクシィ　日足（2013年12月〜2014年5月）―　2014/5/21時点

まず、「想定される平均買値②」がK支持線以下となる必要があり
ます。買い増し株数は100株として、これらを式で書いて整理してい
くと、次のようになります。

・K支持線 ＞ 想定される平均買値
・想定される平均買値＝（ 買付③＋想定した買付④）÷ 2
　それぞれ代入すると
・8,340円 ＞（6,550円 ＋ 想定した買付④）÷ 2
　∴想定した買付④ ＜ 10,130円

　以上により、買い増しは10,130円未満で行えばよいことになります。
　翌営業日に買付けする場合、10,120円に指値を入れて、約定と同時に8,340円に売り（信用取引の場合は返済）注文を入れておけばよいでしょう。最悪でも損失は出ないですみます。
　注文方法については、特殊注文のIFD注文を使うとよいでしょう。

　ところで、5/21は特に大きな材料は出ておらず、PTS夜間取引も、目立った動きはありませんでした。仮に上に窓を開けて寄付いても、その窓は埋めてくると思いました。したがって、翌日5/22の買い注文は10,120円でなくとも、5/21の終値9,400円で指しておけば約定すると予想しました。この9,400円が想定した買付④になります。
　買い増し後は、平均買値7,975円以下になると、「下げ幅×200株」で損失が発生します。もし仮に、何らかの超悪材料が出て、ここから寄らずストップ安連続に巻き込まれた場合、証拠金100万円が半分になる株価は5,475円です。これは9,400円から３回連続で寄らずストップ安になった価格（当時の東証値幅ルール）とほぼ同じです。
　よほどのことがないと、こんなことは起きないと思いますが、一応このレベルのリスクも検討しておきましょう。

図表5.6.17　損失を出さない買付④の上限価格

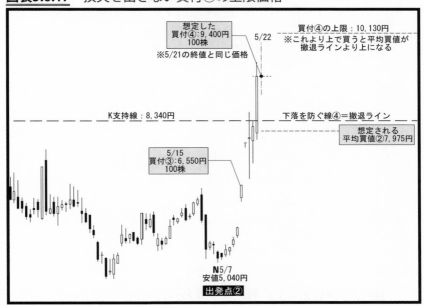

　今回は、信用取引を使った買い増しです。慎重を期すためにも思いつく限りのリスクを想定し、少しでも有利なポジションを取った方がよいです。いろいろ検討しましたが、5/22の注文は前日5/21の終値9,400円に指値を入れることにしました。

　僕は通常、翌日、寄付き成買注文を使いますが、信用取引を使った買い増しなどでは前日終値に指値を入れることも多いです。

　そして指値の場合、「約定しなかったら、それはそれで構わない」というぐらいの気持ちでいます。指値をするということは、「その価格で買えれば、それだけ有利なポジションを取れる」という考えですから、約定しなかったからといって焦って高値を追いかけて買ってしまうとアテが外れたときに、思わぬ被害を食らってしまいます。

◎手順⑥　利確　＜2121ミクシィ＞（業績相場編）

　買付④は、想定した指値9,400円で約定できました。その後の値動きは図表5.6.18の通りです。

　なお2014/6/26から株数は５分割されて、業績相場で保有した200株は1,000株に増えました。そして株価は５分の１になっています。図表には、少しややこしくなりますが、分割前は分割後の数字に、分割後は分割前に換算した数字を併記しました。

　以下、本文は分割後に換算した株価で表記します。

　業績相場の上昇では、OP、QRと浅い押しが２回ほどあっただけでした。その押しも強めの三角保ち合いの型で、N「出発点②」からOPは４分の１押し、QRは３分の１押し程度で、とにかく強かったです。ほぼ90日間延々と上げ続けていました。

　その間には、5/27増し担保規制、6/3増々担保規制、6/5クレディスイスが目標株価引き上げ、同日モンスト利用者800万人、6/26モンスト利用者900万人超え、7/22モンスト利用者1000万人を超えとポジティブな出来事が続きました。

　この時期は他のゲーム株にも資金が集まり、ゲームセクター全体が上昇していました。ミクシィがリーディングストックになっていたと思います。２匹目のドジョウのミクシィで儲かった投資家たちが、次の３匹目、４匹目を狙いに行ったのでしょう。

図表5.6.18　業績相場で最初の利確

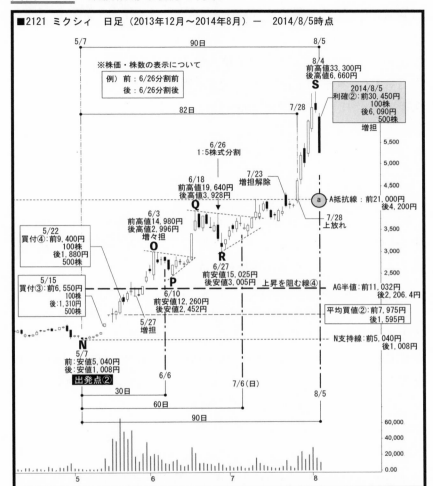

■2121 ミクシィ　日足（2013年12月〜2014年8月）－　2014/8/5時点

　7/23に増し担保規制が外れると、7/28には上放れで、上場来高値のA抵抗線を上に突破します。ついに青天井相場へ突入です。この日は、N「出発点②」からまだ82日目、大陽線で勢いも良さそうです。

　その後は、8/8に発表予定の1Q決算期待から先回り買いが入り続けたのか、連日、さらに勢いよく上げました。

8/4には6,660円（分割前33,300円）を付けました。N「出発点②」から6.6倍も上げています。大引け後には、またも増し担保規制されます。NからSまで89日で、翌8/5は90日ピッタリです。連日、異様に上げたのでさすがに一部は利確すべきだと思い、8/5の寄成売りで半分の500株（分割前100株）を発注、始値6,090円で利確しました。業績相場での平均買付②が1,595円（分割前7,975円）なので、約3.8倍の上昇を取れたことになります。500株で224.75万円の利益です。保有は残り500株です。

　ここからは次ページ図表5.6.19を見てください。
　8/5は寄付から大きく下げ、そのまま8/8の決算発表日までA抵抗線を一時割るまで下げました。その下にはNS半値押し3,834円があります。この半値を割ったら、残りも利確と思っていましたが、ギリギリ手前で切り返します。
　8/8引け後に発表された2015年3月期1Q結果は、経常利益4,636百万円で四半期成長率は80.78％と大きく伸びました。しかも中間予想は13,000百万円と、前回サプライズの通期予想10,000百万円をも超えるという、さらなる驚きの上方修正です。通期予想は未開示でしたが、中間予想がこの数字であれば、通期は相当に期待できます。
　この8/8はPTS夜間取引もストップ高になってました。かなり焦って買い戻そうと思いました。しかし8/11にLINEとのゲームコラボが発表、8/12には三菱UFJ証券が目標株価を2500円から7500円に大幅増額と、好材料が立て続けに出て8/11、8/12と二日連続でストップ高です。買いたいものが買えないので、相当頭に血が上っていました。
　3日目の8/13も寄らないと思ってましたが、さすがに窓が三つも空いてしまうと「三空」といって過熱感が強いローソク足になります。

図表5.6.19　１Ｑ決算発表後に買い戻そうとしたが…

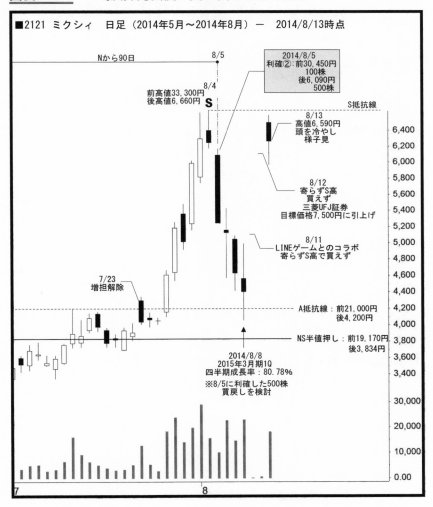

■2121 ミクシィ　日足（2014年5月～2014年8月）－　2014/8/13時点

Nから90日　　　　　　　　　　　　　8/5

2014/8/5
利確②：前30,450円
　　　　100株
　　　後6,090円
　　　　500株

8/4

前高値33,300円
後高値6,660円

S

S抵抗線

8/13
高値6,590円
頭を冷やし
様子見

8/12
寄らずS高
買えず
三菱UFJ証券
目標価格7,500円に引上げ

8/11
LINEゲームとのコラボ
寄らずS高で買えず

7/23
増担解除

A抵抗線：前21,000円
　　　　　後4,200円

NS半値押し：前19,170円
　　　　　　　後3,834円

2014/8/8
2015年3月期1Q
四半期成長率：80.78%

※8/5に利確した500株
買戻しを検討

6,400
6,200
6,000
5,800
5,600
5,400
5,200
5,000
4,800
4,600
4,400
4,200
4,000
3,800
3,600
3,400

30,000
20,000
10,000
0.00

7
8

　8/13はやっと寄り付きましたが、頭を冷やして買付けはやめて様子
見としました。その日は6,590円まで上昇したものの8/4のS高値6,660
円を超えるまでには至らず、陰線となっていました。

　ここで少し状況を整理しました。

8/13で時価総額も5,000億円近くになっています。ガンホー相場のときは、時価総額が最大値で1.4兆円まで行きましたが、そのガンホーもこの2014年8月時点では大体5,000億円台で推移していました。悪く見ればそろそろ天井、良く見てもここから2倍ぐらいの上昇かな、と。

　このとき時価総額からそのくらいを狙うなら、ほかにもっと伸びしろのある安いものが見つかるだろうと思い直し、買い増しはやめて残りの保有500株をどこで利確するかに意識を向けました。

　この後、ミクシィの株価は高値付近で90日にわたる保ち合いになります。この時期のチャートと起きた出来事は、次ページ図表5.6.20にまとめました。

　この保ち合い時期は、三菱UFJ証券の目標価格の引き上げ、海外への配信決定など含めて、モンストのダウンロード数も1100万人、1200万人…1500万人超と着実に増えていきました。

　これらの材料では、保ち合いを抜けるような新しい上昇波動には至りませんでしたが、次の2Q決算発表で業績が伴えば、もう一段ぐらい上がありそうな雰囲気でした。

　その2Q発表日は、11/6引け後に予定されています。内容に対する期待感からか、株価は少しずつS抵抗線に近づく三角保ち合いの形になってきました。この形はちょうど思惑相場が終わって、業績相場が始まるまでの保ち合いと同じパターンです。

　そして2Q発表の前日11/6のUに、株価はS抵抗線を超えて6,970円をつけます。上場来高値の更新です。いかに2Qへの期待感が高かったがうかがえます。

　発表直前に高値更新なので、多少嫌な感じはしたのですが、売上自体は相当に伸びていると予想されていたので、前回と前々回に次いで、三度目のサプライズがあれば株価はさらに上に飛ぶはずです。

図表5.6.20　３カ月の保ち合い後に利確③

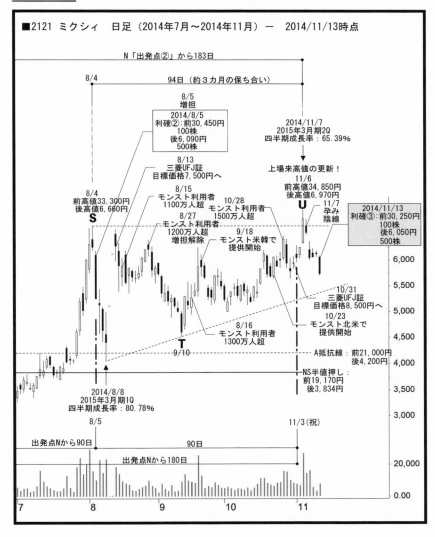

■2121 ミクシィ　日足（2014年7月〜2014年11月）－　2014/11/13時点

翌日11/7の大引け後に発表された中間決算（２Ｑ累積）は、経常利益で14,342百万円と、１Ｑ発表時の中間予想13,000百万円を上回りました。２Ｑ単体で見れば9,706百万円です。

通期予想も45,000百万円で大幅な増益です。配当の発表もあり、年単位で見るとかなり良い数字です。

　しかし、問題は四半期成長率です。これが伸び続けていないと、モンストによる業績の成長が弱まっていることになります。その肝心の四半期成長率ですが、残念ながら今回２Qは65.39％と、前回１Qの80.78％を下回りました。

　モンストによる収益の伸びは、ここで一旦止まった可能性があります。時価総額もUの11/6終値時点で5,311億円に膨れ上がっているので、モンストによる業績は成長から安定に入ったのではないかとも思えました。

　とはいえ、まだ海外配信などの材料が残っているので、まだ成長が続く可能性も残っています。あと数日はチャートの動きを見極めようと判断しました。ただ、11/7は日柄的にも5/7のN「出発点②」から、ちょうど183日と、ちょうど６カ月が経っています。気分的には利確の方向でした。

　ちなみに、発表された予想１株益はは360.65円だったので、Uの終値6,790円時点での予想PERは18.8倍です。成長が続く限りは、けっして割高ではないですよね。ただ、成長が止まったとなると問題です。そこで１匹目のドジョウだったガンホーを見てみました。

　ガンホーはパズドラによる収益は維持していたものの成長の勢いは止まっていて、評価が成長からバリューの方向に変わっていました。

　Uの同時点でガンホーは、時価総額は4,100億円ほどで、ミクシィは既にガンホーを抜いています。予想PER（会社予想を出していないので四季報予想などを参考にすると）は10倍程度です。ということは、ミクシィも業績の伸びが限界と判断されると、18.8倍から10倍ぐらいまで売り込まれていく可能性もあります。

　実は、ガンホーも同じように四半期成長率が下がったところで天井

を付けて相場が終わりました（その辺りの話は第2章を参照）。

　1匹目のドジョウを参考にするならば、2匹目ミクシィも同じようなパターンで上昇が終わる可能性があります。

　2Q発表当日11/7のローソク足は、はらみの陰線でした。その後の3本は値幅の小さい3連続陰線でした。ローソク足でも悪い形が続いていました。

　結局、翌日11/13の寄付の始値6,050円で残り半分の500株を利確しました。利確②から3カ月粘った割には意味のない保有となり、徒労感は強かったですが、それでも平均買付②1,595円なのでこちらも約3.8倍取れたことになります。

　まとめると、今回の結果はこんな感じでした（手数料と税金は除く）。保有期間というのは、1回目の買付けから全て利確するまでの期間です。

・平均買値：1,595円（証拠金：100万円）
・平均利確：6,070円（取得利益：447.5万円）
・保有期間：182日（休日含む）

　さて実際の売買では、思惑相場で利確せずに残していた株も、この同日11/13の寄付6,050円で売却しました。

　こちらの方は、思惑相場での平均買値①2,315円(分割後463円)を分割後6,050円で売却したので、13倍の値上がりを取れました。ほぼ丸1年保有して、テンガバー超えを達成です。100株（分割後500株）当たり279.35万円の利益です。1,000株持っていたら2,793.5万円ですね。

　ここまでの流れを、次ページにまとめました。

　チャートは、思惑相場から業績相場へ移行する典型的な型になっているのが分かるかと思います。

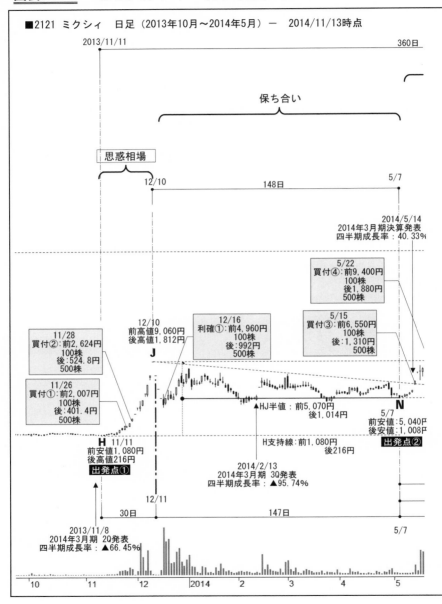

■2121　ミクシィ　日足（2013年10月〜2014年5月）─　2014/11/13時点

2013/11/11　　　　　　　　　　　　　　　　　　　　　　　　360日

保ち合い

思惑相場

12/10　　　　148日　　　　　　　5/7

2014/5/14
2014年3月期決算発表
四半期成長率：40.33%

5/22
買付④：前9,400円
100株
後1,880円
500株

12/10
前高値9,060円
後高値1,812円
J

12/16
利確①：前4,960円
100株
後：992円
500株

5/15
買付③：前6,550円
100株
後：1,310円
500株

11/28
買付②：前2,624円
100株
後：524.8円
500株

11/26
買付①：前2,007円
100株
後：401.4円
500株

▲HJ半値：前5,070円
後1,014円

N
5/7
前安値：5,040円
後安値：1,008円
出発点②

H 11/11
前安値：1,080円
後高値216円
出発点①

H支持線：前1,080円
後216円

2014/2/13
2014年3月期　3Q発表
四半期成長率：▲95.74%

12/11

30日　　　　　147日　　　　　　　5/7

2013/11/8
2014年3月期　2Q発表
四半期成長率：▲66.45%

'10　'11　'12　2014　'2　'3　'4　'5

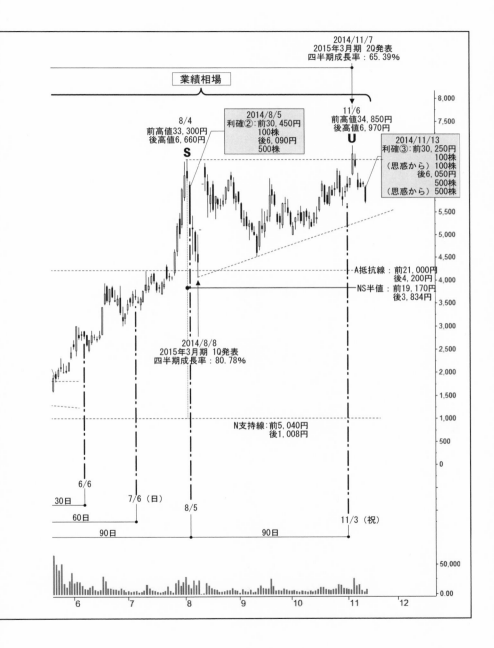

2014/11/7
2015年3月期　2Q発表
四半期成長率：65.39%

業績相場

2014/8/5
利確②：前30,450円
100株
後6,090円
500株

8/4
前高値33,300円
後高値6,660円

S

11/6
前高値34,850円
後高値6,970円

U

2014/11/13
利確③：前30,250円
100株
（思惑から）100株
後6,050円
500株
（思惑から）500株

A抵抗線：前21,000円
後4,200円

NS半値：前19,170円
後3,834円

2014/8/8
2015年3月期　1Q発表
四半期成長率：80.78%

N支持線：前5,040円
後1,008円

6/6
30日
60日
90日

7/6（日）

8/5

11/3（祝）
90日

8,000
7,500
7,000
6,500
6,000
5,500
5,000
4,500
4,000
3,500
3,000
2,500
2,000
1,500
1,000
500
0

50,000

0.00

6　　7　　8　　9　　10　　11　　12

ちなみに僕がこれまでの投資歴でテンガバーを達成したのは２回ありますが、これはその内の１回です。既に説明した通り、思惑相場で買い付けた保有の一部がテンバガーとなりました。

　もちろん最初の思惑相場のときに、大量に買って半年以上放置していれば、保有株の全てをテンバガーできていたことになりますが、それは後から言えることです。

　「テンガバー株を狙え！」というのは、本やセミナーのキャッチコピーとしては良いのですが（僕も昔、そういうコピーに引き寄せられました）、今の僕が思うに「テンバガーというのは、あくまで結果であって、目的ではない」ということです。そして保有株が丸々全てというよりも、保有株の何割かがテンバガーを達成した、という感じが現実的かなと思います。

　第１章でも書いていますが、最初から「○○倍を狙うぞ！」と意気込んでいると、適切な場面で利確できずに、結局、せっかくの膨大な含み益を失ってしまうことがよく起きるからです。

　正確な未来は誰にも分かりません。その都度、最適と思われる選択を行いましょう。その結果が1.6倍であったり、10倍であったり、あるいは、８％の損切りであったりするわけです。このような結果の積み重ねで、投資資産というものは増えていくのかなと思います。

■その後の動き

　ミクシィのその後の株価を図表5.6.22に載せておきます。四半期成長率も記しているで、成長性と株価の関係について全体を見渡してみてください。

　2014/11/6に業績相場での高値を付けた後は、四半期成長率が少しずつ落ちていますよね。業績は良いのに成長性は落ちてるので、高値を更新することがなくなりました。

　ほぼ３年近く経った2017/6/22にもう一度、上場来高値を更新する

のですが、このときのミクシィはマザーズ市場ではあるものの、4,000億〜5,000億円という大型株なので、単純に地合いに連動して上昇したような感じでした。出来高を見てもらえば分かりますが、2013〜14年の大相場に比べると、全然少ないですよね。

　結局、長期的なダブルトップ（2014/11/6と2017/6/22）の形となって、株価はそのままほぼ地合いに連動した動きを繰り返しながら沈んでいきました。

　2020/6/23にミクシィはマザーズから東証一部に昇格しました。収益も平均的に安定しているようなので、もはや成長株として投資する対象でもないのかなぁ…と思います。

図表5.6.22　その後のミクシィ

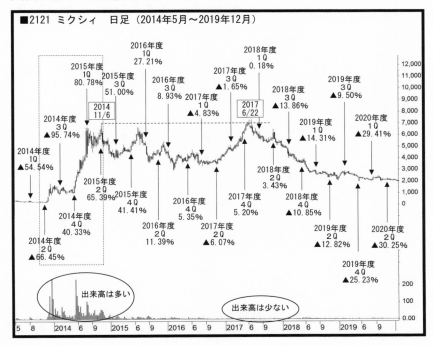

5－7　実例④　6258 平田機工

　最後に失敗例も書いておきます。

　この本の通りにやってるつもりでも、上手く行かないときはあります。常に100％成功するやり方はないからです。

　失敗例を知っておくのは、成功例を知るよりも重要かもしれません。「上手く行かないときはこんな感じなんだな」というのを、事前に知ることができるからです。

　ここでは＜6258平田機工＞の売買を取り上げます。

■前提：銘柄の背景

　平田機工は生産設備エンジニアリングの会社です。扱う製品は自動車や半導体、パネル製造、家電関連、産業用ロボットなど多岐にわたっています。市場はジャスダック（2017年6月から東証一部）でした。

　この銘柄を売買した2015年から2016年にかけてのマーケットは波乱含みです。乱高下しながらの下落トレンド続きで、落ち着いて投資できる状況ではありませんでした。

　そんな中でも平田機工は、2015年11月から2016年10月末までの1年間で、株価8.5倍という上昇をします。そして、最終的には2017年11月までの2年間で14.4倍と言う大相場を演じたのです。

　このころ、市場テーマの1つに有機ELパネルがありました。この銘柄はそのテーマにおける、リーディングストックでもあったと思います。

　次ページ図表5.7.1を見てください。上段にジャスダック指数のチャート、下段に同時期の＜6258平田機工＞を載せています。

　2016年10月末まで、ジャスダック指数はボックスです。しかも随所で酷い乱高下が起きています。しかしその間の平田機工は指数に全く

影響されず、大きく上昇をしていますよね。

図表5.7.1 6258平田機工とジャスダック指数の比較

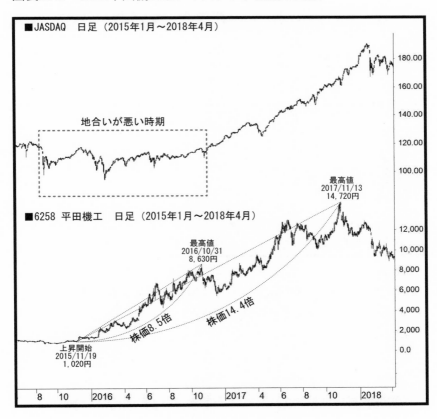

「こんな凄い上昇銘柄を触ったのだから、この本の著者は、さぞ儲かったのでしょう？」と思われるかもしれません。

しかし、儲かるどころか損をしました……。

「え!?」と思われたかもしれません。そうなった理由は色々あるのですが、一言でいえば「感情の乱れ」です。

以下、そうなった理由を手順を踏まえながら書いていきます。

◎手順① 銘柄を探す ＜6258 平田機工＞

2015/11/27に平田機工は、いきなり「値上がり率ランキング」に顔を出しました。「順位」は４位、「出来高」100万超で多く、「市場」もジャスダックと悪くなかったです。

図表5.7.2 値上がり率ランキング（2015/11/27大引け時点）

順位	コード	名称	市場	年月日	終値	値上幅	前日比	出来高
1	9898	サハダイヤモンド	ＪＱ	2015/11/27	12	7	140.00%	97,980,800
2	3165	フーマイスターエレクトロニクス	ＪＱ	2015/11/27	1,393	300	27.45%	225,900
3	4960	ケミプロ化成	ＪＱ	2015/11/27	242	50	26.04%	13,919,000
4	6258	平田機工	ＪＱ	2015/11/27	1,455	300	25.97%	1,138,900
5	6176	ブランジスタ	東マ	2015/11/27	1,798	300	20.03%	5,399,900
6	2703	日本ライトン	ＪＱ	2015/11/27	1,335	220	19.73%	5,646,500
7	3751	日本アジアグループ	東1	2015/11/27	613	100	19.49%	84,800
8	3325	ケンコーコム	東マ	2015/11/27	989	150	17.88%	30,300
9	2742	ハローズ	ＪＱ	2015/11/27	5,290	685	14.88%	353,300
10	8462	フューチャーベンチャーキャピタル	ＪＱ	2015/11/27	2,170	263	13.79%	5,698,600

■2015年11月27日 値上がり率ランキング

名前からして製造系の会社なので、何か特需でも生まれたのかと気になり調べることにしました。成長株というと通常はカタカナ名前のIT系に注目が行きますが、田中とか中村、平田といった人の名前の付いた製造系の銘柄は地味そうに見えながらも、何らかのテーマ、特需に乗ることで長期的で大きな上昇相場を演じることがあります。

このときの直近半年程度のチャートを、図表5.7.3に示しました。

図表5.7.3　2015/11/27大引け時点

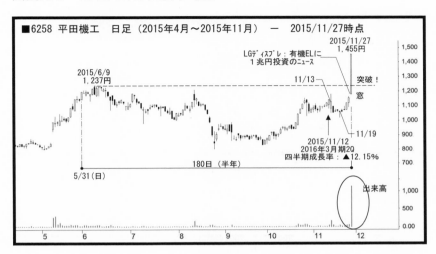

「チャートの形」は「上放れ」と「ブレイク」が合わさった感じで
すね。2015/6/9につけた半年以内の高値1,237円を、出来高を伴って
ブレイクしています。

「銘柄の基本情報（時価総額、予想PER、材料）」は下記にまとめた
通りです。

図表5.7.4　銘柄の基本情報（2015/11/27大引け時点）

株価	時価総額	予想PER	材料
1,455円	157億円	10.79倍 （予想1株益134.84円)）	LGによる有機ELへの 1兆円投資

「時価総額」、「予想PER」は低く伸び代はありそうです。「材料」は、
LGディスプレイが「有機ELに1兆円超の投資を行う」というニュー
スです。平田機工は製造装置メーカーとしてLGディスプレイと関係
が深いことから、その思惑が発生したわけです。

◎手順② 成長性を調べる ＜6258 平田機工＞

まずは「年成長率」と「四半期成長率」を調べました。この会社が
どんな業績で推移して来たのかを調べるため、ファクター計算シート
を使い、２年ほど遡ってチェックしたものが図表5.7.5です。

図表5.7.5 年成長率と四半期成長率（2015/11/27時点）

6258	平田機工		※▲はマイナスを意味する			
期	四半期	発表日	経常利益（百万円）		四半期成長率	ローゼンバーグ 年成長率
			累積	単体		
	4Q	2013/5/13	394	1,369	33.00%	▲ 115.18%
2014年3月期	1Q	2013/8/12	177	177	38.82%	
H26	2Q	2013/11/12	776	599	14.76%	
	3Q	2014/2/12	600	▲ 176	13.53%	
	4Q	2014/5/12	1,658	1,058	▲ 15.47%	123.20%
2015年3月期	1Q	2014/8/11	▲ 253	▲ 253	▲ 20.61%	
H27	2Q	2014/11/12	818	1,071	18.45%	
	3Q	2015/2/12	1,228	410	20.99%	
	4Q	2015/5/12	1,962	734	▲ 13.13%	16.80%
2016年3月期	1Q	2015/8/11	904	904	37.10%	
H28	2Q	2015/11/12	1,637	733	▲ 12.15%	
	3Q					
予想	4Q	2015/11/12	2,200			11.44%
		2015/11/12に出された通期予想				下がってる？

最新の実績から求めた年成長率は、2015年３月期の16.80％ですが、
現在進行中の2016年３月期予想2,200百万円で求めた年成長率は、
11.44％と下がっています。会社としては「今期の成長をあまり期待
していないのかな？」と思いました。しかし、過去の決算短信を見る
ために、IRページをチェックしていると、この会社は上方修正が多
いことに気が付きました。

440

　図表5.7.6は、直近２年間で出された業績の修正を時系列でまとめたものです。

図表5.7.6　過去２年間の業績修正まとめ（2015/11/27時点）

発表日	期（通期）	経常利益	年成長率 ローゼンバーグ 方式
2013/5/13	2013年3月期：実績	394百万円	▲115.18%
	2014年3月期：予想	500百万円	23.71%
2013/11/12 （上方修正）	2014年3月期：予想	1,300百万円 （修正された率）	106.97% （修正された額）
2014/2/25 （下方修正）	投資先破産による特損発生で純利益の下方修正1,000→930百万円 経常利益は1,300→1,300百万円で修正なし		
2014/5/12	2014年3月期：実績	1,658百万円	123.20%
	2015年3月期：予想	1,000百万円	▲49.51%
2014/11/7 （上方修正）	2015年3月期：予想	1,100百万円 （修正された額）	▲40.46% （修正された率）
2015/2/12 （上方修正）	2015年3月期：予想	1,900百万円 （修正された額）	13.60% （修正された率）
2015/5/12	2015年3月期：実績	1,962百万円	16.80%
	2016年3月期：予想	2,200百万円	11.44%

　１回だけ純利益の下方修正がありましたが、それは本業とは関係ない内容による特損で、経常利益は無傷でした。

　過去２年の予想と実績を見ると、「予想は低めに出して実績はそれを上回る」を繰り返しています。恐らく業績予想に対しては、保守的であり慎重な会社なのでしょう。そう考えると、今期2016年３月期の予想も保守的に見積もっている可能性があります。そうであれば、今期も上方修正が出てくる可能性がありそうです。

　次に、「四半期成長率」です。もう一度、図表5.7.5を見てください。直近発表2015/11/12の２Qで求めた四半期成長率は、▲12.15%とマイナスです。前回１Qは37.10%と好調だっただけに残念でした。

とはいえ2016年3月期の通期予想が2,200百万円なので、2Q累積では1,637百万円と進捗率は74.4％も行ってます。

　業績は会社予想よりも伸びていることがうかがえるのですが、それでも通期予想は据え置かれていました。決算短信を読んでも、その理由は「業績予想に変更はありません」としか書かれていませんでした。＜3856　Abalance＞のところでも出て来ましたが、通期予想が据え置きだと、残りの四半期の予想が（理屈の上では）悪化しましたよね。このときの平田機工も同じ問題が出ていました。

　今回の例では2Qまでの上半期で、904（1Q実績）＋733（2Q実績）＝1,637百万円（上半期実績）が確定しています。これより、残りの3Q＋4Qの下半期予想は、2,200（通期予想）－1,637（上半期実績）＝563百万円となります。

　ここで、この563百万円を前年と比較してみます。

　前期2015年3月期の下半期実績は410＋734＝1,144円なので、今期下半期予想は、前年の下半期に対して581百万円も減少することになってしまいます。といってもこれも、あくまで理屈の上での話で、本当に悪化することが確定したわけではありません。

　一応、図表5.7.6からは、業績予想に対して保守的で慎重な会社であることが読み取れてましたよね。なので、あまりネガティブなとらえ方はしなくていいのかなと思いました。

　「情報の最終確認」ですが、直近の9月に自社株買いをしていたようです。増資や大量保有報告書、今期業績の修正などは特にありませんでした。

　エントリーするかどうかは結構、悩みました。

　11/27に上げるきっかけとなった材料は、既に述べたようにLGディスプレイの「有機ELに1兆円超の投資を行う」です。

　有機ELパネルというのは、従来の液晶パネルに比べて10分の１程度の厚さで済み、軽量、かつ発光性能も優れているため、次世代ディスプレイとして期待されていました。そのため市場規模も相当なものだと予想されていたのです。こういう新しい技術によって、既存の製品が刷新されるようなネタは絶好の投資チャンスです。

　有機EL市場拡大の思惑は少しずつ芽生えていて、このころ有機EL関連の銘柄は業績が多少悪くても、なんとなくジワジワと上げ始めていたように思います。今回、このLGディスプレイ１兆円投資のニュースに、このテーマが注目を浴びるきっかけになったと思います。

　平田機工の有機ELパネルに関連した事業が、業績に反映（四半期成長率がプラスに転じる）されてくれば、ミクシィのときのように、業績相場が開始される可能性もあります。

　エントリーは、業績に反映されることが確実視されてからの方が堅実かなと思い、今回は見送ることにしました。それでも監視だけはしておこうと思いました。思惑から業績に移行する瞬間を狙うのは黄金ルールの１つでしたよね。

　偵察用に100株買っておこうとも思ったのですが、このときは幾つか他の銘柄を保有中だったのもあり、あまり資金的な余力もなかったことから証券会社のポートフォリオ機能に登録だけしておきました。

◎手順① 銘柄を探す ＜6258 平田機工＞

　最初にエントリーしたのは、2015/11/27「最初の注目」から約９カ月後でした。

　エントリーに至るまでの９か月間、監視は続けていたのですが、なかなか買付けできずにいました。そこに至るまでのチャートは次ページ図表5.7.7ですが、その間の出来事を簡単に述べておきます。

　「最初の注目」から約２カ月は保ち合いで、目立った動きはありませんでしたが、2016/1/22に保ち合いを突破して上昇します。有機EL絡みの受託業務が好調とのニュースに反応したようです。チャートだけを見れば、ここで買っても良かったのですが、会社からの開示がなかったので見送りました。

　2016/2/10には、2016年３月期３Ｑ発表がありました。２Ｑで据え置いた通期予想に上方修正が入りました。四半期成長率も6.49%とプラスです。ここはエントリーすべきだったのですが、他銘柄で手いっぱいだったので、このときも見送ってしまいました。翌営業日の2/12には値上がり率ランキング62位に入り、そのまま上昇していきます。

　2016/5/12に、2016年３月期４Ｑ発表がありました。四半期成長率は▲5.27%とマイナスでした。しかし、経常利益の来期予想は、今期実績に対して約1.24倍の増益予想を出してきました。

図表5.7.7　「最初の注目」から「１回目のエントリー」に至る経緯

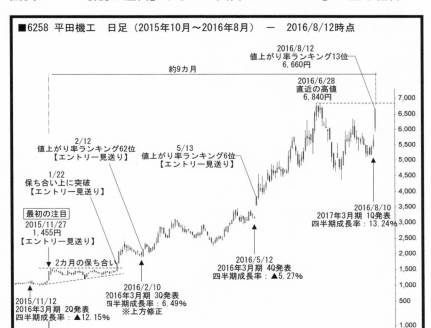

　予想に対して慎重な会社の割には、強気だったので相当気になりましたが、結局、このときもエントリーを見送りました。翌日5/13には値上がり率ランキング６位に入り、またもそのまま上昇していきます。

　何度もエントリーを見送るたびに、株価はどんどん上げて行くので、かなりイライラしながら監視していました。よくない兆候です。

　そして、冒頭に書いた2016/8/12「値上がり率ランキング」13位に平田機工の名前が出て来ました。前営業日8/10発表の2017年３月期１Qの内容が良かったことによるストップ高だったようです。

図表5.7.8　値上がり率ランキング（2016/8/12大引け時点）

順位	コード	名称	市場	年月日	終値	値上幅	前日比	出来高
1	6327	北川精機	ＪＱ	2016/8/12	296	80	37.04%	963,900
2	7946	光陽社	東2	2016/8/12	155	30	24.00%	9,584,000
3	7813	プラッツ	東マ	2016/8/12	2,110	100	23.39%	2,000
4	6075	フォトクリエイト	東マ	2016/8/12	1,716	300	21.19%	3,800
5	6184	鎌倉新書	東マ	2016/8/12	3,090	501	19.34%	61,400
6	7162	アストマックス	ＪＱ	2016/8/12	442	71	19.14%	4,905,300
7	6753	シャープ	東2	2016/8/12	106	17	19.10%	56,274,000
8	3328	ＢＥＥＮＯＳ	東マ	2016/8/12	2,426	386	18.92%	573,500
9	6079	エナリス	東マ	2016/8/12	261	40	18.10%	67,600
10	3914	ＪＩＧ−ＳＡＷ	東マ	2016/8/12	6,540	1,000	18.05%	573,500
11	3390	ＩＮＥＳＴ	ＪＱ	2016/8/12	59	9	18.00%	10,828,900
12	2146	ＵＴグループ	ＪＱ	2016/8/12	528	80	17.86%	312,400
13	6258	平田機工	ＪＱ	2016/8/12	6,660	1,000	17.67%	401,100
14	9466	アイドママーケティングＣ	東マ	2016/8/12	1,180	170	16.83%	21,500
15	8107	キムラタン	東1	2016/8/12	70	10	16.67%	9,326,000

　「チャートの形」ですが、前ページ図表5.7.7を見る限り、直近６カ月以内に抜けていない高値は2016/6/28の6,840円ですね。これを抜いて、基本形の１つ「ブレイク」になれば、かなり期待できそうです。改めて、「銘柄の基本情報」を調べました。

図表5.7.9　銘柄の基本情報（2016/8/12大引け時点）

株価	時価総額	予想PER（予想１株益：229.72円）	材料
6,660円	716億円	28.99倍	2017年3月期１Q決算が良好

　図表5.7.9を「最初に注目」したときの図表5.7.4と比較すると、株価は1,455円→6,660円と既に4.58倍になっています。「時価総額」も716億円なので、もはや小型株とは言えませんね。

　次に、「予想PER」を見ると10.79→28.99と2.69倍に増えています。株価に比べて倍率が低いです。こういうのは業績相場の特徴なので注目しておいてください。つまり、業績が伸びているので株価が上昇しても、PERは株価ほどの増加はしていないのです。業績相場の良い

ところは、業績の伸びに合わせて株価が上げて行く点です。

　ちなみに思惑相場の場合、業績がまだ追い付いていない状態で株価が上がるので、仮に4倍になるとPERも4倍に増えます。株価が上がるほど割高となり危険が増します。しかも株価の上昇は不安定でかつ短期的です。例外なく、最後は大きな暴落を引き起こします。

　反対に、業績相場は安定的かつ長期的に上げて行く傾向があります。そのため上昇途中からエントリーしても、業績が伸び続ける限りは、利益を取れる可能性があるわけです。

　なお、業績相場にも思惑は入り込んでいます。

　先ほどの例ですが、株価1,455円→6,660円で4.58倍、予想PER10.79→28.99で2.69倍でしたよね。

　株価が業績の増加に完全に沿っていれば、上昇率が予想PERと同じ2.69倍となり、3,920円ぐらいで推移してるはずです。ということは、6,660円−3,920円＝2,740円分は思惑が入っていることになります。思惑が崩れると（成長が止まると）、その分株価は下げていくでしょう。

　ちなみにPERは計算に1株当たりの純利益を用いるので、特別損益がノイズとして入っている可能性があります。経常利益に対して純利益が極端に大きい場合は、特別損益によるものです。特別損益は企業本来の実力として評価されない傾向があります。

　そういうときはPERではなく、「時価総額を経常利益で割ったもの」が何倍になっているかで、株価の上昇倍率と比較してみるとよいでしょう。

　「時価総額÷経常利益」はPERの計算に（純利益ではなく）経常利益を使ったものだと思ってください。これを法人税などによる減少率（通常0.6〜0.7）で割れば、特別損益のノイズを排除したPERになります。通常のPERより正確に割安具合を比較できます。

◎手順② 成長性を調べる ＜6258 平田機工＞

　改めて時系列で「年成長率」と「四半期成長率」を確認することに
しました。「ファクター計算シート」で求めたのは図表5.7.10です。

図表5.7.10　年成長率と四半期成長率（2016/8/12）

6258		平田機工	※▲はマイナスを意味する			
期	四半期	発表日	経常利益（百万円）		ファクター	年成長率
			累積	単体	四半期成長率	ﾛｰｾﾞﾝﾊﾞｰｸﾞ
	4Q	2015/5/12	1,962	734	▲ 13.13%	16.80%
2016年3月期	1Q	2015/8/11	904	904	37.10%	
H28	2Q	2015/11/12	1,637	733	▲ 12.15%	
	3Q	2016/2/10	2,240	603	6.49%	
	4Q	2016/5/12	2,825	585	▲ 5.27%	36.06%
2017年3月期	1Q	2016/8/10	1,335	1,335	13.24%	
H29	2Q					
	3Q					
予想	4Q	2016/8/10	3,500			21.34%

2016/8/10に出された通期予想

　進行中の2017年3月期決算予想は3,500百万円、予想される年成長
率は21.34%でした。前期2016年3月期の成長率は36.06%なので、成
長率は減少ですが、すでに調べたように、この会社は予想を保守的に
出して、期中に上方修正を繰り返すので気にする必要はないと思いま
した。

　四半期成長率の方はプラスとマイナスを交互に繰り返しているよう
で、やや不安定に感じたのですが、それがエントリーを躊躇させた原
因の1つでした。

　そんな状態の中、2017年3月期1Qは経常利益1,335百万円とかなり
良く、四半期成長率も13.24%で、やっとエントリー条件が揃ってき
たかな、という感じでした。

　「チャートの形」を見れば、6/28の高値をちゃんと終値でブレイクするまで待つべきと思ったのですが、戦略シナリオや損切りなどの検討をして問題なさそうなら、翌営業日8/15にエントリーしようと決めました。

　しかし、既に述べたように「最初の注目」だった2015/11/27終値1,455円から2016/8/12の終値6,660円まで、すでに4.58倍も上がっています。この時期は地合いが悪く、僕の投資成績も芳しくない時期でもあったために、正直、取り損なった、という悔しい気持ちが強く出ていました。

　今こうして改めて業績の推移を眺めなおすと、2016/2/10の上方修正、四半期成長率6.49%とプラスに転じたとき、ここから業績相場が始まっていたようです。本当にいまさらなのですが、監視中は予想PERと株価の倍率比較などをして、業績相場の特徴をつかんでおきながら思惑相場と勝手に思い込んでいたのも失敗した原因の1つでした。

　「あのときエントリーしていれば…」と悔やみました。

　なお、このような愚痴、「…だったら」、「…していれば」というのを、相場スラングでは「タラレバ」と言います。

　もし、自分がタラレバを言い出したら、投資メンタルが悪化していると思って注意してください。このとき僕のタラレバは、まさにこの後の失敗を予感してるようでした。

◎手順③　チャート波動の分析　＜6258 平田機工＞

　ここでちょっと過去の長期的なチャートもチェックしておきましょう。下記に過去７年間のチャートを示しておきます。

図表5.7.11　過去７年間の週足チャート

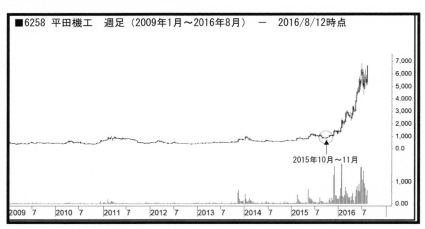

■6258 平田機工　週足（2009年1月〜2016年8月）　─　2016/8/12時点

2015年10月〜11月

　民主党時代の2009年〜12年はともかく、2013年以降アベノミクス相場が始まってからも、目立った上昇はなくほとんど地面を這っているチャートですね。長い間、底値の保ち合いを続けながら、2015年10〜11月ぐらいから今回の相場が始まっていることが分かります。ここからのエントリーは、チャートの波に上手く乗らないとダメですね。

　改めて今回の相場の「出発点」と「支配的サイクル」を求めてみたいと思います。ただ、支配的サイクルに関しては、既に上昇相場が続いているので、細かく見るために週足よりも日足で求めてみました。

図表5.7.12　日足支配的サイクル

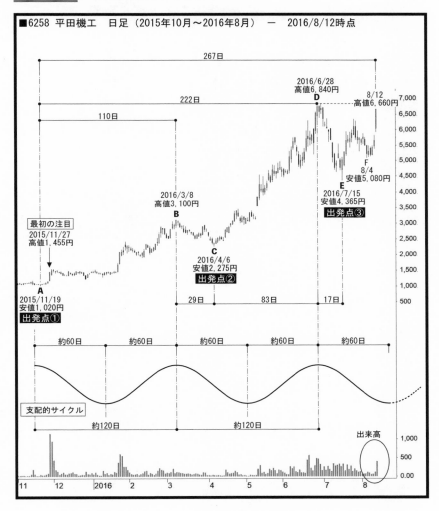

■6258 平田機工　日足（2015年10月〜2016年8月）　－　2016/8/12時点

出発点ですが、既に上昇トレンドが進んでいる状態なので、今回の上昇相場が始まった位置から順に追ってみることにしました。

最初の「出発点①」は、A（2015/11/19：1,020円）としました。これは「最初の注目」2015/11/27の数日前で、ちょうど上昇が開始され

た位置になります。

　AはB（2016/3/8：高値3,100円）まで110日（約2カ月＋2カ月）かけて上昇します。Bで天井を付けた後に29日（約1カ月）かけてC（2016/4/6：安値2,275円）まで下落しますが、そこからD（2016/6/28：高値6,840円）まで83日（約3カ月）かけて上昇します。そこでCを「出発点②」としました。

　そして、Dから最も下げたE（2016/7/15：安値4,365円）を「出発点③」として、ここを基準に戦略を立てることにしました。

　「支配的サイクル」は正弦波の頂点をBとDに合わせて調整しました。1周期は約120日ぐらいですね。正弦波の底はE「出発点③」と少々ズレていますが、全体のリズムからすると8/12以降は上向く感じかなと思いました。

　チャート分析は次ページ図表5.7.13に示したように行いました。

　上昇を阻む線①は、すでに青天井相場ともいえる状態なので、D抵抗線としました。これより上となるとCD倍返し：8,930円ですが、これはちょっと上過ぎますね。

　下落を防ぐ線①は、8/10と8/12の間に小さく窓が開いていたので、この窓下の位置にしようかと思ったのですが、EFを結ぶ支持線が機能しそうだったので、F支持線としました。これを割るとE支持線に向かいそうです。そうなると素直に上昇していくような形にはならないと思いました。

図表5.7.13　縦と横の重要な線

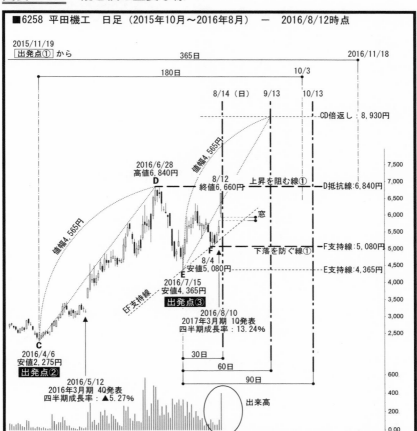

■6258 平田機工　日足（2015年10月〜2016年8月）　―　2016/8/12時点

「出発点から30日、60日、90日の位置」ですが、E「出発点③」から30日目は8/14（日）です。戦略を作ってる8/12は、ほぼ30日目ですね。60日目は9/13、90日目は10/13になります。

またA「出発点①」から365日は2016/11/18であり、E「出発点②」から180日は2016/10/3になるので、この辺りにも注意しておきたいですね。

◎手順④　戦略シナリオの作成　＜6258 平田機工＞

「楽観」「中立」「悲観」の３つの戦略シナリオを決めました。次ページ図表5.7.14を見てください。

- ・楽観シナリオ④…D抵抗線：6,840円を超えて上昇を想定
  - →ⓒⓓ が目標位置
- ・中立シナリオ④…AG半値戻しとK支持線の間での保ち合いを想定
  - →ⓓとⓕがボックス内の反転位置
- ・悲観シナリオ④…F支持線：5,080円を割って下落を想定
  - →ⓕが下へのブレイク位置

　楽観シナリオは、D抵抗線を超えて新高値を取りに行く青天井相場を期待しました。悲観シナリオは、F支持線を割ったものになります。

　「損切り額」と「保有株数」ですが、最初、下落を防ぐ線①5,080円を損切りラインの候補にしましたが、8/12終値6,660円からは1,580円も値幅があるので、損切り額は100株当たり15.8万円と結構な額になってしまいます。そこで、別の損切りラインも検討しました。

　例えば、８％ルールなども可能性がありそうですよね。これを適用したらどんな感じになるでしょうか。

図表5.7.14　３つの戦略シナリオ

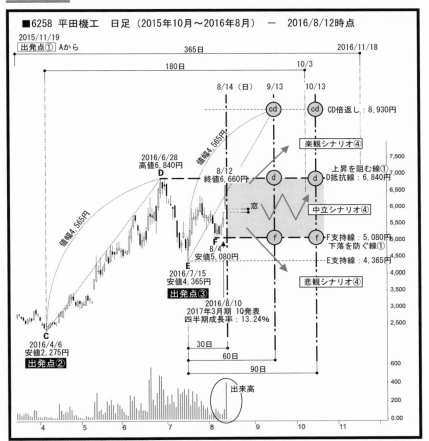

　また、8/10と8/12の間に開けた窓の窓下ライン5,830円にも注目していました。窓下に設定するとどうなるでしょうか。

　以上により、「下落を防ぐ線①」、「８％ルール」、「窓下」と、３つほど損切りラインの候補があるので、それらを実際に当てはめた場合、損切り額や保有株数がどうなるかを、次ページの図表5.7.15で整理してみました。

図表5.7.15　損切り案の整理

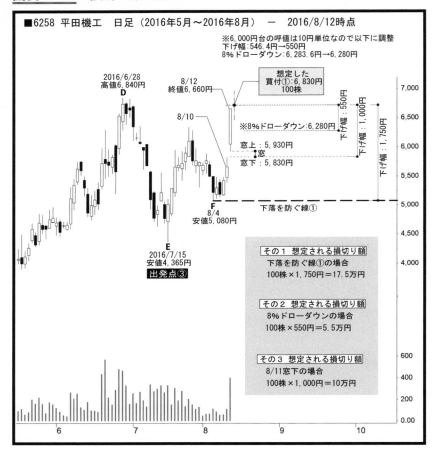

エントリー予定は8/15です。

「想定した買付①」を6,830円としました。8/12の引けはストップ高6,660円で、その日の夜間PTSでは最高値6,830円を付けていたからです。

　【その１】　下落を防ぐ線①を損切りラインにすると、6,830円－5,080円＝1,750円で、100株当たり17.5万円の損切り額になります。

　【その２】　8％ルールにすると、6,830円×8％＝546.4円≒550円で、100株当たり5.5万円の損切りで済みます。ただし、損切りラインは6,830円－550円＝6,280円となり、少し押しただけですぐに引っかかりそうです。

　【その３】　8/10と8/12の窓下5,830円にすると、値幅100円なので、損切り額は100株当たり10万円になります。まぁ、ギリギリ許容できる範囲かなと思います。これもキツイと思ったら、ここは見送って、もう少しチャートの形がハッキリ見えるまで待った方がよいでしょう。

　今回は「買いたい」という思いが強かったので、この窓下を損切りラインに定めました。しかし窓を埋めてから反転上昇することも多いので、具体的な損切りラインは30円ほど余裕を持たせた5,800円としました。損切り額は10.3万円で保有株数は100株となります。

図表5.7.16　最終的な損切りラインの決定

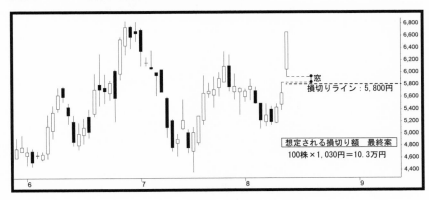

◎ 手順⑤　数回に分けた買付け　＜6258 平田機工＞

翌日8/15の朝、寄付前に成買注文を入れました。想定した額よりも少し低い始値6,730円で約定しました。エントリー後の値動きは、次ページの図表5.7.17です。

8/15当日は、直近高値D（6/28：6,840円）を超えました。しかし、終値ではDを10円下回る6,830円となっていました。上ヒゲブレイクですが、終値では超えられなかったようです。これはブレイクでも弱い形、天井っぽい足ですね。

8/16は十字線に近い陽線です。ここで反転するかな、と思ったのですが、そうはなりませんでした。

8/17は大きく下げて、大きめの陰線となります。嫌な予感がしました。すでに含み損も発生しています。

8/18はさらにギャップダウンから続落して窓を埋めます。逆指値に入れておいた損切りライン5,800円に引っかかっていました。これは、窓埋めした後、F支持線まで下げて反転する可能性もあると思い、5,080円に買い指値を入れましたが、8/18には大きな陽線を出してそのまま反転し、上に向かってしまいました。

まさに「あなたの切ったそこが底」です。

図表5.7.17　損切りラインに引っかかる

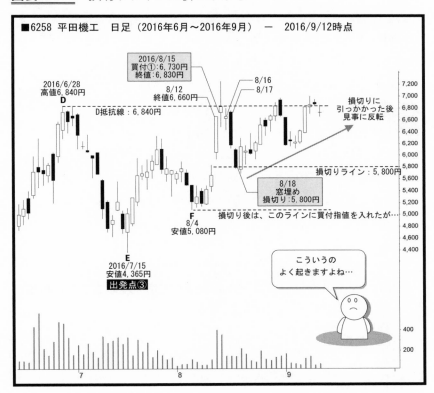

■6258 平田機工　日足（2016年6月〜2016年9月）　−　2016/9/12時点

反省点は色々あるのですが、まず8/12の時点で直近高値のDを超えていなかったことから、数日は様子を見るべきでした。少なくとも「窓を埋めるか、埋めないでDを超えるか」は確認してから戦略を立てても遅くはなかったはずです。最初の段階でチャートを客観的に見てませんでした。

業績相場なので焦ってエントリーする必要もなかったのですが、ただ再三書いてるように、このときは長らく買いそびれが続いて、それ故にイライラして焦っていたのです。

◎手順①　銘柄を探す　＜6258 平田機工＞

　２回目のエントリーを決めたのは、損切りで終わった8/15の「１回目のエントリー」から３カ月後の11/14です。

　この日、平田機工は「値上がり率ランキング」で81位に登場していました。通常は見逃す順位ですが、監視していた銘柄なのでやはり気になりました。ランクインした理由は、前営業日11/11に発表された2017年３月期２Qの内容が良かったからです。経常利益で見れば、通期予想は１Qの3,500百万円から4,500百万円へと上方修正され、四半期（単体）も１Qの1,335百万円から1,629百万円へと伸びてます。

図表5.7.18　2016/11/14の値上がり率ランキング

順位	コード	名称	市場	年月日	終値	値上幅	前日比	出来高
| ■2016年11月14日　値上がり率ランキング							
1	5277	スパンクリートコーポレーション	JQ	2016/11/14	374	80	27.21%	864,800
2	5391	エーアンドエーマテリアル	東1	2016/11/14	121	25	26.04%	28,575,000
3	6369	トーヨーカネツ	東1	2016/11/14	288	11	25.76%	8,064,000
4	6046	リンクバル	東マ	2016/11/14	1,580	300	23.44%	172,500
5	2743	ピクセルカンパニーズ	JQ	2016/11/14	340	56	19.72%	3,170,100
6	4274	細谷火工	JQ	2016/11/14	498	80	19.14%	72,000
7	2321	ソフトフロントホールディングス	JQ	2016/11/14	255	40	18.60%	8,284,700
8	3845	アイフリークモバイル	JQ	2016/11/14	191	29	17.90%	10,253,200
9	1827	ナカノフドー建設	東1	2016/11/14	515	73	16.52%	433,700
10	9421	エヌジェイホールディングス	JQ	2016/11/14	2,493	323	14.88%	183,300
81	6258	平田機工	JQ	2016/11/14	7,110	460	6.92%	227,300

図表5.7.19　2016/11/14大引け後のチャート

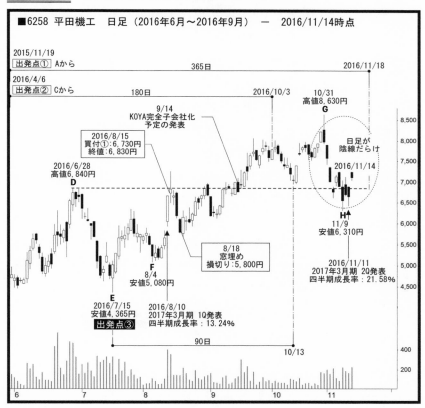

■6258 平田機工　日足（2016年6月～2016年9月）　－　2016/11/14時点

　上図は、2016/11/14からの直近6カ月間の「チャートの形」です。
最初に気になったのが、次の3つの日柄が近い位置にあったことです。

・A「出発点①」から365日の11/18
・C「出発点②」から180日の10/3
・E「出発点③」から90日の10/13

　これらはいずれも時間の波動における節目が、直近の10月から11月
半ばまでに集中しています。このことから、Aからの長い上昇波動は

461

終了か、上昇継続する場合でも一旦は調整に入る可能性もありそうです。調整となれば10/31の直近高値Gから最低でも30日、あるいは60日、90日と続くことも考えられます。あまり良い印象ではありません。

さらに直近の日足が陰線だらけなんですよね。これも嫌な感じでした。「上放れ」も「ジリジリ上げ」も「ブレイク」もしていません。チャート的には、良い印象はありませんでした。

しかし四半期成長率が継続的に伸びているので、まだ継続的に上昇が続く…という気持ちの方が強く出てしまいました。

いずれにしろ値動きは乱高下しているので、エントリーするのであれば、かなり慎重に行う必要がありそうです。

続いて、「銘柄の基本情報（時価総額、予想PER、材料）」を整理しました。

図表5.7.20　銘柄の基本情報（2016/11/14大引け時点）

株価	時価総額	予想PER （予想1株益：349.74円）	材料
7,110円	765億円	20.33倍	2017年3月期 2Q決算が良好

2017年3月期予想が上方修正されたことで、前回調べた図表5.7.9（2016/8/12大引け時点）に比べて「時価総額」が716億円→765億円と増えたものの、「予想PER」は28.99倍→20.33倍とかなり改善されています。株価の上昇よりもPERの上昇が低い場合は、業績が成長している証でしたよね。

チャートからは、あまり良い印象はなかったのですが、「材料」である業績は継続的に伸びていそうです。成長性についても調べてみました。

◎手順②　成長性を調べる＜6258 平田機工＞

図表5.7.21　年成長率と四半期成長率（2016/11/11時点）

6258	平田機工		※▲はマイナスを意味する			
期	四半期	発表日	経常利益（百万円）		ファクター	年成長率
			累積	単体	四半期成長率	ローゼンバーグ
	4 Q	2016/5/12	2,825	585	▲ 5.27%	36.06%
2017年3月期	1 Q	2016/8/10	1,335	1,335	13.24%	
H29	2 Q	2016/11/11	2,964	1,629	21.58%	
	3 Q					
予想	4 Q	2016/11/11	4,500			45.73%

2016/11/11に出された通期予想

　11/11の２Q発表では、今期予想の上方修正により経常利益の「年成長率」は21.34%→45.73%に上がりました。また、「四半期成長率」も13.24%→21.58%と伸びています。チャートの波動的には不安がありましたが、成長性はかなりの好印象で、11/14の翌日11/15にエントリーを決めました。

　「情報の最終確認（増資、大量報告、業績修正などの有無）」に関しては、9/14の連結子会社KOYAの完全子会社化がありましたが、これは業績への影響は軽微とのことでした。

◎手順③　チャート波動の分析　＜6258 平田機工＞

　チェック項目をまとめたものを次ページ図表5.7.22に示しました。

　11/9をH「出発点④」としました。「支配的サイクル」は図表5.7.12で求めたのものと同じです。位置や周期は変えていません。

　「上昇を阻む線②」は直近高値であり上場来高値10/31からのG抵抗線、「下落を防ぐ線②」は11/9からのH支持線としました。

　「出発点から30日、60日、90日の位置」は、12/9、1/8、2/7ですが、支配的サイクルと合わせて見ると、なんとなく12/9ぐらいまでは保ち合いが続きそうな感じがします。

　ただ、やはりA「出発点①」から365日目は11/18なのが気になります。長期相場は大体1年ぐらいで一度終わるパターンが多いからです。したがって、Gから3〜6カ月ぐらいの調整に入る可能性も考慮しておいた方がいいかなと思いました。その場合、調整でどこまで下げるかですね。H程度で済めばそれほど調整は長引かないと思いますが、E辺りまで落ちてくると、長期化する可能性もありそうです。

　そういう不安も抱えながらも11/15をエントリー予定にして、戦略シナリオと損切りについても検討しました。

図表5.7.22　支配的サイクルとチャート波動分析

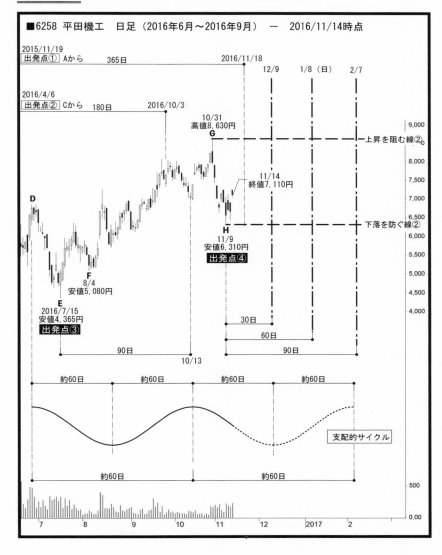

◎手順④と⑤ ２回目のエントリー ＜6258 平田機工＞

「手順④　戦略シナリオの作成」と「手順⑤　数回に分けた買付け」
は流れを書いていきます。

　手順④は図表5.7.23にまとめました。エントリーに関しては、これ
までの値動きから、四半期決算発表後に開けた窓を埋めてから上昇す
る癖があるようなので、今回は窓下の6,900円に買付②の指値を入れ
ておきました。損切りラインは下落を防ぐ線②としました。

図表5.7.23　手順④　３つの戦略シナリオと損切りの検討

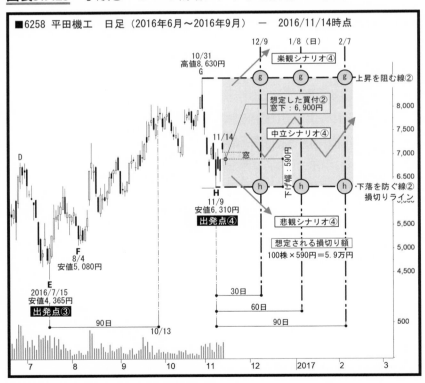

　手順⑤は図表5.7.24にまとめた通りです。

　想定した通り11/15に株価は窓埋めに向かい、買付②は窓下6,900円で約定しました。その後11/28まで上昇したので今度は上手く行ったと思いましたが、12/1から急激に下げはじめ、12/7には下落を防ぐ線②（損切りライン）の6,310円に触れて、ほぼⓗにぶつかったところで損切り、同じ銘柄で2連敗です。

　このときは12/12のI：安値5,520円まで下げますが、その後、急に反発して中立シナリオのゾーンまで戻します。完全に「支配的サイクル」で予想した通りに動いてました。もう悔しくて仕方なかったですね。

図表5.7.24　手順⑤　2回目のエントリーとその後の動き

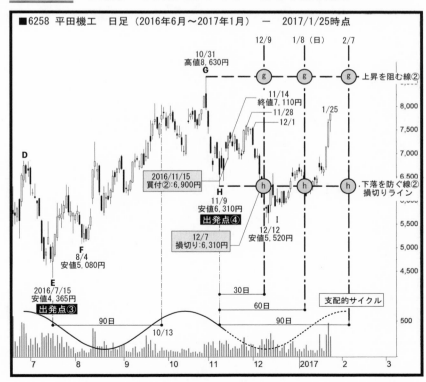

◎ ３回目のエントリー　＜6258 平田機工＞

　３回目のエントリーについても、売買の流れだけをざっくりと書い
ていきます。

　普通、２回連続で損切りとなったら、その銘柄とは相性が悪いとし
て、もう手を出さないのですが、このときは懲りずに「３回目のエン
トリー」を検討することになります。

　2016/12/7の損切り後、株価は5,520円の安値を付けてから戻し始め
ました。

図表5.7.25　2016/12/7損切り後の株価の動き

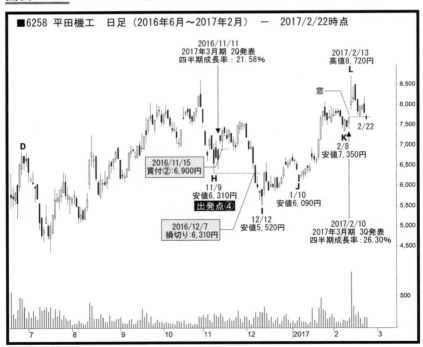

　2017/2/10に2017年３月期３Ｑ決算が発表されます。前回２Ｑに引

き続き、これも好決算でした。2017年3月期の経常予想は、2Qで上方修正された4,500百万円から、6,500百万円へと再度上方修正されたことで、「年成長率」は45.73%→78.82%と修正されました。

図表5.7.26　年成長率と四半期成長率（2017/2/10）

6258		平田機工		※▲はマイナスを意味する		
期	四半期	発表日	経常利益（百万円）		四半期成長率	ローゼンバーグ 年成長率
			累積	単体		
	3Q	2016/2/10	2,240	603	6.49%	
	4Q	2016/5/12	2,825	585	▲5.27%	36.06%
2017年3月期	1Q	2016/8/10	1,335	1,335	13.24%	
H29	2Q	2016/11/11	2,964	1,629	21.58%	
	3Q	2017/2/10	5,049	2,085	26.30%	
予想	4Q	2017/2/10	6,500	1,451	13.32%	78.82%

2017/2/10に出された通期予想　　予想四半期成長率

「四半期成長率」も21.58%（2Q）→26.30%（3Q）と好調で、3四半期連続で前回を上回る数字です。単に、利益。。百万円という額が増えているのではなく、成長率の%が伸びているのは、着実に成長している証です。

　この好決算の影響によって、株価は、直近高値である2016/10/31のGを超えて、Lの新高値8,720円を付けます。

　とにかく業績が順調に伸び続けているので、ここで、三度目の正直とばかりにエントリーを決断し、戦略を練りました。当然3つのシナリオを検討したのですが、省略させていただき、「買付けをどう考え、その結果どうなったか」だけを書きます。

図表5.7.27　待ち伏せの指値を入れる

図表5.7.27を見てください。

さすがに３Ｑ発表日2/10の翌営業日2/13に買うような真似はしませんでした。数日は様子を見ようと思ったのです。

特に2/10と2/13の間には窓が開いています。過去の動きにならうなら、少なくとも窓は必ず埋めるだろう、そしてその後、Ｋ辺りまでは下げるかもしれないと思いました。窓は案の定2/22に埋めました。そこで、ここからエントリーを検討することにしました。

今回の買いは「指値による待ち伏せ」をしようと思いました。

ちょうど、JL半値押し7,405円とＫ支持線7,350円は価格が近い位置にあります。こういう節目が重なる位置は強い支持や抵抗になるので、買うならこの辺りと思いました。

そこでJL半値押し7,405円を意識して7,410円（呼び値10円のため）に、買付③のための指値を入れました。

図表5.7.28　指値を入れた後の株価の動き

■6258 平田機工　日足（2016年10月〜2017年2月）　—　2017/4/27時点

図表5.7.28はその後どうなったかを示したものです。

結果的に、この３回目のエントリーは行われずに終わりました。といっても、冷静さを取り戻したから買付けをキャンセルしたわけではなく、約定しなかっただけです。

このときは慎重になり過ぎたのかもしれません。株価はMの2017/2/27に7,430円まで下げましたが、ギリギリ20円差で約定しませんでした。その夜、株価チャートを見ながら翌日2/28には約定するかな…と思いましたが、株価は人を馬鹿にしたように、そのままスルスルと上げていきます。さすがに、ここで気持ちが冷めました。

その後のチャートと合わせて、今回の例を次ページ図表5.7.29にチャートの全体像としてまとめました。

図表5.7.29　＜6258平田機工＞今回の売買のまとめ

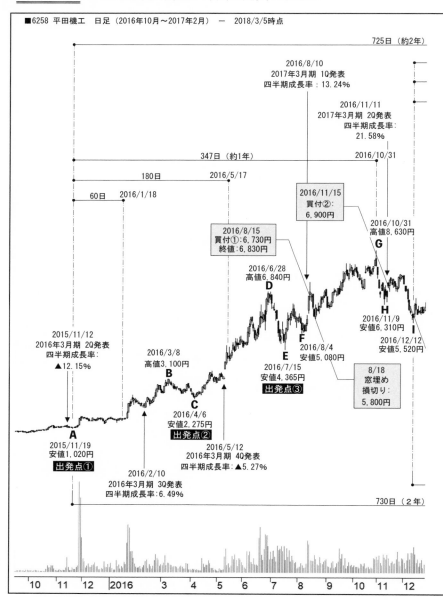

■6258 平田機工　日足（2016年10月〜2017年2月）　−　2018/3/5時点

725日（約2年）

2016/8/10
2017年3月期 1Q発表
四半期成長率：13.24%

2016/11/11
2017年3月期 2Q発表
四半期成長率：
21.58%

347日（約1年）

2016/10/31

180日

2016/5/17

2016/11/15
買付②：
6,900円

60日

2016/1/18

2016/10/31
高値8,630円

G

2016/8/15
買付①：6,730円
終値：6,830円

2016/6/28
高値6,840円

D

2016/11/9
安値6,310円

H

2016/8/4
安値5,080円

F

2015/11/12
2016年3月期 2Q発表
四半期成長率：
▲12.15%

2016/3/8
高値3,100円

B

E

2016/7/15
安値4,365円

出発点③

2016/12/12
安値5,520円

A

C

2016/4/6
安値2,275円

出発点②

8/18
窓埋め
損切り：
5,800円

2015/11/19
安値1,020円

出発点①

2016/5/12
2016年3月期 4Q発表
四半期成長率：▲5.27%

2016/2/10
2016年3月期 3Q発表
四半期成長率：6.49%

730日（2年）

'10　'11　'12　2016　3　4　5　6　7　8　9　10　11　12

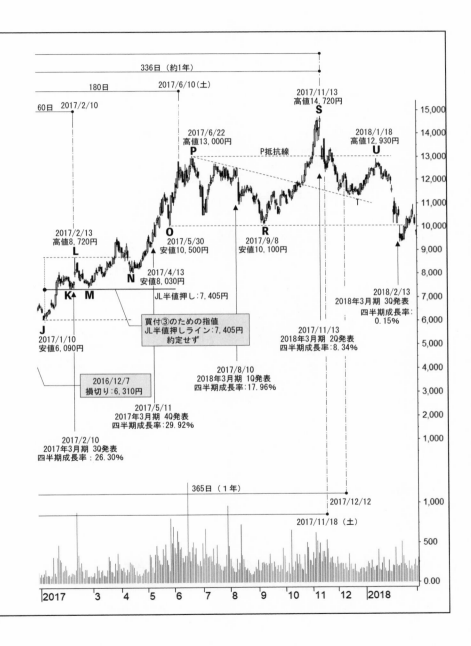

336日（約1年）

180日

2017/6/10（土）

60日　2017/2/10

2017/11/13
高値14,720円
S

2017/6/22
高値13,000円
P

P抵抗線

2018/1/18
高値12,930円
U

15,000

14,000

13,000

12,000

11,000

T

2017/2/13
高値8,720円
L

O

2017/5/30
安値10,500円

R

2017/9/8
安値10,100円

10,000

9,000

8,000

N

2017/4/13
安値8,030円

K　M

JL半値押し：7,405円

7,000

2018/2/13
2018年3月期 3Q発表
四半期成長率：
0.15%

6,000

J

2017/1/10
安値6,090円

買付③のための指値
JL半値押しライン：7,405円
約定せず

2017/11/13
2018年3月期 2Q発表
四半期成長率：8.34%

5,000

4,000

2016/12/7
損切り：6,310円

2017/8/10
2018年3月期 1Q発表
四半期成長率：17.96%

3,000

2017/5/11
2017年3月期 4Q発表
四半期成長率：29.92%

2,000

2017/2/10
2017年3月期 3Q発表
四半期成長率：26.30%

1,000

365日（1年）

1,000

2017/12/12

2017/11/18（土）

500

0.00

2017　　3　　4　　5　　6　　7　　8　　9　　10　　11　　12　　2018

473

前ページ見開き図で示したチャート範囲を含んだ業績を「ファクター計算シート」に入力したものが下記です。

図表5.7.30　四半期成長率（2015/8/11〜18/5/10まで）

6258		平田機工			※▲はマイナスを意味する	
期	四半期	発表日	経常利益（百万円）		四半期成長率	ローゼンバーグ年成長率
			累積	単体		
2016年3月期 H28	1Q	2015/8/11	904	904	37.10%	
	2Q	2015/11/12	1,637	733	▲ 12.15%	
	3Q	2016/2/10	2,240	603	6.49%	
	4Q	2016/5/12	2,825	585	▲ 5.27%	36.06%
2017年3月期 H29	1Q	2016/8/10	1,335	1,335	13.24%	
	2Q	2016/11/11	2,964	1,629	21.58%	成長伸びて
	3Q	2017/2/10	5,049	2,085	26.30%	
	4Q	2017/5/11	8,039	2,990	29.92%	95.99%
2018年3月期 H30	1Q	2017/8/10	3,095	3,095	17.96%	
	2Q	2017/11/13	5,616	2,521	8.34%	
	3Q	2018/2/13	7,717	2,101	0.15%	縮んだ
	4Q	2018/5/10	9,247	1,530	▲ 15.79%	13.98%

　図表5.7.29と図表5.7.30、この２つの図表から、改めて今回の流れを総括してみます。四半期成長率は2017年3月期の１Q：13.24％から伸び始め、４Q：29.92％でピークを付け、その後は段々と縮小していますよね。

　四半期成長率がピークを付けるまでのチャートは、E、I、Nといった調整が幾つか入るものの、P（2017/6/22：13,000円）まで順調に上昇しています。Pを付けると、やや大きな調整に入りました。

　調整中の2017/8/10には、2018年3月期１Qが発表されます。経常利益の「額」は、まだ増加し続けていましたが、成長「率」は17.96％と減退したことから、成長性が止まったことが懸念されます。

　もし僕がこの時点で保有していたら、この発表日の翌日に全て利確

したでしょう。

　ただチャートはR（2017/9/8：10,100円）で調整を終えて、そこから反発、最終的にはP抵抗線をブレイクしてS　　（2017/11/13：14,720円）まで上げます。

　Sはちょうど2018年3月期2Qの発表日だったので、株価はその内容を織り込みに向かったのだと思います。株式ニュースなどでは、サプライズ決算とされていましたが、経常利益は前四半期から減益、成長率も8.34%とさらに下げていました。

　株価の方も、ほぼ四半期の成長性に合わせたようにSを付けた後に、下落トレンドに入りました。有機ELという市場テーマも2018年2月にはサムソン電子が減産を発表するなどのネガティブニュースによって、一気に冷めていきます。

　2018年3月期3Qの四半期成長率は0.15%とさらに下がっています。

　さて、改めてチャート全体を見ると、乱高下はしているもののそれほど難易度の高いチャートという印象でもありません。冷静に見ればなんてことのない上昇相場だった筈なのですが、1つの銘柄に執着し過ぎました。「何が何でも"平田機工で"利益を取る！」という意識が先走っていました。

　とにかく、「最初の注目」から四半期決算が発表される度に、株価はどんどん上昇していくので焦りまくり、それだけ感情が乱れてしまったのです。どんな分野でもそうですが、どれだけ知識や技術を身に着けていても、感情が乱れると上手く行きません。状況を冷静に見て、行動は機械的に淡々と行う、これに尽きると思います。

5-8 補足 空売りについて

空売りについて書くかどうか、かなり悩んだのですが、空売りを、知っていると知らないでは雲泥の差なので、最後に補足として付け加えることにしました。

しかし、空売りは買い以上に高度な資金やポジションの管理が要求されるので、無理には推奨しません。

僕自身も空売りは行いますが、基本的には株は買うものと考えており、株式市場で行うのはあくまで投資という立場です。

ただし「買い」をメインとした投資家にとっても、「空売り」について理解することは、利確のタイミングや業績の変化を考える上でも大切です。ここでは、その辺りの効果も狙って書いてみました。

今回はあくまで補足なので、空売りの仕組みやコストなど初級的な話は省略させていただきます。あくまで僕自身の空売りに対する考え方や戦略を、ダイジェスト版としてお伝えさせていただければと思います。

■なぜ空売りが大切なのか？

投資家はエントリーに対しては慎重なのですが、利確に関しては案外、適当な人（僕がそうでした）が多いように思います。

僕の場合、ちゃんと株価の波動を考えて戦略を作っているにもかかわらず、せっかくの含み益に対して焦ってさっさと利確し大相場に乗り損なったり、あるいは気の緩みからダラダラ保有してる内に含み益を失ったりと、「どうも上手く行かない」ことが何度かありました。

あるとき、こう考えました。「含み益は、自分の証券口座に入ってる現金と同じ」と。つまり、「買いの利確＝新たに空売りする」と疑似的に考えるようにしたのです。

そこで空売りについても色々と勉強して、少ないポジションでの練

習を繰り返しました。その結果「おや？」と思ったのですが、買いにおける利確タイミングが抜群によくなって来たのを感じました。

　もちろん買いの利確と空売りのタイミングは、全く同じというものではありませんが、チャートの波動というものに対して常に、買い目線と売り目線、両方から眺めることができるのは大きな強みになるはずです。

■空売りの考え方と実例

　ここからは、僕が「空売り」をどう考えているか、という具体的な話になります。勘の良い人であれば、既に気が付いたかもしれませんが、四半期成長率は空売りにも使えます。

　「買い」の場合、業績が成長している銘柄が基本でしたよね。

　では「売り」の場合はどうでしょうか？　いかがでしょう、少し考えてみてください。

　そう、成長性が後退している銘柄を売ればよいわけです。成長性が後退している銘柄は見つけるのにも、四半期成長率は優れたファクターです。

　具体的な売買の実例を示したいと思いますが、実は、それらの銘柄は、既にこの第5章に登場しています。

　「Abalance、ミクシィ、平田機工？　これらは成長株として取り上げたんだよね？」と突っ込まれそうですが、もう一度、図表5.4.24（360ページ）、図表5.6.21（432ページ）、図表5.7.29（472ページ）で、株価チャートと四半期成長率を見てください。

　特に僕が全てのポジションを利確した、その後の値動きです。しばらく上げる場面もありますが、基本的に株価の上昇は止まってますよね。そして、その後は徐々に下落トレンドに入るような展開になっていると思います。

なぜ下がっていると思いますか？

　言うまでもないことですが、業績が成長から停滞、あるいは後退に入ったからです。そもそも、停滞・後退を四半期成長率で確認したから保有株を売却したわけですよね。

　空売りも全く同じように考えることができます。通常、空売りをする判断には過熱感とか割高感などたくさんあるのですが、僕が空売りをする際の判断基準は、大体次のようなものです。

　業績の成長に伴い株価が上昇していた銘柄で、その成長性が停滞、もしくは後退したとき。

　当たり前の話ですよね。成長が継続していくという前提で、その企業の株が買われていたわけですから、それが止まってしまえば当然ながら株は売られて下がります。しかも、株価はかなり高くなっているので下げ代はたっぷりあります。

　成長が止まってしまう理由には色々ありますが、ほとんどの場合、成長の担い手となっていた商品が、その市場において飽和状態になることで起きます。

　例えば、＜2121ミクシィ＞ですが、ミクシィが大きく伸びたのは「モンスト」の大ヒットによるものでしたよね。ユーザー増加に伴い、売上はどんどん上がりました。しかし、ユーザーも無限に増え続けるわけではありません。どこかで頭打ちになります。成長が止まってしまうと、将来の成長性を織り込んだ分は売られてしまいます。

　＜6258　平田機工＞も、有機ELパネルの特需で売上を大きく伸ばしました。しかし、その有機ELの需要もある程度満たされてしまうと、利益は停滞、もしくは減益となります。そうなると成長性は低下し、それはそのまま株価の下落につながります。

　ちなみに、次のような体験をしたことないですか？

　上昇トレンドの銘柄の決算発表で最高益更新したのに、何故か翌日から株価は大量に売られて酷い下落が起きてしまう。

「この決算で、なんで売られるんだ？」と株式掲示板などでは大騒ぎになったりするのですが、冷静になってそういう銘柄の四半期成長率を計算すると、マイナスになっていたりします。

つまり利益「額」では最高益更新かもしれませんが、成長「率」はピークを打ったわけです。成長株は将来の成長を織り込みながら上昇しているので、それが無くなったと判断されれば売られますよね。

特に業績相場では、株価を押し上げに機関投資家など大口の影響は大きいです。彼らは、成長性の判断に敏感です。様々な分析を大量に行って銘柄を判断しているので、彼らが撤退と判断すればそこで相場は一旦終了することになります。四半期成長率が、機関投資家と同じ判断を可能とするファクターであることは、第2章で既に述べましたよね。

なお実際に空売りをする場合は、何でもかんでも空売りできるわけではありません。基本的には制度信用における「貸借銘柄」である必要があります（※一応、非貸借でも一般信用を使った空売りが可能な証券会社もあります）。

例えば、＜2121ミクシィ＞は東証から貸借銘柄に指定されたのが2016年1月なので、僕がポジションを全て利確したころはまだ空売り対象にはなりませんでした。＜3856　Abalance＞も非貸借なので空売り対象にはなりませんでした。

一方、買いでは散々な目にあった＜6258平田機工＞ですが、これは貸借銘柄です。買い目線でずっと業績を追っていたおかげで、成長がピークを打って停滞するタイミングで空売りを入れ、そこそこの利益を取ることができました。

このときの平田機工は空売りとして良い例なので、実例として取り上げたいと思います。まずは次ページのチャートを見てください。

図表5.8.1　平田機工の空売り

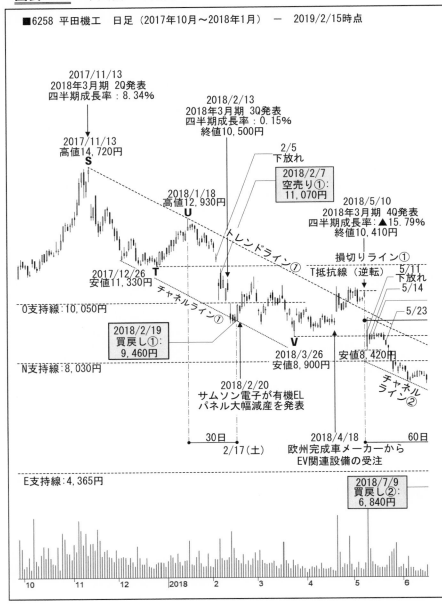

■6258 平田機工　日足（2017年10月〜2018年1月）　－　2019/2/15時点

480

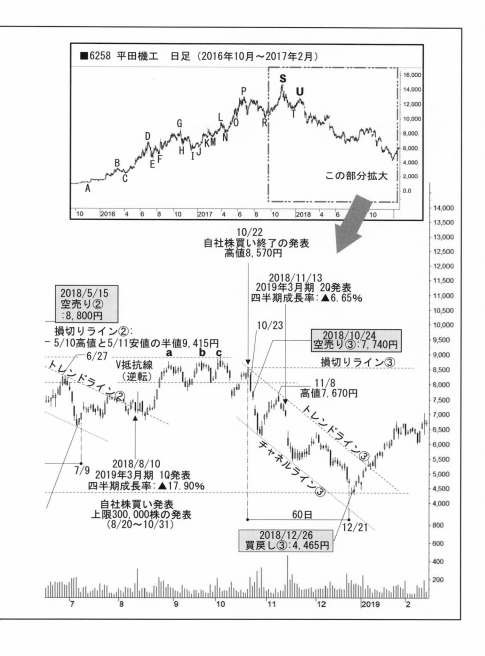

■6258 平田機工　日足（2016年10月～2017年2月）

この部分拡大

10/22
自社株買い終了の発表
高値8,570円

2018/11/13
2019年3月期　2Q発表
四半期成長率：▲6.65%

2018/5/15
空売り②
：8,800円

損切りライン②：
－5/10高値と5/11安値の半値9,415円

10/23

2018/10/24
空売り③：7,740円

6/27

トレンドライン②

V抵抗線
（逆転）

損切りライン③

a　b　c

11/8
高値7,670円

トレンドライン③

7/9

2018/8/10
2019年3月期　1Q発表
四半期成長率：▲17.90%

チャネルライン③

自社株買い発表
上限300,000株の発表
（8/20～10/31）

60日

12/21

2018/12/26
買戻し③：4,465円

前ページ見開きの図表5.8.1は、2017/11/13の最高値から下落トレンドに入った時期のチャートです。空売りと買戻しの実例を３つほどで示しています。

図表5.8.2　年成長率と四半期成長率

6258		平田機工		※▲はマイナスを意味する		
期	四半期	発表日	経常利益（百万円）		四半期成長率	ローゼンバーグ 年成長率
			累積	単体		
2018年3月期 H30	1Q	2017/8/10	3,095	3,095	17.96%	
	2Q	2017/11/13	5,616	2,521	8.34%	
	3Q	2018/2/13	7,717	2,101	0.15%	
	4Q	2018/5/10	9,247	1,530	▲ 15.79%	13.98%
2019年3月期 H31/R1	1Q	2018/8/10	1,691	1,691	▲ 17.90%	
	2Q	2018/11/13	3,723	2,032	▲ 6.65%	
	3Q	2019/2/13	5,084	1,361	▲ 11.19%	
	4Q	2019/5/10	6,306	1,222	▲ 4.88%	▲ 37.82%

　図表5.8.2はその時期を含んだ業績をファクター計算シートで求めたものです。2018年３月期２Q以降は成長性が落ちていますよね。

　なお、ここでは省略していますが、**実際には空売りを入れる際にも、買い同様に、価格と時間の波動を分析し、楽観、中立、悲観といった３つの戦略を立てて、損切りラインの決定、ポジションの管理をちゃんと行っています。**

　「自分だったら、どう分析して、どんな戦略を立てるか？」と考えながら読んでみてください。

・最初の空売り

　平田機工は、有機ELパネルの普及による特需で業績と株価を上げて来ましたが、その需要も無限に続くわけではありません。ある程度、普及したら打ち頭となって業績は停滞します。そうなると、将来の成

長を期待して買われていた分は売られることになります。

　僕が空売りを検討したのが、2018/2/5の下放れからです。

　翌日2/6にはT支持線も割ったことから、2/7の始値11,070円で「空売り①」を入れました。「損切りライン①」はT抵抗線（支持線からの逆転）を上に超えたらとしました。

　「買戻し①」はUから約30日、チャネルライン①に触れた翌日2/19の始値9,460円です。価格と時間の波動が合致する辺りで利確するのは、買いのときと同じです。このときは値幅1,610円取れたので100株当たり16.1万円の利益です。

　株価はその後、トレンドライン①（レジスタンス）とチャネルライン①にそって下げ続けました。

・2度目の空売り

　2018/2/19夜間に「サムソン電子が有機ELパネルの大幅減産」とのニュースが報じられます。iPhone10の売れ行きが伸びないことが理由でした。このニュースは有機ELパネル需要の頭打ちを予感させるものでした。

　それでも平田機工は、2018/5/10に予定されていた2018年3月期4Q決算発表への期待感から、トレンドライン①を上にブレイクしてきます。しかし、発表されたものは減収減益、四半期成長率は▲15.79%と悪化したものでした。翌日5/11は大きく下放れとなります。

　再度、空売りチャンスが来ました。翌営業日5/14の終値が、直近2018/3/26に付けた安値8,900円のV支持線を割ったことから、5/15始値8,800円で「空売り②」を入れました。このときは5/10高値10,410円と5/11安値8,420円の半値9,415円を「損切ライン②」と決めました。

　その後、4日間はV支持線付近をウロウロしていたのですが、5/23から力尽きたように下げ始めます。6/27にN支持線を上にブレイクするまで戻しますが、そこからすぐに大きく下落とかなり弱いです。

「買戻し②」は、2018/5/10から60日経過した7/9の6,840円です。この前日にはチャネルライン②に触れていたのもあって、価格と時間の波動も合致していました。値幅1,960円、100株当たり19.6万円の利益です。

・3度目の空売り

8/10に2018年3月期1Qの発表がありました。四半期成長率は▲17.9%と悪化でしたが、自社株買いも発表されました。下落トレンド続きだった株価は一時的に回復しますが、基本的に業績が後退しているところに、ドーピング的な自社株買いで戻していただけです。その自社株買いが終われば一気に崩れていくのは容易に想像できました。

案の定、自社株買いの終了が10/22発表されると、翌日10/23は大きく下げて大陰線になります。

直近でV抵抗線（逆転）を超えられず、a、b、cと3回の天井を打って下げ始めたことから、「これはかなり落ちる」と思い12/24に始値7,740円で「空売り③」を入れました。2回の天井の後に、3回目でそれを抜けない場合は、大きく下げる可能性が高いです。

「損切りライン③」は、空売り終了発表があった10/22の高値としました。エントリー後に株価がポジションとは逆方向に行って、材料（今回は自社株買いの終了）の出た価格を超えたり、割ったりした場合は、その材料が否定されたと判断するからです。

株価は一気に崩れましたが、2018/11/13に2019年3月期2Q発表が控えていたことで、期待感からトレンドライン③まで戻していました。「空売り③」を入れた価格7,740円に迫って来たので、その価格に撤退用の買戻し指値を入れ直しましたが、戻り高値は指値の手前11/8の高値7,670円だったので、引っかからずにすみました。

2018/11/13の2Q発表では、通期予想の下方修正が行われてました。これは業績悪化の継続を告げるものでした。翌日11/14は朝から大量

に売りが出てストップ安に張り付きます。

　その後の株価は戻り場面もあったものの、トレンドライン③が抵抗となって下げ続け、12/25には2016/7/15に付けた安値からのE支持線まで来ます。価格の波動的には買戻しの位置です。

　また、自社株買い終了発表の10/22から60日経過が12/21に当たるので、時間の波動的にも手じまいと考え、12/26の始値4,465円で「買戻し③」としました。値幅は3,275円で100株当たり32.75万円です。

■空売りの危険性

　なんとなくサクサク上手くやってるように見えますが、ここで空売りの危険性について書いておきます。

　空売りは信用取引を使います。信用取引のリスクについて第4章で既に述べたように、証拠金の維持率を超えてしまうと追証が発生します。追証が払えないと強制決済となり借金を抱えることになります。まずは、前提として信用取引のリスクがあることを理解しておいてください。

　その信用取引ですが、相場格言に「買いは家まで、売りは命まで」というのがあります。信用買いで大失敗しても家を失うぐらいの借金で済むが、信用売りの大失敗で生じる借金は命を絶つレベルというものです。株価の下限には限度（最悪、上場廃止で0円）があるが、上限には限度がないから最悪の損失は無限大というものです。

　もちろん上限がないというのは理屈の上であり、実際の取引では強制決済されて無限損失なんてことはまず起きませんが、それでも空売りには買いとは違う独特の危険性があります。

　僕が実際に、空売りを行った中で、特に怖いと感じたのは、「空売りの方が心理的な暴走を誘発しやすかった」という点です。

　あくまで僕個人の経験ですが、空売りをしているとき、心理的に引くに引けなくなることが何度かありました。

空売りのことを、ショート（short）なんて言ったりしてるのを聞いたことありませんか。これは、株が下がる時は短い期間で一気に下げるのでそう呼ばれているのですが、実際、何日もかけてジワジワ上げた株価が、１日の下げで全部戻してしまうなんてことはザラにありますよね。空売りで含み損を抱えてしまっている場合は、どうしてもそれを期待する心理が働きやすいです。

　それ故「さすがにもう下がるだろう…」と、上げ続ける株を我慢しながら保有し続けてしまいがちです。最初はレバレッジを緩くかけていても、含み損が増えて来ると段々とムキになってナンピン売りを繰り返し、気が付いたら維持率ギリギリまでポジションを抱えてしまっていた。なんてことも起きやすいです。そういうときに限って、最後のダメ押しで、ストップ高連続でトンデモない上昇（例えばミクシィ思惑相場の終盤のように）をして、一気に退場なんてことになります。

　僕が空売りを始めるときには、練習用に別口座を作って100株程度の練習を繰り返したのですが、１度、この暴走心理にはまってしまい、口座金額を全部すっ飛ばしたことがあります。

　幸い、練習用だったから大した金額ではなかったのですが、それまで練習とはいえ意外に上手く行っていたので過信しました。これが、もし正式に運用している口座でやらかしていたら…と思うとゾッとします。

　口座の話が出ましたが、可能であれば、空売り専用の口座を別に作っておくことをお勧めします。というのも実際にやってみれば分かるのですが、１つの口座で買いと売りのポジションを複数抱えていると、ポジションの管理がややこしくなってしまうからです。その結果、維持率などもいい加減になってきて、気が付いたら維持率いっぱいにポジション抱えていたなんてことも起きます。

　空売りに関しては、他にも色々な話があるのですが、ここではこの

くらいにしておきます。もし空売りに挑戦したいと思ったのであれば、株式投資の基本である「現物買い」をシッカリ身に付けましょう。その上で「信用買い」のリスク管理もシッカリできてると確信してから始めた方がよいです。重要なのはメンタルを築き上げておくということですね。

　色々と脅すようなことも書きましたが、結局のところ、どんなトレーディングでも、資金やポジションの管理をシッカリと行っていれば、それほど怖いものでもありません。

　第4章でも書きましたが、現物だから安全、信用取引だから危険というよりも、**いい加減な資金やポジションの管理をすることが危険**なのです。空売りは、特にその部分がいい加減になり、メンタルをやられやすくなるので気を付けましょう、ということです。

　また、空売りをやらないという人も、買いポジションを利確する際に、「ここで空売りをしたらどうなるだろうか？」という視点を持つようにすると、いままで見えなかったものが見えてくることが多々あります。そういう意味でも、投資家が空売りについては知っておくのは、けっして悪いことではありません。むしろメリットの方が多いです。

　空売りに関しては、教材につかえる書籍なども幾つか出ています。『オニールの空売り練習帳』などは、ぜひ目を通してみてください。『オニールの成長株発掘法』（いずれもパンローリング）と並んで投資家にとってのバイブル的な良書です。

投資とリズム感

　趣味でストリートダンスなどやっています。もともとは格闘技が好きで、学生時代から部活以外にも、空手やら総合格闘技などを習っていて、試合にも何度か出場しました。

　社会人になってからは「もう痛いのはいいや」となって引退。その後は、週末に軽い運動ぐらいしかしてなかったのですが、ある時期、ひょんなことからダンスをやったらハマってしまいました。

　ストリートダンスといっても色々なスタイルやジャンルがあります。僕が好きなのは、即興で踊るフリーなものです。競技としては、ダンスバトルなどがあり、僕もときどき参加したりしています（結局、戦う系が好きみたいです…）。でも、なんか下手でした。踊ってるというよりも、どこかドタバタしてるだけでグルーヴ感（ノリの良さ、音楽との一体感）が全然ない…。

　そんなときに伝説的なダンサーのHenry Link氏が日本で開催したワークショップに参加しました。彼の動きの中で、カッコいいステップがあったので「カウントで数えるとどうなんですか？」と本人に聞いたところ、彼はニカっと笑って、「Youは音楽を聴くときに、いちいち1、2、3、4…って数えながら聞いてるの？」と。キョトンとしてる僕に彼は「形はどうでもいい。重要なのは音の取り方だよ。ステップってのは、結果として、そういう動きが現れてるだけなんだ」と説明してくれました。

　それを聞いて、「ああ、なるほどな…」と思いました。自分は音をちゃんと取っていなかった。それはダンスではなく、ただ動いてるだけ。ダンスを空手の型（カタ）かなんかと勘違いしていた。だから自分のダンスは下手なんだなと。

　そこで、形を覚える練習は一度止めて、ただひたすら色々なタイ

プの音楽を流しながら、音のリズムに合わせて単純なステップを踏むという、地味ぃ〜な練習を延々と続けてみました。半年ぐらい続けていたら、不思議なことに複雑なステップが自然とできるようになっていたのです。

　複雑に見えて基本はシンプル。残りはそこから派生したバリエーションでしかない。しかも、かかっている音楽が変わっても、頭で考えなくても自然に動きが違うものに変化していく。リズムというものも段々と身についた気がしました。

　あるとき「これって株式チャートと同じでは」と思い至りました。両者には通じるものがあります。チャートを単なる形（カタチ）や型（カタ）ではなく、リズミカルな波動としてとらえると、もっと深い部分で動きを予測できるようになるのです。

　これには、偉大なる先人も気づいていたようです。『私は株で200万ドル儲けた』（パンローリング）の著者ニコラス・ダーバス氏です。同書は、著者が自らの投資技法と体験について綴ったものですが、ダーバス氏はプロのダンサーであることからか、幾つか投資に関することをリズムに絡めて説明しています。彼の提唱する「ボックス理論」などは、まさにダンサーっぽい着眼です。

　大きなスランプに陥ったときも、彼はチャートが「リズムもなく、理由もなく、ただ上下する株式のジャングル」に見えたそうです。

　投資でいう波動は、まさにリズムです。

　ダンスでリズムを失ったら、無理に動こうとせず、ただ曲に集中して体を揺らしてリズムに乗るようにしますが、投資でも同じです。

　投資で「なんかタイミングが合わない、上手く行かないなぁ」と思ったら、一度リセットしてチャートの波動を見直しましょう。そしてチャートの動き、リズムを再確認するようにしてみてください。

　リズムを無視したポジションは上手く行かないものです。逆に、上手く行くポジションというのは、リズムに乗っているものですよ。

あとがき

　この本の執筆を開始したのが2015年でした。

　2021年3月に一旦、書き上げたのですが、そこからまた手直しに丸々2年かかり、全て書き上げるまで8年以上かかったことになります。それだけ時間をかけた超大作、と言いたいところですが、実際は、迷いに迷った果てに、ここまで時間がかかってしまいました。

　「まえがき」でも触れましたが、僕自身が個別株投資で勝てるようになったのは、2009年からでした。

　勝てるようになるまで10年かかったのは、本当の話です。とはいえ、投資がまったくダメだったというわけでもなく、当時、銀行預金よりもっと良い方法はないかと、FXのスワップ派と呼ばれるやり方を研究・実践をし、年利10〜15％程度はほぼ安定的取れていました。このやり方はリーマンショックでもダメージをあまり負わずに済んだのですが、この辺りの話は前著『FXで究極の海外投資』（パンローリング）で詳しく書いています。

　ただ一方で、個別株だけはなかなか利益を上げられませんでした。それでも諦めなかったのは、個別株には夢があったからです。やはり大きく資産を増やすには、個別株投資の成果を上達させるべきだと思っていました。

　色々と努力し、研究を重ねて、2014年ころにはすっかり株式投資に自信を持つようになります。当時、それなりに資金も貯まり、余裕が出てきたことから、これまでの研究成果をともに株式投資の本を書いてみようかなと思い立ったのです。

　株式投資を通じて人とつながり、いろいろな情報発信できたら楽しいかな、というのがきっかけでした。

　最初は、四半期成長率に絞った銘柄分析の本にするつもりでした。

第2章のテーマですね。このテーマだけで1冊分の内容にしようと…、それだけなら、すでにある程度の原稿は早い段階ででき上がっていましたから。

しかし、ちょっと気になることがありました。

四半期成長率が良いというだけで、「売買タイミングや資金管理がムチャクチャな状態で買ってしまい、損をする読者が出やしないか？」という点です。というのも、投資のハウツー本で新しい手法や内容を知ると、読んですぐに始めたくなるという人は結構多いのです。僕もそういうタイプです。

もちろん、四半期成長率が良いものを買うということは、業績自体は良いので、酷い損失を出すようなことにはならないと思います。それでも、この本を読んだことで、「結果的に損をした」という読者を出したくはありませんでした。

株式投資というのは総合的な能力が求められるものです。

たった1つのアプローチを知っていればいいというものではありません。そうなると、どうしても売買方法や資金管理もあわせて解説していかなければならなくなります。

逆に、そういう基本的な知識や技術が身についていれば、四半期成長率は、ものすごく強力な武器となります。

そんなことを考えていたら泥沼にはまっていき、気がついたら、やたらと難解で長々しい原稿になっていました。

「難しすぎる…」とか「これ、誰も読まないだろ…」と、色々な人に言われて、そのたびに凹み、何度も何度も書き直しました。とにかく、なるべく表現をやさしくし、不要と思われるものを相当に削り落としましたつもりです。

執筆が遅れた理由は、それだけではありません。もう一つ気になることもあったのです。

2012年末から、いわゆるアベノミクス相場が始まりましたが、僕自身の利益が加速したのも、「単にアベノミクス上昇相場だったからでは？」と多少なりとも疑問を抱いていました。

　もっとも上昇相場とはいえ、一本調子で上げ続けたわけでもなく、ひどい暴落は何度も発生しています。中には、一日の下げ幅がリーマンショックを超えたようなものもありました。「そういう時期も上手く　乗り切ってきたので大丈夫」という気持ちはあったのですが、それでも、「安倍首相の任期満了後はどうなるのだろうか」という不安も同時にあったのです。

　ただ僕は、アベノミクス相場は（…というか安倍内閣そのものが）2019年の消費税10％増税を強行したことで、実質終了したと思いました。この増税で脱デフレは絶望的、もはや国内材料には期待できず、2020年米国大統領選でのトランプ再選とその後の上昇相場継続に期待するぐらいかなと……。

　そのときは、もう本の内容が増えることはないと思い、ほぼ書き終わっていた原稿も、ようやく仕上げにかかろうとしたのですが。

　甘かったです……。

　翌2020年は、とんでもない１年になりました。

　2020年は正月早々、米イラン戦争の危機が訪れますが、それは序章にすぎませんでした。２月から新型コロナウイルスショックによる世界規模の大暴落、その後の凄いリバウンド相場、東京オリンピック2020の延期、８月末に安倍首相が任期１年を残して突然の辞任発表、菅新政権の誕生、米国大統領選でのトランプ敗北と不正選挙騒ぎ、年が明けると米国連邦議会襲撃事件、バイデン政権の誕生、菅政権はわずか１年と短命、岸田内閣発足……。

　もう、目の回るような大きな事件が延々と続きます。この間、新型コロナウイルス蔓延による緊急事態宣言が繰り返し行われ、国内経済

は大きな打撃を受けました。

　2022年に入ると北京オリンピック・パラリンピックの最中に、ロシアがウクライナへ軍事侵攻します。まさかの第三次世界大戦とまで騒がれ、世界情勢は混沌とし続けています。そして安倍元首相の暗殺…。

　普通に考えれば、株式投資どころではないと思うのですが、それでも、なんとか満足のいく結果を出せていることから、「やはり、この方法は安定している」という確信を持つに至りました。

　時間はかかりましたが、なんだかんだで、色々な出来事を乗り切るだけの経験をたくさん積むことができました。そう考えると、書き上げるまで8年もの歳月は無駄ではなかったのかな、とも思います。

　8年もの間、この本を執筆するにあたっては、多くの人たちの協力と励ましをいただきました。

　監修をしていただいた北山広京氏には、前著同様に資料作りからその内容チェックに至るまで大変お世話になりました。

　菅下清廣先生には、長年にわたり多くを学ばせていただきました。そして、原稿の見直しに協力してくれた田中正浩さん、喜多さん、出版のきっかけを作っていただいた敬静社の世良敬明さん、その他、応援して下さった多くの友人知人たち、みなさんがいなかったら、この本は完成しませんでした。この場を借りてお礼を申し上げたいと思います。ありがとうございます。

2023年6月吉日

結喜たろう

■著者紹介

結喜たろう（ゆうき・たろう）

本名は外尾幸洋（ほかお・ゆきひろ）。(株)山幸投資事業部代表、一級建築士。東京都立大学大学院工学研究科修了。モノづくりに興味を覚え大学では建築学を専攻。建築設計事務所勤務を経て独立。不況で廃業寸前まで追い込まれるが、趣味で続けていた投資が、経営の立て直しに功を奏す。現在、空間建築デザイン業務と並行し、個別株を中心にさまざまな資産運用の実践に努めている。著書に『FXで究極の海外投資』（パンローリング）』などがある。
・ブログ：https://ameblo.jp/yuukitarou0322/
・Twitter：@tarouyuuki0322

■監修者紹介

北山広京（きたやま・ひろき）

日本証券アナリスト協会検定会員。大手運用会社にてクオンツ責任者として勤務。株式ポートフォリオ、アセットアロケーションなど多数の運用モデルを開発し運用を行う。運用系システムはデータベース構築から最適化まで、すべて自作することをモットーとする。自身では、個人向けクオンツ情報提供システムの開発に注力している。
・ホームページ：https://costofcapital.jp/
・Twitter：@Cost_of_Capital

2023年9月3日 初版第1刷発行

現代の錬金術師シリーズ ⑰

四半期成長率とチャート分析

著 者	結喜たろう
監修者	北山広京
発行者	後藤康徳
発行所	パンローリング株式会社
	〒 160-0023 東京都新宿区西新宿 7-9-18 6階
	TEL 03-5386-7391 FAX 03-5386-7393
	http://www.panrolling.com/
	E-mail info@panrolling.com
装 丁	パンローリング装丁室
組 版	パンローリング制作室
印刷・製本	株式会社シナノ

ISBN978-4-7759-9187-9

本書の感想をお寄せください。
お読みになった感想を下記サイトまでお送りください。
書評として採用させていただいた方には、弊社通販サイトで使えるポイントを進呈いたします。

https://www.panrolling.com/books/review.html